Holm Friebe
Detlef Gürtler

Clusterfuck

Warum Katastrophen uns lieben –
und eine selten allein kommt

Carl Hanser Verlag

1. Auflage 2018

ISBN 978-3-446-25838-9

Dieses Werk wurde vermittelt durch die Michael Meller Literary Agency GmbH, München
Umschlag: Thomas Weyres/Holm Friebe, Zentrale Intelligenz Agentur
Satz: Fotosatz Amann, Memmingen
Druck und Bindung: GGP Media GmbH, Pößneck
Printed in Germany

FSC
www.fsc.org
MIX
Papier aus verantwortungsvollen Quellen
FSC® C014496

Inhalt

Einleitung: Shit Happens

> Es gibt keine Katastrophen, nur Chancen. Das bedeutet für mich natürlich auch: Chancen auf neue Katastrophen.
> *Boris Johnson*

Im Universum strebt alles zum größtmöglichen Chaos, zur Entropie, dem Endzustand maximaler Unordnung. Insofern ist es eine Überraschung, wenn überhaupt etwas gelingt. Statistisch betrachtet sind Ordnung und Funktionieren sehr viel unwahrscheinlicher, als dass alles sich verhakelt, blockiert und ins Wanken gerät. Alles Leben auf dem Planeten, sämtliche Handlungen – ob im Büro, im Schlafzimmer oder im Auftrag von Majestät oder Nation – sind ein beständiger, aussichtsloser, nur auf Zeit zu gewinnender Kampf gegen den Schlamassel.

Wir haben femtosekundengenaue Atomuhren erfunden, aber die Zeit bis zur nächsten Katastrophe ist nicht messbar. Katastrophen passieren, wann sie wollen – und nicht, wann *Sie* wollen. Sie lauern darauf, zuschlagen zu können, wie es die englische Redewendung »accident waiting to happen« trefflich formuliert. Und ein Unglück kommt selten allein. Hat es erst einmal einen Fuß in der Tür, sagt es blitzschnell all seinen Freunden Bescheid, die in kürzester Zeit auf der Matte stehen, wie bei einer aus dem Ruder gelaufenen Facebook-Party.

Wenn Murphy's Law mit voller Wucht zuschlägt; wenn gefühlt alles, was schiefgehen kann, auf einmal schiefgeht; wenn man beginnt, sich Hiob als einen vergleichsweise glücklichen Menschen vorzustellen – dann nennen wir das Clusterfuck.

Was für ein Clusterfuck?! Der lautmalerisch-drastische Begriff entstand im Vietnamkrieg, der für die Amerikaner trotz erdrückender militärischer Überlegenheit alles andere als gut lief. Analog zu anderen Jargon-Akronymen wie SNAFU (»situation normal, all fucked up«) hat sich auch das Funkkürzel »Charlie Foxtrot« oder kurz »CF« etabliert.

Das Wiktionary definiert: »Clusterfuck (Slang, vulgär), eine chaotische Situation, wo alles schiefzugehen scheint. Wird oft verursacht durch Inkompetenz, Kommunikationsversagen oder eine komplexe Umgebung.« Das Wörterbuch dict.cc übersetzt treuherzig mit »Riesendurcheinander«, was einer euphemistischen Untertreibung gleichkommen dürfte, gemessen daran, wie sich Clusterfucks für die Betroffenen anfühlen. Wir wagen eine eigene, vorläufige Definition: Ein Clusterfuck ist ein systemisches Problem, das die Lösungskapazität aller Beteiligten unabwendbar übersteigt.

Der Clusterfuck ist der gemeinsame Nenner von Bankenkrise, Brexit und dem Godot-Flughafen BER. Es gibt ihn in Staat, Wirtschaft und Familie, im Großen und im Kleinen. Und er kann auf den verschiedensten Wegen erreicht werden: durch ständige Wiederholung, wie bei dem Krug, der zum Brunnen geht, bis er bricht; durch Überschreiten einer Schwelle, wie bei dem Tropfen, der das Fass zum Überlaufen bringt; durch übermäßige Vernetzung, die zu Rückkopplungen oder Blackouts führt; durch übergroßes Vertrauen in die eigene Stärke; durch gute Absichten, bösen Willen oder schlicht durch Ignoranz. Viele Wege also führen zum Clusterfuck. Aber keiner von ihm zurück.

Shit happens. Missgeschicke passieren im Kleinen wie im Großen. Das war schon immer so. Die Maya und die Dinosaurier könnten ein Lied davon singen, wenn sie noch singen könnten. Wir werden uns also dem Vorwurf stellen müssen, in die Falle der Gegenwartseitelkeit zu tappen, wenn wir unsere Epoche für eine besonders vertrackte halten. Und wie jeder, dem dieser Vorwurf gemacht wird, antworten wir, dass unsere Epoche tatsächlich eine besondere ist. Es ist nicht nur ein subjektives Empfinden, dass sich die Clusterfucks in jüngster Zeit häufen. Wenn es jemand geben sollte, dem es nicht wie eine Häufung vorkommt, dann handelt es sich wahrscheinlich um einen Leser aus dem Jahr 2047, der seufzend feststellt, dass unser Krisenhaufen verglichen mit den Katastrophen seiner Gegenwart allenfalls ein Häufchen ist. Unser Zeitalter ist das Zeitalter der Clusterfucks. Und es hat gerade erst begonnen.

Katastrophendrift oder Schlimmstmögliche Wendungen

Woher kommt das? Unser Versuch, Struktur im Chaos der Katastrophen zu finden, bringt uns auf drei große, gleichzeitig ablaufende Verknäulungstrends – je einer in Politik, Wirtschaft und Gesellschaft.

In der großen Politik bewegen wir uns auf einen Zustand zu, wie ihn niemand von uns je erlebt hat. Und auch niemand von unseren Eltern, Großeltern und Urgroßeltern, ja eigentlich kein Mensch, der seit der Erfindung des Buchdrucks gelebt hat. Dieser Zustand ist eine Welt ohne Weltmacht, und er herrschte (beziehungsweise herrschte gerade nicht) das letzte Mal zwischen 945 (Ende des großarabischen Reiches durch Entmachtung der Abbasiden) und 1206 (Beginn des Mongolenreichs unter Dschingis Khan). Seither gab es immer eine oder mehrere Supermächte, die einen mehr als nur regionalen Einfluss beanspruchten – ob das Ming-China oder das Mogul-Indien, ob die Spanier oder die Briten.

Oder eben die Sowjetunion und die USA, die großen Kontrahenten des 20. Jahrhunderts. Der eine verabschiedete sich 1992 aus der Weltmachtrolle, und zwar genauso, wie es sich der frühere US-Verteidigungsminister Caspar Weinberger gewünscht hatte: »not with a bang, but a whimper«. Und die andere Weltmacht ist seit dem 11. September 2001 dabei, aus dieser Rolle verabschiedet zu werden. Donald Trump könnte diesen Prozess zu Ende führen. Die Frage ist nur, ob es wieder mit einem Winseln geschieht oder doch mit einem Knall. So oder so, am Ende steht eine unberechenbare Welt voller neuer Macht- und Ohnmachtskonstellationen.

In der Wirtschaft wird die Verknäulung auf einen anderen Begriff gebracht. Er heißt Digitalisierung. »Software is eating the world«, beschreibt der Internetpionier und Venture-Kapitalist Marc Andreessen nüchtern den Prozess, der wie jeder Ess- und Verdauungsvorgang eine Weile dauert. Nach und nach attackiert die Digitalisierung ein Produkt, ein Unternehmen, eine Branche nach der anderen. Das Beispiel der Musikindustrie, die es um das Jahr 2000 als Erste traf, zeigt deutlich, wie es einem ergeht, wenn die Digitalisierung einen in der Mangel hat: Man hat ein Gefühl wie Erdbeben, Tsunami und Hurrikan auf einmal.

Und die Gesellschaft schließlich muss sich mit einer steigenden Komplexität ihrer Infrastrukturen herumschlagen. Große, vernetzte Systeme, die einen hohen Ressourceneinsatz benötigen, um nur ihre und unsere Existenz zu erhalten. Entsprechend anfällig reagieren sie auf Stress: Die Stromnetze wurden von der Energiewende kalt erwischt, bei den Autobahnen rächt sich gerade, dass jahrelang an der Instandsetzung und Erneuerung der Brücken gespart wurde, und die Rentensysteme ächzen jetzt schon unter der demografischen Belastung. Das wird, vorsichtig gesprochen, in den kommenden Jahren nicht besser werden.

Es gibt also nicht nur eine natürliche, sondern auch eine kultürliche Drift hin zur Katastrophe, gegen die wir uns täglich stemmen müssen wie Sisyphos, der seinen Stein den Berg hinaufrollt – ein unwahrscheinlicher Zustand hoher Lageenergie für einen runden Stein –, nur damit dieser wieder hinunterrollen kann, seinem statistisch determinierten Ort am Fuße des Berges entgegen.

Im Anhang zu seiner Komödie *Die Physiker* schreibt Friedrich Dürrenmatt in einer Auflistung von 21 Punkten zum Stück unter anderem: »Eine Geschichte ist dann zu Ende gedacht, wenn sie ihre schlimmst mögliche Wendung genommen hat. (…) Die schlimmst mögliche Wendung ist nicht voraussehbar. Sie tritt durch Zufall ein. (…) Je planmäßiger die Menschen vorgehen, desto wirksamer vermag sie der Zufall zu treffen.« Diese Punkte lassen sich wie eine Bauanleitung für den Clusterfuck lesen.

Planet des Scheiterns oder Alles geht schief

Irgendwann erwischt es jeden. 99,9 Prozent der Arten, die jemals existiert haben, sind ausgestorben. »Von biologischen Spezies über Wirtschaftsunternehmen bis zur Politik scheint es ein ehernes Gesetz des Scheiterns zu geben«, schreibt Paul Ormerod in *Why Most Things Fail.*

Nicht nur Staaten können scheitern – wie etwa die »failed states« Somalia und der Südsudan –, neuerdings kennt die Wissenschaft auch »gescheiterte Sterne«: Himmelskörper, die weder Sterne noch Planeten sind, die nicht leuchten können und zudem ziemlich klein und hässlich sind. Früher hielt man sie für die Ausnahme, aber die neue Forschung hat ergeben, dass sie eher in der Mehrheit sind. Womöglich leben auch wir auf der Umlaufbahn eines langsam scheiternden Sterns, auf jeden Fall ist unser Planet ein Planet des Scheiterns.

Das Gesetz des Scheiterns hört auf den Namen Murphy's Law und lautet »Was schiefgehen kann, das wird auch schiefgehen.« Es geht zurück auf Edward A. Murphy, der als Ingenieur an einem aufwendigen Experiment der U.S. Air Force beteiligt war, das stets vom gleichen Techniker versemmelt wurde. Dem Wortlaut nach soll sich Murphy erst über ihn echauffiert haben: »If that guy has any way of making a mistake, he will« – und formulierte diesen Ausbruch dann in Gesetzesform: »Wenn es mehrere Möglichkeiten gibt, eine Aufgabe zu erledigen, und eine davon in einer Katastrophe endet oder sonstwie unerwünschte Konsequenzen nach sich zieht, dann wird es jemand genau so machen.«

Murphy's Law liefert uns einen guten Startpunkt für unsere

Analyse kaskadierender Katastrophen. Zumeist sind, wie im Fall des Air-Force-Technikers, Menschen beteiligt, um nicht zu sagen: schuldhaft verstrickt. Es können aber weitere Faktoren hinzutreten wie unbewusste Akte der Selbstsabotage oder die sprichwörtliche Tücke des Objekts. In Kombination führt das gern zu der ebenso sprichwörtlichen Verkettung unglücklicher Umstände.

Und davon gibt es viele. Der in allen Fragen praktischer Lebensführung unbedingt maßgebliche Peter Glaser, Literat aus Graz und Technikautor in Berlin, lieferte kürzlich auf Facebook einen kleinen Gesetzeskommentar zu Murphy's Law, den wir an dieser Stelle gern wiedergeben:

Sieben von Murphys Gesetzen:

1. Wenn man sich an ein Computerprogramm gewöhnt hat, gibt es ein Update.
2. Heißes Porzellan sieht genauso aus wie kaltes Porzellan.
3. Wir wissen nicht ein Millionstel Prozent von Irgendetwas.
4. Wenn etwas zu schön scheint, um wahr zu sein, ist es das vielleicht tatsächlich.
5. Nichts verschwindet.
6. Wenn man wartet, verschwindet es.
7. Die Hauptursache von Problemen sind Lösungen.

Damit ist schon einmal für etwas Konkretisierung gesorgt. Im Laufe des Buches werden uns weitere Gesetzmäßigkeiten wie der Seneca-Effekt (Katastrophen spulen sich schneller ab, als sie sich aufbauen) oder Brooks's Law (Manpower zu einem bereits verspäteten Projekt hinzuzufügen verursacht nur weitere Verspätung) begegnen. All diese Gesetze sind aber bloß Krücken, die uns die Scheinsicherheit einer Kontrollillusion vermitteln. Das Wissen um diese Gesetze hilft nicht, Clusterfucks zu vermeiden. Aber wenigstens hat man für jede Katastrophe die richtige Beschreibung parat.

Und immer wieder werden wir dem tragisch früh verstorbenen Douglas Adams begegnen, dessen gesamtes schriftstellerisch-futurologisches Werk sich als eine einzige Variation über das Clusterfuck-Motiv lesen lässt. Er hat auch die bislang einzige wirksame Antwortstrategie auf Murphy's Law formuliert, die sogar in der empirischen Praxis Bestand hat. Sie lautet – nein, nicht: 42 – sondern: Keine Panik!

Scheiternde Helden oder Der Kampf gegen Windmühlen

Auf der Suche nach Rollenvorbildern, die uns helfen, Clusterfucks zu verstehen, werden wir schnell fündig. Die Geschichte und insbesondere die Kulturgeschichte wimmeln von Clusterfuck-Produzenten, die für uns durch die Hölle gehen, durch die selbst eingebrockte Scheiße waten oder durch den Kakao gezogen werden. Angefangen buchstäblich bei Adam und Eva: Wegen eines läppischen verbotenen Apfels aus dem Paradies rausgeschmissen zu werden ist wirklich ein maximal unglückliches Verhältnis von geringfügiger Ursache und verheerender Wirkung.

Bei Hiob können wir uns abschauen, dass auch auf eine statistisch ausgesprochen unwahrscheinliche Serie persönlicher Niederlagen und Nackenschläge immer noch der nächste Hieb folgen kann. In der griechischen Mythologie liefert uns Herakles' Kampf mit der Hydra, bei der die abgeschlagenen Köpfe doppelt nachwachsen, die Blaupause für ein Problem, das sich mit jedem Lösungsversuch verschärft.

Auf der Bühne wollen wir Helden fallen sehen. Wir wollen den gesamten Gefühlscocktail des voyeuristischen Angstlustgrusels, der entsteht, wenn sich jemand Fremdes »schuldhaft unschuldig« verstrickt und immer weiter der tragischen Zuspitzung nähert. Entscheidend für die Satisfaktionsfähigkeit ist dabei stets die Fallhöhe. Für Shakespeares Königsdramen gilt der Grundsatz: »The bigger they come, the harder they fall.« Je moralisch und standesmäßig höher der Held zu Anfang steht, desto krachender und vollständiger seine Auslöschung. Dass das Prinzip der Fallhöhe auch ohne Adlige und Könige funktioniert, hat etwa Thomas Mann gezeigt, der in den *Buddenbrooks* die bürgerlich-hanseatische Kaufmannsfamilie so lustvoll demontiert, dass der kleine Hanno am Ende nur noch einen dicken Strich unters Familienstammbuch ziehen kann.

Auf der Kinoleinwand sind es die großen Pechvögel, denen unser Mitleid und unsere Schadenfreude gehören, wenn sie sich traumwandlerisch in Ungemach verstricken: Charlie Chaplin, der gebeutelte Proletarier, Woody Allen, der aneckende Intellektuelle, allen voran Peter Sellers, der linkische »Partyschreck« im gleichnamigen Film, der erst eine unwiederbringliche Filmkulisse in die Luft jagt, bevor die Kamera läuft, und anschließend die Party des Filmproduzenten sprengt.

Unsere Lieblingsfigur unter den notorischen Clusterfuck-Produzenten aus Literatur, Film und Fernsehen ist aber Don Quijote, der gegen eingebildete Armeen und riesenhafte Windmühlenflügel kämpfende Ritter von der traurigen Gestalt. Wie kein anderer steht Quijote dafür, dass jeder Clusterfuck mit einem Mindfuck beginnt, einem heimtückischen Denkdefekt; das alles hätte ja nicht sein müssen, wenn es nicht Quijotes Kopf entsprungen wäre! Unsere Lieblingsverfilmung des Stoffes ist, um das auch noch zu erwähnen, *Lost in La Mancha* aus dem Jahre 2002. Eigentlich sollte es das Making-of zur Verfilmung des Don Quijote durch Ex-Monty-Python Terry Gilliam werden – doch dann geht alles schief. Der Drehort im spanischen Navarra erweist sich als ungeeignet wegen des ständigen Flugverkehrs eines nahegelegenen NATO-Standortes. Bei einem Unwetter schwimmt das gesamte Equipment weg. Durch die Verspätungen gerät die Finanzierung in Schieflage. Am Ende trifft es den zweiten Hauptdarsteller neben Johnny Depp, Jean Rochefort, der extra für den Film in Rekordzeit die englische Sprache erlernt hat, aber infolge eines schweren Bandscheibenvorfalls nicht länger auf einem Pferd reiten kann. Danach verliert auch Terry Gilliam den Glauben an das Projekt. Sein »We're fucked!« – den jähen Moment der Erkenntnis flankierend, dass nun wirklich alles verloren ist – ist einer der entwaffnendsten und eindrücklichsten uns bekannten Leinwand-Momente. Und *Lost in La Mancha*, der vom epischen Scheitern des Quijote-Projekts erzählt, ist vermutlich der gelungenste Film, den man aus dem Stoff machen konnte.

Pessimisten sind Realisten mit Erfahrung, heißt es. Dieser resignativen Lesart der schicksalhaften Geworfenheit des Menschen wollen wir hier keineswegs das Wort reden, sondern vielmehr die Schippe tiefer ansetzen: Clusterfucks gehören unausweichlich und unhintergehbar zum Leben dazu. Shit happens, Katastrophen lauern auf ihren Einsatz, und was schiefgehen kann, geht schief. Wir wollen eine Lanze dafür brechen, sich nicht kirre machen zu lassen, und laden dazu ein, sich mit der Mechanik, Entstehungsweise und Logik von Clusterfucks vertraut zu machen. Wenn man einmal verstanden hat, wie Katastrophen ticken, hat man eine größere Chance, ihnen im letzten Moment auszuweichen, sie auszutricksen oder gar Anteile ihrer zerstörerischen Energie in etwas Nützliches zu verwandeln.

Natürlich ist auch dieses Buch als gescheitert zu betrachten. Das war absehbar. Es konnte gar nicht anders kommen. Die ursprünglichen hochtrabenden Pläne, eine ultimative Bauanleitung für Clusterfucks zu liefern, stellten sich in der Praxis schnell als größenwahnsinnig und vermessen heraus. Katastrophen sind vielschichtiger, variantenreicher und raffinierter, als das, was zwischen zwei Buchdeckel passt. Am Ende wurde auch noch die Zeit knapp, und die Missverständnisse häuften sich.

Dass Sie diese Zeilen dennoch jetzt lesen können, liegt zum guten Teil daran, dass wir zum Zeitpunkt des allerunausweichlichsten Scheiterns ein paar der Ratschläge befolgt haben, die wir für Sie und uns im letzten Kapitel gesammelt haben: Wir haben Apfelbäumchen gepflanzt, so als wäre unser Untergang nicht längst beschlossene Sache. Wir haben einen Hail-Mary-Move quer übers ganze Manuskript gespielt, um doch noch in letzter Sekunde den entscheidenden Touchdown zu schaffen. Und wir haben mehr als nur einen gordischen Knoten zerschlagen.

So ist es ein Buch geworden, das sich an der Strategie der erratischen Kreativität orientiert, die in Krisensituationen die große Stärke der E. coli-Bakterien ist. Gegen Clusterfucks helfen ihnen nicht so sehr klare Konzepte als vielmehr offenes Chaos. Wir vermuten, es hilft auch Ihnen.

Holm Friebe und Detlef Gürtler im November 2017.

1 Welt am Abgrund

Deutschland hat Russland den Krieg erklärt. –
Nachmittag Schwimmschule.
Franz Kafka in seinem Tagebuch am 2. August 1914

Die Geschichte ist eine Geschichte der Klassenkämpfe, sagten Karl Marx und Friedrich Engels. Wir sagen: Die Geschichte ist eine Geschichte der Clusterfucks. Rückwärts blickend stolpern wir durch die Zeit, streben den Himmel auf Erden an und machen uns dabei gegenseitig das Leben zur Hölle. Fast jeder möchte das Beste für alle, aber zunächst einmal für sich selbst und die Seinen. Daraus entstehen Konflikte. Eine Weltgeschichte ohne Konflikte wäre eine »history without drama«, insofern haben Marx und Engels natürlich einen Punkt. Die ruckelnde Dialektik der Geschichte hat immer wieder Menschheitskatastrophen produziert, die niemand gewollt hat. Die kriegerischen Konflikte des 20. Jahrhunderts waren für mehrere Hundert Millionen Tote verantwortlich. Demokratisch gewählte Führer treiben ganze Nationen in den Abgrund. Scheiternde Verhandlungen lassen am Ende alle beteiligten Parteien schlechter dastehen, als theoretisch möglich wäre.

»Jeder lebt in seiner eigenen Welt, aber meine ist die richtige«, haben die Lassie Singers gesungen. Wo unterschiedliche Interessen konkurrieren, offene und versteckte Agenden aufeinanderprallen, entstehen Konflikte. Clusterfucks wiederum ernähren sich von Konflikten. Um Clusterfucks zu verstehen, müssen wir also verstehen, wie Konflikte zustande kommen und eskalieren.

Wenn Kim Jong-un mit der Atomwaffe droht, die EU zerbricht, die USA Donald Trump zum Präsidenten wählen, dann können wir die jeweils dahinterstehenden Konflikte nicht einfach aus der Welt schaffen, aber wir können sie erklären – mithilfe der Spieltheorie. Wie Thomas C. Schelling, einer der Väter der Spieltheorie, in seinem Grundlagenwerk *Strategy of Conflict* schreibt, verläuft eine Trennlinie »zwischen jenen, die Konflikt als pathologischen Zustand ansehen, dessen Ursachen es zu finden und den es zu kurieren gilt, und jenen, die Konflikt als etwas Gegebenes betrachten und das Verhalten im Konfliktfall genauer studieren wollen«. Wir wollen Konflikte studieren, um besser zu verstehen, wie aus ihnen Clusterfucks werden.

Doomsday Machine oder Das Spiel mit dem Abgrund

US-Präsident Merkin Muffley ist perplex. »Wie kann es sein, dass etwas, das automatisch ausgelöst wird, auf keine Weise gestoppt werden kann?«, fragt er die um ihn versammelten Berater. Dr. Seltsam antwortet ihm: »Herr Präsident, das kann nicht nur so sein, es muss so sein. Das ist doch der Zweck dieser Maschine.«

Die Doomsday Machine, die Weltuntergangsmaschine, wird automatisch bei einem atomaren Angriff auf die Sowjetunion gestartet. Nichts und niemand kann sie dann noch davon abhalten, genügend sowjetische Wasserstoffbomben zu zünden, um die ganze Welt zu vernichten. Die perfekte Abschreckung, die den Weltfrieden sichert, weil bei dieser Perspektive natürlich niemand den atomaren Erstschlag riskieren will. Nur leider geht in Stanley Kubricks Film *Dr. Seltsam oder: Wie ich lernte, die Bombe zu lieben* von 1964 gerade so viel schief, dass die Maschine ausgelöst und die Welt für Jahrhunderte unbewohnbar wird.

Ein Film. Natürlich. So was passiert im echten Leben doch nicht. Wer würde jemals auf die Idee kommen, etwas zu konstruieren, das einen unweigerlich selbst zerstört, wenn es erst einmal in Gang gesetzt ist?! Herman Kahn kam auf diese Idee. Der einflussreiche US-Futurologe argumentierte in seinem Buch *On Thermonuclear War*, dass auch ein mit Wasserstoffbomben geführter Atomkrieg gewonnen werden könne, und sinnierte über eine Strategie, bei der man sich jeder Möglichkeit beraubt, die Katastrophe zu verhindern.

Herman Kahn dachte im Auftrag der RAND-Corporation, einer US-Denkfabrik mit starker Nähe zu den US-amerikanischen Militärs. Über sie hielt die Spieltheorie in die Politik Einzug – und in Hollywood. Denn auch Thomas Schelling arbeitete für RAND, der 1962 den Regisseur Stanley Kubrick bei den Recherchen für *Dr. Seltsam* beriet und 2005 den Wirtschafts-Nobelpreis für seine Beiträge zur Spieltheorie erhielt. *Dr. Seltsam* war also eine (für Hollywood-Verhältnisse) realistische Übersetzung aus einer unglaublichen Gegenwart.

Die RAND-Analysen bestimmten die Strategie der nuklearen Abschreckung im Kalten Krieg maßgeblich mit und beeinflussten damit auch das gesamte spätere Kräftemessen zwischen politischen Akteuren. Tatsächlich hat die Doomsday Machine in der Realität des Kalten Kriegs genau das geleistet, was sie sollte: Das Gleichgewicht des Schreckens führte dazu, dass es eben nicht zum Atomkrieg der Supermächte kam. Ein Erfolgsmodell.

Ein halbes Jahrhundert später wurde es in Europa neu aufgelegt. Wie der britische Ökonom Edward Hugh im September 2011 feststellte, funktioniert die gemeinsame europäische Währung genauso wie Kubricks Doomsday Machine: »Das Euro-System läuft Gefahr, unter dem Druck seiner inneren Widersprüche zu explodieren. Aber jeder Versuch, das System wieder zurückzubauen, könnte für alle Beteiligten Konsequenzen haben, die noch viel schlimmer sind – nicht nur für Europa, sondern für die ganze Weltwirtschaft.« Die wirtschaftliche Katastrophe, die der Euro in Südeuropa, vor allem in Griechenland anrichtete, sei nicht nur im Jahr 2011 nicht mehr zu verhindern gewesen, sondern bereits 2002, als die Währungs-Maschine gestartet worden war.

Diesen Selbstzerstörungsmodus habe man durchaus bewusst eingebaut, argumentierten viele – vor allem europäische – Ökonomen und ein deutscher Finanzminister. So wie die Unerbittlichkeit der Doomsday Machine den Frieden sichern und nicht die totale Zerstörung anrichten sollte, war die Unerbittlichkeit der gemeinsamen Währung als Garant dafür gedacht, dass sich die nationalen Regierungen der Eurozone auf harmonische Wirtschaftspolitiken einschwingen. Wenn es keinen Ausweg aus dem System gibt, zwingt man alle Beteiligten dazu, sich systemkonform zu verhalten.

Spieltheoretisch nennt man diese Strategie auch »brinkmanship«, das Spiel mit dem Abgrund. In dem Moment, wo eine glaubwürdige Drohung auf dem Tisch liegt, den maximalen Schaden anzurichten und das ganze System zu zerstören – und ein wirksamer Mechanismus, der die Drohung Wirklichkeit werden lässt –, werden alle rational handelnden Beteiligten diszipliniert, und sie werden es nicht zum Äußersten kommen zu lassen. Derjenige, der die Drohkulisse aufbaut, trägt den Vorteil davon.

Die eigensinnigen Briten haben von Anfang an gewittert, dass Europa Zwangscharakter hat – und deshalb nie richtig mitgemacht, nicht beim Euro und bloß halbherzig beim sonstigen Integrationsprozess. Immer war es Großbritannien, das mit der Drohung, die Verhandlungen platzen zu lassen, Sonderkonditionen für sich heraushandelte. Im Jahr 2015 konstruierte der damals amtierende Premier der Konservativen David Cameron schließlich seine eigene Doomsday Machine: Unter dem Druck einer wachsenden euroskeptischen Stimmung im eigenen Land kündigte er für 2016 eine Volksbefragung über den Verbleib des Vereinigten Königreichs in der EU an. Eigentlich sollte der Brexit-Volksentscheid nur eine wirksame Drohung gegenüber Brüssel konstruieren, einen umfangreichen Forderungskatalog zugunsten Großbritanniens durchzusetzen.

Doch das Ding verselbstständigte sich und flog Cameron um die Ohren. Obwohl eine Bevölkerungsmehrheit bis kurz vor der Abstimmung für den Verbleib in der EU war, obwohl die Buchmacher die Wahrscheinlichkeit eines Austritts bis zum Stichtag mit nur 25 Prozent taxierten, votierte am 23. Juni 2016 eine Mehrheit von 51,9 Prozent für den Brexit. In der trügerischen Sicherheit der Umfragewerte – und im Vertrauen darauf, dass eine Mehrheit besonnen abstimmen würde – wollten wohl viele Briten bloß Großbritanniens Verhandlungsposition stärken. Aus dem rationalen Kalkül vieler Einzelner erwuchs kollektive Irrationalität. Es folgte das jähe Erwachen. Cameron trat zurück und hinterließ seiner Nachfolgerin Theresa May den Scherbenhaufen und die Aufräumarbeiten. Bis heute ist unklar, wie sich der Austritt vollziehen kann, ohne dass Großbritannien in die Isolation gerät und wirtschaftlich abstürzt. Auch im Rest der EU sitzt der Schock über den Brexit noch tief. So sieht es aus, wenn eine Doomsday Machine tatsächlich losgeht.

Madman-Theory oder Kalkulierter Kontrollverlust

Die Voraussetzung dafür, dass das Spiel mit dem Abgrund gelingen kann und am Ende ein wünschenswertes Ergebnis herauskommt, ist, dass beide Parteien letztlich rational agieren. Darauf legten sowohl Sowjets als auch US-Amerikaner in den Dekaden des Kalten Kriegs Wert, insbesondere was den Gebrauch von Atomwaffen anging. Und so waren die Konfrontationen der beiden Weltmachtblöcke berechenbar geworden. Die Sowjets hielten sich in Amerika zurück (siehe Kuba oder später Chile), die USA ließen die Finger von Osteuropa – sowohl beim Berliner Mauerbau 1961 als auch beim Prager Frühling 1968 beschränkte sich der Westen aufs Reden und Beobachten. In Afrika und Asien waren beide Supermächte in eine ganze Reihe von Konflikten verwickelt, die aber nicht zu einer globalen Konfrontation führen sollten.

In zugespitzten Konfliktsituationen kann es jedoch von Vorteil sein, den Einsatz – und damit das Risiko – zu erhöhen, indem man Zweifel an der eigenen Rationalität sät. Die Blaupause dafür liefert das »Chicken Game«. Bei der Grundform dieser auf Deutsch etwas lahm »Feiglingsspiel« genannten Mutprobe fahren zwei Kontrahenten mit Autos aufeinander zu – wer zuerst ausweicht, verliert. Wenn keiner ausweicht, haben am Ende beide verloren, nämlich ihr Leben. Aber je höher der Gewinn, der auf den Sieger wartet, desto größer ist der Anreiz, es darauf ankommen zu lassen und den Verrückten zu mimen. Auch diese Variante hatte Herman Kahn in *On Thermonuclear War* schon durchgespielt: Die beiden Wagen rasen aufeinander zu – und einer der Fahrer reißt sein Steuerrad heraus und wirft es für den Gegner sichtbar auf die Straße. Er kann jetzt nicht mehr ausweichen. Wenn der Gegner überleben will, muss er sein eigenes Steuer herumreißen, und hat damit verloren.

Richard Nixon war der Erste, der diese verschärfte Variante in der internationalen Politik einsetzte. Anfang der 1970er-Jahre dachte er sich für den Vietnamkrieg die von ihm selbst so genannte »Madman-Theory« aus. Sein Berater Harry Robbins Haldeman beschrieb später, wie Nixon ihm diese Theorie erklärte: »Ich will die Nordvietnamesen glauben machen, dass ich den Punkt erreicht habe, wo ich alles tun werde, um den Krieg zu beenden. Wir werden ihnen so etwas zuspielen wie: ›Mein Gott, sie wissen ja, wie sehr Nixon den Kommunismus hasst. Wenn er in Wut gerät, kann ihn keiner mehr zurückhalten – und er hat die Hand am nuklearen Drücker.‹ In zwei Tagen ist Ho Chi Minh persönlich in Paris und bittet um Frieden.«

So weit kam es dann doch nicht. Zum einen, weil die Nordvietnamesen sich nicht übertölpeln ließen. Richard Nixon hatte sich lange genug wie ein halbwegs ordentlicher Politiker verhalten (von Watergate wusste man damals noch nichts), warum sollte er ausgerechnet jetzt durchdrehen? Und wenn der Gegner zur Erkenntnis kommt, dass der scheinbar Verrückte nur blufft, hat dieser das Spiel verloren und muss zurück zur Vernunft kommen. Zum zweiten, weil, wie schon Kahn zugeben musste, die andere Seite ja auch auf die Idee mit dem Steuerrad kommen könnte: »Since both sides may use this strategy, the game may end in a disaster.«

Seit Ende 2016 wird die Madman-Theory wieder intensiv diskutiert, denn plötzlich hat man es mit einem US-Präsidenten zu tun, der tatsächlich unberechenbar ist, der sich noch nie wie ein halbwegs ordentlicher Politiker verhalten hat. Vielleicht hat er das Steuerrad schon längst auf die Straße geworfen. Oder er tut so, als fahre er ohne Steuerrad, hat sich aber heimlich ein Ersatz-Steuer montieren lassen.

Im Konflikt zwischen den USA und Nordkorea konnte die Welt im Herbst 2017 gebannt zuschauen, wie zwei Verrückte sich gegenseitig hochschaukelten. Bei seinem ersten Auftritt vor der UN-Vollversammlung nannte Trump die Machthaber in Pjöngjang, die im Vorfeld mit Wasserstoffbombentests gezündelt hatten, eine »Bande von Kriminellen«, deren Land er notfalls mit Militärgewalt »völlig zerstören« werde: »Der Raketenmann ist auf einer Selbstmordmission für sich selbst und sein Regime.« Kim Jong-un ließ sich nicht einschüchtern und konterte: »Ich werde den geistig umnachteten senilen Amerikaner sicher und endgültig mit Feuer bändigen.« Aussage gegen Aussage. Mahnende Worte dazu gab es von UN-Generalsekretär António Guterres: »Dies ist die Zeit für hohe Staatskunst – wir dürfen nicht in einen Krieg schlafwandeln.«

Zur Drucklegung dieses Buches steht noch nicht fest, wie das Chicken Game zwischen der aus dem Ruder laufenden Supermacht und dem aufmüpfigen Terrorregime tatsächlich ausgeht. Es gab Hinweise darauf, dass zumindest das nordkoreanische

Regime hinter seiner verbalradikalen Maske rationaler agiert, als es den Anschein hat, und in Gesprächen mit US-Experten versucht hat zu ermitteln, wie Donald Trump wirklich tickt.

An der Entwicklung der Weltpolitik während der Amtszeit von Donald Trump indes lässt sich relativ gut beobachten, zu welchem Ergebnis eine Madman-Strategie führt, wenn sie kein wirkliches Ziel hat außer dem, Chaos und Verwirrung zu stiften: zum Abwägen und zu viel Misstrauen bei den internationalen Akteuren. Es kann in der Tat zu Unterwürfigkeitsgesten kommen – wie von Angela Merkel, als sie im Frühjahr 2017 Trumps Lieblingstochter Ivanka zu einer Konferenz nach Berlin einlud. Oder zu Belehrungen – wie von Chinas Staatspräsident Xi Jinping, der Trump bei einem Telefonat zehn Minuten lang erklärte, warum China nicht in der Lage sei, Nordkoreas Diktator die Atombomben wieder auszureden. Oder zu Versuchen, aus der neuen Unberechenbarkeit einen eigenen Vorteil zu ziehen – hier dürfte es niemand mit Russlands Wladimir Putin aufnehmen können, der unter anderem im Syrien- und im Krim-Konflikt davon profitiert, dass Trump sein eigenes Militär und die Position der Nato schwächt. Auch bei den baltischen Staaten Estland, Lettland und Litauen hat der Respekt vor dem großen russischen Nachbarn zugenommen, seit nicht mehr klar ist, ob der Westen ihnen im Ernstfall gegen eine Invasion Beistand leisten würde.

Eskalation oder
Bis beide weinen

Bei spieltheoretisch beschreibbaren Konflikten gilt erst einmal die Vermutung, dass es sich bei den beteiligten Parteien um rationale Akteure auf der Suche nach ihrem eigenen Vorteil handelt. Aber dieses Axiom muss regelmäßig gelockert werden, wenn Konflikte länger dauern und an Schärfe zunehmen – also eskalieren. Selbst wenn die großen Player dann noch immer am Schachbrett sitzen und kühlen Kopf bewahren, entsteht auf den unteren Ebenen echter Hass: weil Polizisten prügeln oder Soldaten schießen, weil Leben verpfuscht oder zerstört werden, weil Feindbilder erst aufgebaut und dann mit Realität gefüllt werden. Und ist der Hass erst einmal in den Köpfen, wird er auch den weiteren Lauf der Ereignisse mitbestimmen.

So etwas passiert nicht nur in der großen Politik, sondern auch im alltäglichen Leben. Viele werden eine ähnliche Situation schon einmal im Bekanntenkreis erlebt oder sogar selbst durchlitten haben: eine Scheidung. Manche Paare gehen gütlich auseinander, manche wenigstens vernünftig, manche Trennungen arten in ein zähes Ringen aus, und manche in eine Vernichtungs-Orgie. *Der Rosenkrieg* heißt ein US-Spielfilm von 1989, in dem Regisseur Danny DeVito den Weg eines Paares von der romantischen Liebe bis zum tödlichen Hass Schritt für Schritt beschreibt. DeVito selbst spielt den Anwalt des Ehemanns, der auf jeder Eskalationsstufe nach gütlichen, geregelten Auswegen sucht und daran scheitert.

Herman Kahns Eskalationsmodell der kühlen Spieltheorie hilft in solchen Fällen nicht weiter. Das brachte den österreichischen Konfliktforscher Friedrich Glasl dazu, 1980 ein eigenes Modell zu präsentieren, das menschliche Abgründe mitberücksichtigt. Denn der Weg der Eskalation, so Glasl, führe »mit einer gewissen zwingenden Kraft in Regionen, die große, untermenschliche Energien aufrufen, die sich jedoch auf die Dauer der menschlichen Steuerung und Beherrschung entziehen«. Bei Glasl führt der Weg zur Hölle über neun Stufen auf drei Ebenen, die interessanterweise dadurch gegeneinander abgegrenzt sind, dass sie jeweils spieltheoretisch eine Ergebnismatrix abbilden:

Ebene 1 »Win-Win«: Es beginnt ganz alltäglich auf der Sachebene mit unterschiedlichen Positionen zu bestimmten Reizthemen, die sich allmählich verhärten (1). Es kommt zu Debatten und Streits, die durchaus noch fruchtbar sein können (2). Charakteristisch für die erste Ebene ist, dass beide Konfliktparteien noch an der Auseinandersetzung wachsen und davon profitieren können. Gütliche Einigungen im Interesse beider sind möglich, werden jedoch unwahrscheinlicher, wenn die Kommunikation abreißt und auf Worte Taten folgen (3).

Ebene 2 »Win-Lose«: Die zweite Ebene der Konflikteskalation ist dadurch gekennzeichnet, dass ein Einvernehmen nicht mehr erreichbar ist und nun beide Konfliktpartner den Glauben hegen und die Strategie verfolgen, als Gewinner aus dem Streit hervorzugehen. Dazu werden zunächst Allianzen mit dem Umfeld geschmiedet, um die eigene Position zu stärken (4). Es wächst der Vernichtungswille, sodass man auch vor Verleumdung und Diffamierungen nicht zurückschreckt. Man will den Gesichtsverlust des anderen erreichen (5). Als Nächstes kommen die Drohstrategien: Eigene Machtdemonstrationen sollen die Gegenseite einschüchtern und zur Kapitulation zwingen (6).

Ebene 3 »Lose-Lose«: Bis hierhin ist der Konflikt so ausgeartet, der Hass so groß geworden, dass keiner mehr als strahlender Sieger daraus hervorgehen kann. Man nimmt den eigenen Untergang mit in Kauf, Hauptsache es erwischt die andere Partei ebenfalls. Begrenzte Vernichtungsschläge dienen allein dem Zweck, dem Gegner Schaden zuzufügen, auch wenn man selbst keinen Nutzen daraus zieht (7). Nächste und vorletzte Eskalationsstufe ist der unbedingte und vollständige Wille, den Gegner zu vernichten, und dazu ist jedes Mittel recht (8). Auf der letzten Stufe hat dieser Vernichtungswille endgültig jede Moral und Rationalität außer Kraft gesetzt. Ab hier geht es nur noch gemeinsam in den Abgrund (9).

Auch wenn nicht alle Konflikte exakt nach diesem Schema ablaufen, so liefert es doch ein Modell dafür, wie Konflikte zu Clusterfucks eskalieren: Dadurch, dass jede Seite glaubt, auf Kosten der Gegenseite gewinnen und mehr für sich herausholen zu können, wird aus Win-Win Lose-Lose. Am Ende stehen alle schlechter da als notwendig.

Schmetterlingseffekt oder Kontingenz killt Kontrolle

Kleine Ereignisse und Einzelpersonen verändern den Lauf der Geschichte. So wie bei Bashir Abazeed im Februar 2011. Er war 15 Jahre alt, Schüler und »frustriert und gelangweilt«. Überall in der arabischen Welt wogte jene Protestwelle, die als »Arabischer Frühling« bekannt werden sollte – nur in Syrien nicht. »Ich wollte etwas unternehmen«, sagte Abazeed zwei Jahre später über die Graffiti, die er mit fünf Freunden zusammen nachts an die Schulmauer sprühte: »Nieder mit dem Präsidenten« und »Du bist dran, Doktor«. Vermutlich war es das Graffiti mit den gravierendsten Folgen in der Weltgeschichte, denn es löste den syrischen Bürgerkrieg aus. Die ersten Eskalationsstufen auf dem Weg von einem Graffiti zur Zerstörung eines ganzen Landes waren dabei geradezu lehrbuchartig: Die Jungs werden erwischt, verhaftet, gefoltert. Die Väter fragen bei der Polizei nach, werden weggeschickt, beschimpft und beleidigt. (»Vergesst, dass ihr diese Kinder hattet. Geht nach Hause. Macht neue Kinder. Und wenn ihr das nicht hinkriegt, bringt uns eure Frauen, und wir machen euch neue Kinder.«) Die Familien protestieren öffentlich. Die Polizei greift ein, Steine fliegen, Schüsse fallen: zwei Tote. Die Toten werden in einem Demonstrationszug begraben, wieder Schüsse, Häuser brennen, Tote auf beiden Seiten. Schließlich greift die Armee ein, die Aufstände greifen auf andere Landesteile über.

Nichts davon war zwangsläufig. An jeder Stelle hätte statt einer Eskalation auch eine Deeskalation stehen können; und manchmal wurde das auch versucht – so als die Sprayer nach fünf Wochen Haft wieder freigelassen wurden. Aber der Fall zeigt, wie sehr Konflikte eine Eigendynamik gewinnen können und wie unberechenbar diese ist.

Situationen, die nicht berechen- und kontrollierbar sind, nennen wir Kontingenz, was von lateinisch contingentia (Möglichkeit) kommt: Alles, was ist, könnte auch anders sein. Schon kleine, kaum wahrnehmbare Änderungen können dazu führen, dass eine Situation einen völlig anderen Verlauf nimmt. Unter Militärs ist die Kontingenz unter dem Begriff »Hinge-Faktor« bekannt, den der Historiker Erik Durschmied als »den Dreh- und Angelpunkt, der über den Ausgang einer Schlacht entscheidet«, beschreibt. Es kann ein Bienenschwarm sein (der die Schlacht von Tanga am 5. November 1914 zugunsten der Deutschen entschied) oder ein Klopfen auf Holz, mit dem die Kriegslist des Trojanischen Pferdes hätte auffliegen können – aber nicht aufflog.

Das Forschungsfeld der kontrafaktischen Geschichte besteht einzig und allein aus Kontingenz: Es untersucht Was-wäre-wenn-Szenarien. Was, wenn Hitler den Krieg gewonnen hätte – oder eines der Attentate auf ihn erfolgreich gewesen wäre. Was, wenn Kolumbus nicht nach Spanien zurückgekommen wäre. Was, wenn keine Atombombe auf Hiroshima gefallen wäre. Manchmal haben große Änderungen eine kleine Wirkung: Amerika wäre ohne Kolumbus vermutlich ein paar Jahrzehnte später entdeckt worden, die Eroberung durch die Europäer wäre kaum anders verlaufen. Und manchmal haben kleine Änderungen große Konsequenzen, zum Beispiel am 16. April 1746: Was hätte passieren können, wenn die Stuarts an jenem Tag in der Schlacht von Culloden triumphiert und den britischen Thron von den Welfen zurückerobert hätten, die in direkter Linie mit den bis heute amtierenden Windsors verwandt sind? Das hat der britische Historiker Murray Pittock erst vor Kurzem aufsehenerregend durchgespielt. Der *Spiegel* fasst zusammen: »Ein Triumph der Stuarts in Culloden hätte voraussichtlich die folgenschwere Revolte in den amerikanischen Kolonien verhindert, die letztlich zur Gründung der USA führte – und auch jene verheerende Finanzkrise, die Ludwig XVI. nahezu ruinierte und in die Französische Revolution mündete.« Im Klartext: Die USA würde es nicht geben und die Französische Revolution hätte nie stattgefunden, wenn jene knappe Schlacht, von der noch nie ein Mensch außerhalb Großbritanniens jemals gehört hat, anders ausgegangen wäre.

Am 29. Dezember 1972 um 10 Uhr morgens Bostoner Zeit wurde die Überzeugung, alles unter Kontrolle haben zu können, durch einen Schmetterlingsflügelschlag ausgeknockt. Der US-Meteorologe Edward N. Lorenz hielt damals vor der American Association for the Advancement of Science einen Vortrag mit dem Titel *Predictability: Does the Flap of a Butterfly's Wings in Brazil set off a Tornado in Texas?* Lorenz hatte festgestellt, dass bei der Wettervorhersage schon kleinste Abweichungen in der Gegenwart zu gewaltigen Veränderungen in der Zukunft führen können – der Vergleich zwischen Sturm und Schmetterling ist übrigens keine Übertreibung, sondern entspricht ziemlich genau den von Lorenz beobachteten Größenverhältnissen zwischen Ursache und Wirkung.

Die meisten Flügelschläge der – leider gerade auf mitteleuropäischen Fluren arg dezimierten – Schmetterlinge müssen uns genauso wenig bekümmern wie der sprichwörtliche Sack Reis, der in China umfällt. Sie haben nichts mit unserem Leben zu tun. Aber eines Tages kommt der Moment, in dem sie doch auch für uns eine Rolle spielen. Beim Reis kam er im Frühjahr

2008. Damals war innerhalb von wenigen Wochen der Reispreis auf dem Weltmarkt um 50 Prozent gestiegen, vorwiegend aufgrund eines plötzlichen Zustroms von Spekulationsgeld in die Rohstoffmärkte. Traditionelle Exporteure wie China, Thailand und Vietnam drosselten daraufhin ihre Ausfuhren oder stoppten sie ganz, um durch Nachverhandeln alter Verträge an dem Anstieg partizipieren zu können. In Reis-Importländern wie den Philippinen, Marokko oder Jemen wurde das Grundnahrungsmittel dadurch knapp und extrem teuer; es kam zu Unruhen. Den betroffenen Staaten war diese Reiskrise eine Lehre: Mache dich für das kurzfristige Überleben deiner eigenen Leute nicht von Globalisierung, Weltmarkt und Freihandel abhängig. Bleibe dein eigener Herr. Oder in Trump'scher Kürze: America first.

Das Erstarken des Nationalismus, Trump, Le Pen, AfD – alles nur wegen ein paar Säcken Reis, die nicht auf die Philippinen geliefert wurden? Ganz so direkt ist der Zusammenhang natürlich nicht. Die Reissäcke sind nur einer von vielen Faktoren, die der Globalisierung gerade das Leben schwermachen. Aber sie sind ein Faktor – ein unkalkulierbarer noch dazu.

In der Spieltheorie-Sprache heißt das: Der Ausgang des Spiels kann nicht exakt festgelegt werden. Selbst wenn sich beide Spieler in fast gleichen Situationen genau gleich verhalten, kann ein völlig anderes Ergebnis herauskommen.

Mehrkörperproblem oder Das Chaos regiert

Eine der großartigsten astronomischen Leistungen sind die Kepler'schen Gesetze. Zwischen 1609 und 1619 fand der kaiserliche Mathematiker Johannes Kepler die grundlegenden Gesetzmäßigkeiten für die Bewegungen der Planeten um die Sonne. Das heliozentrische Weltbild, das gerade erst Galileo Galilei massiven Ärger mit der päpstlichen Inquisition eingebracht hatte, hatte nun sein mathematisches Fundament: Die Planeten bewegten sich wirklich so, wie Kepler es berechnet hatte. 1687 brachte Isaac Newton die Kepler'schen Gesetze in die allgemeine Form des Gravitationsgesetzes: Nicht nur zwischen Sonne und Erde, zwischen allen Körpern bestehen Anziehungskräfte. Diese Gravitationskraft zwischen zwei Körpern ist proportional zum Produkt ihrer Massen und umgekehrt proportional zum Quadrat ihres Abstands.

Das war vor mehr als 300 Jahren der Höhepunkt der klassischen Mechanik. Und seit genau dieser Zeit fehlt der nächste Schritt: die Berechnung der Anziehungskräfte und Bahnverläufe zwischen drei Körpern. Es gibt Näherungsverfahren, und in einigen Spezialfällen auch exakte Lösungen. Aber für das allgemeine Dreikörperproblem gibt es nach wie vor keine ebenso allgemeine mathematische Formel. Von den Mehrkörperproblemen mit vier, fünf oder gar jenen Quintilliarden Körpern, die im Universum unterwegs sind, ganz zu schweigen.

Der Spieltheorie geht es ähnlich. Sie ist erst rund 70 Jahre alt und hat in dieser Zeit recht gut gelernt, das Verhalten von zwei Spielern zu analysieren oder vorherzusagen. Im Labor funktioniert das besser als in der Realität, aber auch dort kann sie ordentliche Ergebnisse vorweisen: in einer Weltlage, die von zwei feindlichen, aber rational handelnden Supermächten geprägt war, oder auch für die Analyse der Strategien von Arbeitern und Gewerkschaften bei Tarifverhandlungen. Für mehr als zwei Spieler hingegen werden die Ergebnisse schon im Labor unsauber – im echten Leben erst recht.

Einer, der sich von einer Vielzahl von Akteuren nicht verwirren ließ, war der deutsche Reichskanzler Otto von Bismarck. Er konstruierte Europa als ein Fünfkörperproblem: Die Großmächte England, Frankreich, Deutschland, Österreich-Ungarn und Russland (von West nach Ost) sollten sich miteinander beschäftigen, ohne etwas zu bewegen, und Bismarck gefiel sich als »Jongleur mit fünf Kugeln«. 1877 erläuterte er seinem Privatsekretär und Sohn Herbert sein Konzept »einer politischen Gesamtsituation, in welcher alle Mächte außer Frankreich unser bedürfen und von Koalitionen gegen uns durch ihre Beziehungen zueinander nach Möglichkeit abgehalten werden«. Und wenn man hin und wieder ein wenig Zwietracht unter den Großmächten säen musste, um eine allzu große Einigkeit zu verhindern, so hatte Bismarck durchaus Mittel und Wege dafür.

Solange Bismarck selbst als Jongleur in der Arena stand, ging dieses Konzept auch auf. Die zwei Jahrzehnte nach der Reichsgründung von 1871 gehören mit zum Friedlichsten, was Europa seit Langem erlebt hatte. Aber nach seiner Entlassung durch Kaiser Wilhelm II. im Jahr 1890 wurde die Schattenseite dieses so großartig klingenden Konzepts offenbar: Die europäischen Mächte waren jetzt nicht mehr in Zweier-Beziehungen verbunden (als Freunde oder Feinde), sondern alle miteinander. Ein Netz von Allianzen und Beistandsverpflichtungen überzog den Kontinent; sie waren durchweg als Sicherheitsnetze konzipiert, aber nicht bis zum Ende durchdacht worden. Einem geschickten Jongleur hätte das auffallen können, aber den gab es Anfang des 20. Jahrhunderts weder in Deutschland noch sonst wo in Europa. Und wenn dann noch eine der fünf Großmächte mit ihrer Rolle nicht zufrieden ist und ihren Einfluss ausweiten möchte – wie es beim wirtschaftlich erstarkten Deutschland der Fall war –, kann theoretisch jedes entzündete Streichholz den gesamten Kontinent in Brand setzen.

Und so geschah es dann auch. Das Streichholz war ein einzelner dummer und vermeidbarer Fehler, begangen von einem subalternen Bediensteten: Hätte der Chauffeur des Österreichisch-Ungarischen Thronfolgers Franz Ferdinand sich am Morgen des 28. Juni 1914 in Sarajevo an seine Order gehalten, nur auf den Hauptstraßen zu bleiben, und wäre er nicht in eine kleine und unwegsame Seitengasse abgebogen, hätte da nicht zufällig der Student und Terrorist der Schwarzen Hand Gavrilo Princip gestanden, der so geistesgegenwärtig war, seine kleine Pistole zu ziehen und den Erzherzog und seine Frau auf dem Rücksitz zu erschießen – es hätte keinen Krieg gegeben. Zumindest nicht sofort. Die Verflechtungen wären weiterhin als Sicherheitsnetze angesehen worden, nur um später bei einem anderen, ähnlich nichtigen Anlass zum Krieg zu führen. Aber so stolperten die europäischen Herrscher eben im Sommer 1914 wie »Schlafwandler« in den Krieg, wie es Christopher Clark in seinem gleichnamigen Buch von 2013 beschreibt.

Für Clark und viele seiner Historiker-Kollegen ist der Ausbruch des Ersten Weltkriegs immer noch eines der größten Rätsel, »so verworren, dass er unzähligen Hypothesen Raum gibt«. Das Zustandekommen dieses unwahrscheinlichen welthistorischen Clusterfucks ist als Mehrkörperproblem analysierbar:

als Resultat der nicht kalkulierbaren Interaktion vieler beteiligter Parteien und ihrer Partikularinteressen. Clark schreibt: »Die außerordentlich enge Verflechtung der Krise ist ein weiteres Kennzeichen. Die Kubakrise war schon komplex genug, dabei waren nur zwei Hauptakteure daran beteiligt (die USA und die Sowjetunion), sowie eine Reihe von Stellvertretern und untergeordneten Akteuren. Eine Darstellung, wie der Erste Weltkrieg ausbrechen konnte, muss hingegen die multilateralen Interaktionen von fünf autonomen, gleichwertigen Akteuren (Deutschland, Österreich-Ungarn, Frankreich, Russland und Großbritannien) – sechs, wenn man Italien mitzählt – berücksichtigen. Hinzu kommen mehrere strategisch wichtige und ebenso autonome, souveräne Akteure wie das Osmanische Reich und die Staaten auf der Balkanhalbinsel, einer Region, die in den Jahren vor Kriegsausbruch von starken politischen Spannungen und einer extremen Instabilität geprägt war.«

Für solche Konflikte kennt die Spieltheorie nicht nur keine einfachen Lösungen, sie kennt auch keine komplexen. Was beim Ersten Weltkrieg noch eine historische Ausnahmesituation darstellte, wird zunehmend zum Normalfall: eine neue Unübersichtlichkeit, bei der sich nicht einzelne Staaten oder Machtblöcke gegenüberstehen, sondern eine Vielzahl von Partikularinteressen. Die G20-Gruppe der wichtigsten Staaten der Welt, die 2009 stark an Bedeutung gewann, ist beispielsweise ein weit heterogeneres Gebilde als die G7-Gruppe. Von einem auch nur halbwegs berechenbaren Verhalten der G20 kann folglich keine Rede sein. Der aktuelle Syrien-Konflikt ist ein Musterbeispiel für diese neue Unübersichtlichkeit. Unmittelbar bekämpfen sich hier vier Parteien: das syrische Regime, islamistische Rebellen, der Islamische Staat, und die kurdischen Milizen. Im

Hintergrund stehen jedoch die Türkei, Russland, der Iran, Israel, Saudi-Arabien und die USA mit ihrer Allianz von 60 Ländern gegen den Islamischen Staat. Ein heilloses Chaos.

Monnets Schmiede oder Von Krise zu Krise

Wenn man nicht mit mehr als zwei Staaten gleichzeitig jonglieren kann – zumindest nicht, ohne bei nächster Gelegenheit einen Krieg oder ähnlichen Clusterfuck zu riskieren –, wenn ein Europa mit fünf starken Mächten sich schon einmal so heillos ineinander verhakte: Wieso sollte es diesmal mit der Europäischen Union besser ausgehen? Aus einem bescheidenen Anfang mit zwei zentralen Kräften, Deutschland und Frankreich, ist ein 28-Staaten-Konglomerat mit (wieder) fünf prägenden Kraftzentren geworden: Deutschland, Frankreich, Großbritannien, Südeuropa und Teile Osteuropas (Visegrad-Staaten).

Eigentlich kann das nicht funktionieren. Eigentlich muss das an den Rändern abbröckeln, oder es muss zu einer Refokussierung auf zwei Zentralkörper kommen (Deutschland für die Wirtschaft, Frankreich für die Außenpolitik), oder die EU muss auf ständigen Krisenmodus schalten, der sie allmählich zerfleddert.

In einem solchen befindet sich die EU im Grunde bereits. Jeder Verweis auf »die aktuelle Krise in Europa« wird beim Publikum seit Jahren auf Zustimmung stoßen – irgendwas ist ja immer. Allerdings: Dafür, dass sie so ein hoffnungsloser Fall ist, ist die EU ganz schön weit gekommen. Eine effiziente politische

Infrastruktur, reibungslos funktionierende Institutionen – die EU sieht ganz und gar nicht zerfleddert aus.

Das liegt in erster Linie an einer Konstruktion, die wir »Monnets Schmiede« nennen. Sie wurde von dem französischen Unternehmer Jean Monnet entwickelt, einem der Wegbereiter des EU-Vorläufers Montanunion, für manche gar der »Erzheilige der europäischen Integration« (Alan S. Milward). Bei dieser Methode dienen Chaos und Krise nicht als Bremse, sondern als Motor der Entwicklung: »Europa wird in Krisen geschmiedet werden, und es wird die Summe der zur Bewältigung dieser Krisen verabschiedeten Lösungen sein.« Denn jede dieser Lösungen führe zu einer weiteren Integration der europäischen Staaten, aus der wiederum neue Probleme entstünden, und damit neue, zu lösende Krisen.

Das wichtigste Instrument in dieser Schmiede, sozusagen Monnets Hammer, ist der Krisengipfel. Wenn nationale Egoismen die Europäische Union mal wieder in eine Sackgasse geführt haben, fahren unter heftigem Mediengetöse dunkle Staatskarossen im Dutzend in Brüssel vor, deren Insassen kommen hoch konzentriert und gerüstet zu einem Arbeitsessen zusammen, tagen danach die ganze Nacht, ach, das ganze Wochenende hindurch und flicken sich dann in letzter Minute eine Einigung zusammen, die nicht nur aus der Sackgasse wieder hinausführt, sondern auch einen neuen Weg für den Kontinent bahnen kann. Und vor der Presse des eigenen Landes kann sich dann jeder Teilnehmer rechtschaffen übernächtigt zeigen und als Gewinner posieren.

»Im Rahmen der europäischen Integration wurde mit jeder, wie auch immer gearteten Krise stets die Hoffnung verbunden, einen Ausweg aus einer temporär chaotischen Lage zu finden«, resümierte der ehemalige EU-Kommissionspräsident Jacques Santer das erste halbe Jahrhundert Monnet-Methode. »Krisen haben den europäischen Integrationsprozess auch immer eine gewisse Zeit gelähmt. Sie haben jedoch nie diesen Prozess komplett stoppen können, da sie stets als Chance zur ›Katharsis‹, zur Läuterung und zur Wiederankurbelung der europäischen Einigungsbestrebungen betrachtet wurden.«

Monnet, einer der größten Strippenzieher und Netzwerkknüpfer seiner Zeit, hat seine Schmiede für eine kleine, elitäre Kaste von Eurokraten konstruiert: die Spitzenbeamten der europäischen Institutionen in Brüssel sowie die eng mit ihnen verbundenen Europa-Experten in den nationalen Regierungen. Diese haben eine Vorstellung, wie irgendwann einmal ein gemeinsames Europa aussehen könnte, und sie haben eine Idee bezüglich der Schritte auf dem Weg dorthin. Sie haben nur keine Chance, diese Schritte selbst zu beschließen – das können nur die Regierungschefs der Mitgliedstaaten. Diese wiederum haben kein besonderes Interesse an einer Weiterentwicklung Europas, schließlich werden sie nicht von den Europäern, sondern von den Bürgern ihres Staates gewählt. Nur wenn all diese Entscheider zusammen an einem Abgrund ankommen und einen Blick in die Tiefe werfen, in die sie sich und ihre Wähler stürzen würden, wenn sie weitermachen wie bisher, werden sie einem jener Schritte zustimmen, die Europa voranbringen. »Der Mensch akzeptiert die Veränderungen nur unter dem Druck der Notwendigkeit«, sagte Monnet – die Menschen aus seiner eigenen elitären Kaste natürlich ausgenommen.

Mit Jean Monnets Schmiede kann man Konstellationen beherrschbar machen, vor denen der Spieltheoretiker kapitulieren muss. Mit ihr kann man sogar bewusst ein Chaos herbeiführen, um seine Ziele durchzusetzen. Man kann chaotische Zustände in Serie produzieren: Je mehr Abgründe sich auftun, desto eher kommt das ganz große Ziel in Reichweite. Chaotisieren für Europa sozusagen.

Eine faszinierende Methode. Ungefähr so faszinierend wie Bismarcks Jonglierspiel mit fünf Kugeln ein Jahrhundert zuvor. Und genau wie damals kann es uns auch diesmal passieren, dass die geniale Konstruktion zu einer echten, nicht mehr beherrschbaren Katastrophe führt. Weil die Betroffenen irgendwann einmal die Nase voll haben vom Krisenmodus, und lieber nationalistische Vereinfacher wählen. Das 5-Kugel-Spiel brauchte begabte Diplomaten, mit dem schneidigen Wilhelm II. fuhr es gegen die Wand. Und Monnets Schmiede braucht kühl kalkulierende Eurokraten in Brüssel sowie einige überzeugte Europäer in den Reihen der Regierungschefs – damit sie sich beim jeweiligen Krisengipfel für den nächsten Europäisierungsschritt stark machen.

Und an Letzteren fehlte es in den letzten Jahren.

Schwarze Schwäne oder Der nächste große Zusammenbruch

Der Erste Weltkrieg ist nicht nur deshalb der prototypische welthistorische Clusterfuck, weil er aus einem unübersichtlichen Kuddelmuddel und einer verworrenen Gemengelage nationaler Interessen entstand, sondern auch weil er den Zeitgenossen völlig »unwahrscheinlich« erschien, wie Christopher Clark bemerkt. Noch 1910 hatte der einflussreiche britische Publizist Norman Angell mit seiner Streitschrift *The Great Illu-*

sion erklärt, dass ein Krieg zwischen den europäischen Völkern faktisch ausgeschlossen sei. Dafür seien die Volkswirtschaften im Zeitalter der Globalisierung längst zu eng verflochten, auch die kommunikativen Verbindungen und insbesondere die Verflechtungen der Finanzwelt sprächen dagegen. Ein Krieg würde einfach zu hohe Kosten bedeuten.

Es scheint ein wiederkehrendes Muster zu sein, dass Menschen von Clusterfucks überrascht werden, weil sie sich aus den Daten der Vergangenheit nicht extrapolieren lassen. Nachher ist man immer schlauer – nur eben vorher nicht. Der libanesisch-amerikanische Risikoforscher Nassim Taleb illustriert diesen Rückschau-Fehler am Beispiel: »Was kann der Truthahn aus den Ereignissen von gestern darüber lernen, was ihn morgen erwarten wird?« Nach allen ihm zur Verfügung stehenden Daten müsste er in seinem Stall zu dem Schluss kommen, dass die Menschen ihn lieben und verehren – warum sonst würden sie ihn täglich füttern und pflegen? Nichts bereitet ihn auf das vor, was ihm an Thanksgiving angetan wird.

Taleb sieht uns vor einer ähnlichen Situation, wenn wir versuchen, soziale, ökonomische oder humanitäre Katastrophen zu vermeiden, denn je besser wir uns gegen die aus der Vergangenheit bekannten Feld-, Wald- und Wiesentragödien wappnen, desto wahrscheinlicher wird es, dass wir früher oder später eine Monsterkatastrophe erleben, wie es sie noch nie gab. Ein Beispiel hierfür aus der jüngeren Vergangenheit ist die »Great Moderation«: In den zwei Jahrzehnten ab Mitte der 1980er-Jahre zeigten sich in der Wirtschaftsentwicklung der USA nur verhältnismäßig kleine Schwankungen, so als sei es gelungen, die ökonomischen Extremfälle Boom und Rezession abzuschaffen. Da diese zwei Jahrzehnte ziemlich genau mit der Amtszeit des US-Notenbankchefs Alan Greenspan übereinstimmten (1987 bis 2006), wurde er oft als derjenige bezeichnet, der die Waren- und Finanzmärkte entsprechend gebändigt habe. Bis im Herbst 2008 die Great Moderation abrupt endete und in eine Weltfinanzkrise überging – für die ebenfalls oft Alan Greenspan verantwortlich gemacht wurde, da er durch seine Moderation die Risse in den tragenden Säulen der Märkte nicht behandelt, sondern nur übertapeziert hätte.

Seine Argumentation entwickelte Taleb erstmals in seinem Überraschungsbestseller *Der Schwarze Schwan*. Auf diesen Begriff brachte er hochgradig unwahrscheinliche, unvorhersagbare Ereignisse mit gewaltigen Auswirkungen – schwarze Schwäne waren jahrhundertelang ein Synonym für ein Ding der Unmöglichkeit, bis Mitte des 17. Jahrhunderts in Australien tatsächlich solche Vögel entdeckt wurden.

Das Buch kam zur rechten Zeit. Noch unter dem Eindruck des 11. September 2001 entstanden, kam es im April 2007 auf den Markt. Ein gutes Jahr später ging Lehman Brothers pleite, und die Welt schlitterte in eine Finanzkrise, die vielen Beteiligten wie ein solches Extremereignis vorkam. Seither wurden ziemlich viele Schwarze-Schwan-Sichtungen gemeldet, auch dort, wo eigentlich nur Dummheit und Gier im Spiel waren.

Immerhin entfaltet das Bild vom schwarzen Schwan inzwischen auch Wirkung, wenn noch gar keine Katastrophe passiert ist. Es bildet nämlich ein wirksames Gegenmittel gegen die typische Weiter-so-Strategie, bei der man sich truthahnartig gemäß dem kölschen Motto »Et hätt noch immer jot jejange« verhält. Wer weiß, dass am Wegesrand Abgründe gähnen, in denen sich schwarze Schwäne tummeln, fährt vorsichtiger und risikobewusster. Möglich, dass ein US-Notenbankchef heute nicht mehr wie Alan Greenspan den Traum vom ewigen gleichmäßigen Wachstum träumen dürfte, dass er die eine oder andere kleine Rezession zulassen würde, um die Wirtschaft davor zu schützen, unvorbereitet in eine wirklich große Krise zu stürzen.

Womit allerdings, wie bei einer Matrjoschka-Puppe, noch lange nicht das Ende erreicht sein muss. Denn wenn die große Krise verhindert wird, vergrößert sich dadurch das Risiko, dass das System auf den nächsten noch größeren Zusammenbruch zusteuert. Als Beispiel hierfür nennt Taleb die Pandemie. Der medizinische Fortschritt mit all seinen Antibiotika und Impfungen lasse zwar immer mehr Menschen immer länger und gesünder leben, bereite aber gleichzeitig den Boden für die eine, den gesamten Erdball erfassende Super-Epidemie. Ob Grippe oder SARS, ob ein Virus oder ein multiresistenter Keim, ob einfach so passiert oder durch einen Terroranschlag, eine solche Pandemie könne sich rasend schnell um den Globus bewegen und Hunderte von Millionen, womöglich gar einige Milliarden Menschen das Leben kosten.

The Final Clusterfuck oder Wovon die Welt nicht untergeht

Dass die Welt irgendwann untergehen wird, ist völlig sicher. Wie sie untergehen wird, ist allerdings völlig unsicher. Vor welchem Untergang sich die Menschen am meisten fürchten, ist unterschiedlich. Sintfluten gibt es in den Mythen so ziemlich jeder Zivilisation, auch Feuerstürme werden gern genommen. Wenn die Götter nicht mehr, wie bei kleineren Sünden, mit Opfern und Gebeten gnädig gestimmt werden können, lassen sie Apokalypsen auf die Menschen herniederprasseln. Die Unerklärlichkeit der Naturkatastrophe wurde so zur Furcht vor göttlichem Zorn sublimiert. Zudem bietet die totale Zerstörung einen schönen Kontrast zum ewigen Leben im Paradies, das die Religionen ihren Gläubigen versprechen.

Als die Launen der Natur erklärbar und ein wenig beherrschbar geworden waren, wurden die Apokalyptiker nicht etwa arbeitslos, sondern sie wandten sich den Kulturkatastrophen zu. Oswald Spengler ließ das Abendland untergehen, bei Robert Jungk zerstörte ein Atomkrieg die Erde, bei Paul Ehrlich die Überbevölkerung, bei Rachel Carson die Pestizide, beim Club of Rome der Raubbau an natürlichen Ressourcen, bei Al Gore der Klimawandel. Noch jemanden vergessen? Ach ja: die Bienen. Deren Bestand ist weltweit zuletzt stark zurückgegangen, und wenn die Bienen aussterben, versiegt nicht nur der Honignachschub, sondern ein Drittel der Welternährungsproduktion fällt weg – ohne Biene keine Bestäubung, ohne Bestäubung keine Frucht. Zwar ist das weitverbreitete Einstein-Zitat, wonach die Menschheit nach dem Verschwinden der Bienen nur noch vier Jahre zu leben hätte, weder von Einstein noch sachlich korrekt – aber ein massives Problem hätten wir ohne Bienen trotzdem.

Außerdem sind die Digitalkatastrophen noch frisch hinzugekommen: Mit jedem weiteren Service, der ins Internet oder in die Cloud abwandert, steigt die Anfälligkeit der Zivilisation für Cyberattacken – von Hackern, von Terroristen oder von feindlichen Staaten. Oder, noch schlimmer: Ray Kurzweil, Bill Gates, Stephen Hawking und einige andere warnen davor, dass künstliche Intelligenzen die Existenz der Menschheit bedrohen könnten, wenn sie uns erst einmal so weit überlegen sind, dass sie uns nicht mehr brauchen. Immerhin: Die Welt würde dann vermutlich weder durch eine Klimakatastrophe noch durch Verstrahlung gestresst – und außer uns Menschen selbst würde es wohl kaum jemandem auffallen, wenn siliziumbasierte Gebilde uns die Krone der Schöpfung abnehmen.

Anders als die Apokalyptiker der Schriftreligionen können die Verkünder der Kulturkatastrophen jedoch mit keiner Paradies-Alternative dienen. Al Gore verspricht uns nun mal keine 72 Jungfrauen, wenn wir aufs Elektroauto umsteigen. Wenn jenes schädliche Verhalten abgestellt wird, das gemäß den Warnungen des jeweiligen Untergangspropheten zum Kollaps führt, bleibt die Welt im Großen und Ganzen so, wie sie ist. Nur eben nachhaltiger und vernünftiger. Und langweiliger – statt Garten Eden nur Garten Schreber.

Nicht, dass wir hier das Schicksal der Menschheit auf die leichte Schulter nehmen wollen, aber wir hegen doch große Zweifel, dass Clusterfucks sich dadurch verhindern lassen, dass man sie zu verhindern versucht. Shit happens. Seit Jahrtausenden. Und wenn noch nie etwas zusammengebrochen wäre, wäre weder das Volk Israel ins gelobte Land gekommen noch Kolumbus nach Amerika oder Merkel ins Kanzleramt.

Es blieb der Moderne vorbehalten, den Zusammenbruch aus dem Horror-Gefäß in eine Verheißung umzutopfen. Ein Philosoph, ein Biologe und ein Ökonom (in der Reihenfolge ihres Auftretens) trugen maßgeblich dazu bei: Karl Marx, Charles Darwin und Joseph Schumpeter. Was den einen umbringt, lässt den anderen wachsen, besagt Schumpeters Konzept der »Schöpferischen Zerstörung«, in Darwins »survival of the fittest« trägt das Aussterben der schlechter angepassten Arten wesentlich zum Erfolg der besser angepassten bei, und der Marx'sche »dialektische Materialismus« verspricht sogar, dass sich aus dem Ende ein besserer Neuanfang erhebt: Ein Gesellschaftssystem gedeiht, dabei wachsen auch seine inneren Widersprüche, und aus dem Konflikt zwischen beiden (These und Antithese) entsteht etwas Neues, Fortschrittlicheres (Synthese). So gelangt die Menschheit aus dem Urkommunismus über Sklavenhaltergesellschaft, Feudalismus und Kapitalismus zum Sozialismus, schlussendlich zum Kommunismus.

Auch wenn dieses Konzept nicht so ganz aufgegangen ist: Die Vorstellung, dass die Zukunft nicht einfach die Gegenwart fortschreibt, sondern mit Brüchen daherkommt, ja daherkommen muss, ist der Realität näher, als den meisten lieb ist. Während Wissenschaftler sich heute immer noch wie einst Isaac Newton bescheiden darin sonnen können, mit ihren Arbeiten »auf den Schultern von Riesen zu stehen«, müssten Gesellschaften, wenn sie ehrlich mit sich wären, zugeben, auf den Trümmern von Verlierern gebaut zu sein.

Denn ohne Trümmer geht es selten ab. Der US-Politologe Graham Allison hat es für den ja nicht ganz unwichtigen Spezialfall des Aufstiegs und Falls von Weltmächten einmal nachgerechnet: »In den letzten 500 Jahren gab es 16 Fälle, in denen eine aufstrebende Macht versuchte, die herrschende Weltmacht zu verdrängen. In zwölf dieser Fälle kam es zu einem Krieg.« Allison nennt diese Situation »Thucydides Trap«, in Anlehnung an die These dieses griechischen Historikers aus dem 5. Jahrhundert vor Christus, dass die Sorge des bislang dominanten Sparta vor dem Aufstieg Athens zum Krieg zwischen diesen beiden Mächten führte. Damit ist er fast beängstigend aktuell. Im Mai 2017 wurde Allison in den Nationalen Sicherheitsrat der USA eingeladen, um dort über Thukydides, Athen, Sparta, Amerika und China zu diskutieren.

»Alles was entsteht, ist wert, dass es zugrunde geht.« Das legte Goethe 1808 seinem Mephisto in den Mund. Von diesem wohl fortschrittlichsten Teufel der Weltliteratur stammt auch die Selbsteinschätzung, er sei »ein Teil von jener Kraft, die stets das Böse will, und stets das Gute schafft«. Diese Vorstellung vom Teuflischen hatte Goethe damals ziemlich exklusiv: Das Gute wurde schließlich traditionell von Gott dadurch geschaffen, dass er den Teufel besiegte. Der historischen Rolle von Clusterfucks hingegen kommt dieser Satz sehr nahe. Nichts und niemand bricht gern zusammen – aber manchmal kann erst aus dem Zusammenbruch etwas Neues entstehen, das mit noch so gut gemeinten Reformen oder Optimierungen des Bestehenden niemals erreicht worden wäre.

2 Die Geister, die ich rief

> SPIEGEL: Herr Professor, vor zwei Wochen schien die Welt noch in Ordnung …
> ADORNO: Mir nicht.
> *Theodor W. Adorno*

Früher waren Katastrophen allein Naturereignisse wie Springflut, Erdbeben oder ein Meteoriteneinschlag, der zwei Drittel der irdischen Spezies auslöschte – mithin Dinge, die man nicht kontrollieren konnte, an denen niemand die Schuld trug und mit denen man sich arrangieren musste, wenn man selbst oder die eigenen Nachkommen überlebt hatten. Heute, im sogenannten Anthropozän, in dem die Menschheit über die technischen Mittel verfügt, nicht nur die Kulturgeschichte, sondern ebenso den Lauf der Naturgeschichte zu verändern, mehren sich die verkappten Sollbruchstellen für Zivilisationsbrüche. Der Mensch nimmt sein Schicksal buchstäblich selbst in die Hand.

Eine schöne Allegorie dessen, was daraus erwachsen kann, liefert in der frühen Morgendämmerung der Industriellen Revolution, im Jahr 1797, Goethes Ballade vom *Zauberlehrling*. Darin wird auch das Unbehagen spürbar, welches die Menschen in ihrer neuen, gottgleichen Rolle befällt. Kaum hat der alte Hexenmeister das Haus verlassen, lässt es der Zauberlehrling krachen: Was der Alte kann, das kann ich längst auch. Der Zauberbesen soll mir ein Bad einlassen!

Der alte Besen tut, wie ihm geheißen, und holt Wasser vom Fluss – allerdings findet der Lehrling den Stoppknopf nicht mehr, »das Wort, worauf am Ende / er das wird, was er gewesen«. Bald steht die ganze Zauberwerkstatt unter Wasser. Der Azubi weiß sich, nun in Panik, nicht anders zu helfen, als den Besen mit dem Beil zu zerteilen. Danach gehen beide Besenhälften Wasser holen und »naß und nässer / wirds im Saal und auf den Stufen. / Welch entsetzliches Gewässer!« Es folgt die jähe Erkenntnis, dass man der Situation mit Bordmitteln nicht mehr Herr wird: »Herr, die Not ist groß! / Die ich rief, die Geister / werd ich nun nicht los.« Zum Glück kommt der alte Meister just in dem Moment nach Hause und regelt die Situation. Das anschließende Donnerwetter bleibt uns Lesern gnädig erspart.

Die Warnung vor der Anmaßung des Menschen, sich aus einer Position als Teil der Schöpfung zum Schöpfer selbst zu erheben, ist universell anschlussfähig, das machte die Hookline des Gedichts zum (falsch zitierten) geflügelten Wort: »Die Geister, die ich rief, werd ich nun nicht mehr los ...« – darin eingefangen der jähe Moment der Erkenntnis, dass man etwas angezettelt hat, das sich nun nicht mehr einfangen lässt.

Gerufen wurden die Geister trotzdem. Und bisher ist ja auch alles im Großen und Ganzen gut gegangen. Fortschritt, Produktivität, Wohlstand, Kreativität, Gesundheit, Menschen – alles gibt es in nie dagewesenem Ausmaß. Das folgende Kapitel handelt von Komplexitätsmaschinen, die wir gestartet haben, ohne uns vollends über die Konsequenzen im Klaren zu sein. Ob es einen Stoppknopf gibt, wissen wir nicht einmal; gedrückt hat ihn jedenfalls schon seit mindestens zwei Jahrhunderten keiner. Was soll da schon schiefgehen?

Fortschritt oder Tretmühle zum Glück

Die Erde hat ein Problem. So beginnt *Per Anhalter durch die Galaxis* von Douglas Adams, dessen gesamtes Werk bei Licht besehen um die zwangsläufige Dynamik von Clusterfucks kreist. Dieser Planet hat also ein Problem: »Die meisten seiner Bewohner waren fast immer unglücklich. Zur Lösung dieses Problems wurden viele Vorschläge gemacht, aber die drehten sich meistens um das Hin und Her kleiner bedruckter Papierscheinchen, und das ist einfach drollig, weil es im Großen und Ganzen ja nicht die kleinen bedruckten Papierscheinchen waren, die sich unglücklich fühlten. Und so blieb das Problem bestehen. Vielen Leuten ging es schlecht, den meisten sogar miserabel, selbst denen mit Digitaluhren. Viele kamen allmählich zu der Überzeugung, einen großen Fehler gemacht zu haben, als sie von den Bäumen heruntergekommen waren. Und einige sagten, schon die Bäume seien ein Holzweg gewesen, die Ozeane hätte man niemals verlassen dürfen.«

So weit würden wir nicht gehen und auch die meisten Kulturgeschichtler und Anthropologen nicht. Es verblüfft jedoch, wie weit in der Zeit zurück viele Wissenschaftler den Punkt der Geschichte datieren, von welchem ausgehend sich die Dinge gelinde gesagt suboptimal entwickelten. Der Evolutionsbiologe Jared Diamond hält in seiner epochalen Universalgeschichte *Arm und Reich. Die Schicksale menschlicher Gesellschaften* die Neolithische Revolution um 10 000 vor Christus, also die Erfindung der Landwirtschaft, mit der die Sesshaftwerdung des Menschen einherging, für »den größten Fehler der Menschheit«.

Der israelische Historiker Yuval Noah Harari assistiert in *Eine kurze Geschichte der Menschheit*: »Der durchschnittliche Mensch in Jericho lebte 8500 vor Christus ein beschwerlicheres Leben als 9500 oder 12 000 vor Christus.« Irgendetwas muss da gründlich schiefgegangen sein, denn »paradoxerweise wurde eine Reihe von ›Verbesserungen‹, jede von ihnen dazu gedacht, das Leben leichter zu machen, zu einem Mühlstein um den Hals dieser Bauern«. Aber ehe man sich's versah, war durch die gesteigerte Kalorienmenge die Menschendichte in den besiedelten und urbar gemachten Gebieten derart angestiegen, dass kein Weg zurück in die vergleichsweise paradiesische Vorzeit des Jäger-und-Sammler-Daseins führte.

Carl von Schaik und Kai Michel führen in *Das Tagebuch der Menschheit – Was die Bibel über unsere Evolution verrät* differenziert aus: »Bisher wird vor allem der Fortschrittsaspekt dieses Zivilisationsschrittes betont. Keine Frage: Damals wurden die kulturellen Grundlagen für eine beispiellose Erfolgsgeschichte gelegt. Innerhalb der letzten zehntausend Jahre stieg die Population unserer Spezies von vier Millionen auf bald acht Milliarden Individuen an. Doch mit welchen Kosten war der Fortschritt verbunden? Ausgrabungsfunde zeigen: Gewalt gelangte auf die Tagesordnung, die Menschen wurden kleiner, hungerten öfter, starben früher. Als begonnen wurde, Tiere zu domestizieren, sprangen Krankheitserreger vom Haustier auf den Menschen über. Pest und Pocken, Karies und Masern, Grippe und Cholera machen sich erstmals über die Menschen her. Zugleich sorgte die Erfindung des Eigentums an Grund und Boden dafür, dass Ungleichheit und Unterdrückung in die Gesellschaften einzog; Frauen hatten besonders darunter zu leiden. Den apokalyptischen Reitern gleich kam all das über die

Menschen und plagte sie jahrtausendelang. Doch ein Zurück gab es nicht.«

Mit anderen Worten: Die Sesshaftwerdung kann für sich reklamieren, der erste veritable Clusterfuck der Menschheitsgeschichte gewesen zu sein. Viele weitere sollten folgen. Die Geschichte des Fortschritts lässt sich als Hamsterrad erzählen, oder besser noch als von M.C. Escher gezeichnete Wendeltreppe gebrochener Versprechen und enttäuschter Erwartungen: »upward disappointment«. Es geht zwar voran, objektiv auch durchaus bergauf, aber subjektiv kommen wir nie irgendwo an, wo das Leben wirklich einfacher, leichter und glücklicher wird. Trotz oder wegen neoliberaler Selbstoptimierung und Effizienzsteigerung stecken wir in einer »Tretmühle des Glücks« fest, wie es der Schweizer Ökonom Christoph Binswanger nennt. Es ist wie bei dem Esel, dem man zu Motivationszwecken eine Mohrrübe an einem Stecken auf den Rücken gebunden hat, die in immer gleichem Abstand vor seiner Nase baumelt.

Dass wir nie zufrieden sind mit dem Erreichten, hat eine psychologische Komponente: Gewinne werden leichter als wohlverdient abgebucht als Verluste, an denen wir lange herumnagen; man gewöhnt sich schnell an Annehmlichkeiten, aber reibt sich an Unzulänglichkeiten. Doch die Rebound-Effekte des Fortschritts sind durchaus auch dem Fortschritt selbst anzulasten, wie der Universal- und Technikhistoriker Edward Tenner ausführt. In seinem verdienstvollen Buch *Why Things Bite Back: Technology and the Revenge of Unintended Consequences* gelangt er zu einem ähnlichen Gesamturteil über den Fortschrittsprozess wie eingangs Douglas Adams und begründet: »Wir sind unglücklich meines Erachtens aus zwei Gründen: Erstens setzen wir uns beim Versuch, Katastrophen unter Kontrolle zu bringen, neuen, schwerer fassbaren und chronifizierten Katastrophen aus, die noch weniger zu kontrollieren sind. Zweitens erfordert unser erreichtes Niveau an Komfort und Sicherheit immer mehr Wachsamkeit.« Wir jammern auf immer höherem Niveau, weil es auch immer mehr Gründe zum Jammern gibt.

Um nicht missverstanden zu werden: Die Vorzüge des Fortschritts überwiegen bei Weitem, und niemand – außer ein paar versprengten Hippies – würde deswegen den Prozess der Zivilisation grundsätzlich infrage stellen. Aber mit der Upside wächst auch die Downside und damit die Anfälligkeit. Wir haben uns ein Schattenheer von schwarzen Schwänen herangezüchtet. Wer hat sie gezählt, wer kennt ihre Namen? Eine Verkettung unglücklicher Umstände setzt voraus, dass es zunächst einmal überhaupt genügend Umstände auf einem Haufen gibt, genügend Materie, Maschinen, Menschen, Software, Finanzströme, die in enger Wechselwirkung stehen. Die Katastrophenanfälligkeit ist der Preis, den wir für die Vermehrung und Verdichtung all dessen bezahlen, was uns lieb und teuer ist.

Kollaps oder Apokalypse auf Abruf

Das Ende ist immer nah. Schon die ersten Christen erwarteten die unmittelbare Rückkehr des Messias, gefolgt vom Anbruch des Jüngsten Gerichts, und eine Vielzahl von Sektierern, Astrologen und Esoterikern hat seither immer wieder neue Daten für den Weltuntergang genannt. Zuletzt erfreute sich der

21. Dezember 2012 einer gewissen Attraktivität als Apokalypsetermin – allerdings war auch dem Maya-Kalender kein Glück mit dem Weltende beschieden.

Auch eine Nummer kleiner ist das Ende ein ständiger Begleiter: Seit es Kulturen gibt, gibt es Mahner und Grübler, die einen Untergang der jeweiligen Kultur vorhersagen. Mit Hesiod begann im 7. Jahrhundert vor Christus die kulturpessimistische Tradition der griechischen Antike: Von einem mythischen »Goldenen Zeitalter« ausgehend, hätten sich die Gesellschaften immer weiter abwärts entwickelt, über Silber und Bronze bis zum Eisen. Der Philosoph Platon meinte, in einem Zeitalter des Verfalls zu leben, und auch in den *Metamorphosen* des römischen Dichters Ovid geht es mit der Zivilisation immer weiter bergab. Und, nun ja, die antiken Zivilisationen der Griechen und der Römer sind schließlich auch untergegangen. Bei allen anderen in den letzten Jahrtausenden zusammengebrochenen Zivilisationen lässt sich ebenfalls im Nachhinein konstatieren, dass deren Kritiker recht behalten haben. In the long run we are all dead, ob Menschen oder Kulturen.

Unsere abendländische Zivilisation hingegen ist noch lebendig, obwohl Friedrich Nietzsche sie schon 1878 als »dem Irrsinn nahe« beschrieb, Oswald Spengler 1918 den »Untergang des Abendlandes« prophezeite, und Hoimar von Ditfurth 1985 meinte, wir müssten jetzt ein Apfelbäumchen pflanzen, um das Ende einzuläuten. Allerdings sollten wir uns nicht zu viel darauf einbilden, meint der US-Anthropologe Joseph Tainter: »So gern wir uns auch als einzigartig in der Weltgeschichte betrachten, es gelten für Industriegesellschaften die gleichen Regeln, durch die frühere Gesellschaften kollabiert sind.«

Diese Regeln hat Tainter im Jahr 1988 in seinem Buch *The*

Collapse of Complex Societies erforscht. Er untersuchte insgesamt 19 Zusammenbrüche von Zivilisationen aus fünf Jahrtausenden und fünf Kontinenten auf gemeinsame Merkmale ihres Untergangs. Auch wenn es im Einzelfall sehr unterschiedliche Auslöser für den Zusammenbruch gab – vom Erdbeben bei der Minoer-Kultur bis zur Völkerwanderung beim Weströmischen Reich –, spielt doch die Überkomplexität jeweils eine wichtige Rolle: »Komplexere Gesellschaften sind kostspieliger aufrechtzuerhalten als einfachere. Sie brauchen für ihren Unterhalt mehr Ressourcen pro Kopf der Bevölkerung. Die Bewohner müssen also immer größere Anteile ihres Energiebudgets aufwenden, um die Institutionen zu erhalten, die die Gesellschaft organisieren.« Ob es sich bei dieser »Energie«, auf die sich die Zivilisation stützt, um Weizen, Soldaten, Geld oder Öl handelt, spiele dabei keine Rolle.

Mit dem zunehmenden Ressourceneinsatz untrennbar verbunden ist eine Abnahme der Grenzerträge: Zusätzliche Investitionen in die Aufrechterhaltung des Systems erzielen eine geringere Rendite als die bislang getätigten, denn die einfachen Problemlösungen werden als Erste angewendet, die tief hängenden Trauben als Erste gepflückt. Erst wenn das nicht mehr ausreicht, kommen die schwierigeren, teureren Lösungen dran, und so weiter.

Aber eben nicht immer so weiter, denn irgendwann ist Schluss, so Tainter: »Es kommt der Punkt, an dem alle Kapazitätsreserven bereits eingesetzt sind, sodass alle Produktionsüberschüsse für die laufenden Kosten der Gesellschaft eingesetzt werden. Damit sind keine Reserven mehr vorhanden, um mit größeren Krisen fertig zu werden. Selbst wenn eine solche Krise bewältigt wird, kostet sie Substanz und macht die Gesellschaft noch anfälliger für die nächste Krise.« Spätestens in dieser Situation schlägt die Stunde der großen Vereinfacher. Je geringer die Erträge von zusätzlicher Komplexität ausfallen, desto attraktiver erscheint die gegenteilige Strategie: Senkung der sozialen Kosten durch Verringerung der Komplexität. Dadurch sinkt der Integrationsgrad einer Gesellschaft, der zivilisatorische Verfall beginnt.

Wie er vor sich geht, ist dann wieder extrem unterschiedlich. Es gab Zivilisationen, die sich in dieser Situation eine Niedergangsepoche von mehreren Jahrhunderten gönnten – so das Römische Reich, bei dem zwischen höchster Ausdehnung (Anfang des 2. Jahrhunderts nach Christus) und dem endgültigen Zerfall im Jahr 476 mehr als dreihundert Jahre spätrömische Dekadenz lagen. Und es gab Zivilisationen, die fast von einem Tag auf den anderen implodierten, ohne eine Erklärung für ihr Ende zu hinterlassen, beispielsweise die Kultur der Maya in Mittelamerika.

Für unsere eigene Zivilisation ist Tainter nicht besonders zuversichtlich, dass sie ihr Komplexitätsniveau noch lange halten kann: »Niemand kann bestreiten, dass der Industrialismus eines Tages mit erschöpften Ressourcen und überbordenden Abfällen konfrontiert sein wird. Die Frage ist nicht, ob das passiert, sondern wann es so weit ist.« Wie weit wir auf dem Weg dorthin bereits fortgeschritten seien, lasse sich übrigens ganz gut daran ablesen, wie sehr sich die Gesellschaft mit ihrem eigenen Kollaps beschäftige und wie groß das Interesse an einem einfachen, sich selbst genügenden Leben sei – beides seien typische Verhaltensweisen, wenn man in Komplexitätskrisen die eigene Existenz infrage stelle.

Gibt es nicht wenigstens irgendeinen Ausweg? Irgendeine

Variante, in der unsere komplexe Gesellschaft nicht zusammenbricht, sondern sich weiterentwickeln kann? Eine Lösung nennt Tainter: Man müsste nur eine neue Energiequelle auftun, durch die mehr Ressourcen mit geringerem Aufwand produziert werden könnten, dann könne man das Komplexitätsspiel noch ein paar Drehungen weitertreiben.

VUCA oder Der Komplexitätskomplex

Weil unsere Welt seit dem Aufbruch in die Moderne immer vernetzter und rückgekoppelter geworden ist, erhöht sich stetig die Häufigkeit von und die Anfälligkeit für Clusterfucks. Im Jargon der Organisations- und Strategie-Berater heißt das mit einem neuen Gassenhauer: »We live in a VUCA World«, wobei VUCA für »Volatility«, »Uncertainty«, »Complexity« und »Ambiguity« steht. Alles wird volatiler, komplexer und unsicherer; wir sehen die Zeichen, aber wir können sie nicht richtig interpretieren: Das meint Ambiguität. Ursprünglich stammt der Begriff aus der Militärstrategie, um die neue Unübersichtlichkeit nach dem Ende des Kalten Krieges zu beschreiben, aber die Consultants haben ihn dankbar in ihr Repertoire aufgenommen. Dabei handelt es sich bei dem Kunstwort mehr um einen Abwehrzauber oder gar eine Palliativmedizin, denn Lösungen für den VUCA-Komplex haben auch sie nicht anzubieten. Aber wenn die Bedrohung erst einmal einen Namen hat, erscheint die Gefahr fast gebannt. Was ist dran an VUCA?

Es gibt genügend Hinweise, dass Großunternehmen und Konzerne anfälliger gegenüber unerwarteten externen Schocks geworden sind. Die Halbwertzeit von Organisationen nimmt ab. Seit 1935 ist die Verweildauer im Standard-&-Poor's-500-Index, der Liste der größten US-Unternehmen von durchschnittlich 90 Jahren auf 15 Jahre gesunken. Die Gefahr, durch unvorhersehbare Ereignisse – Finanzkrisen, Markttrends oder disruptive Technologiesprünge – aus der Kurve getragen zu werden, wächst also.

Zudem nimmt die Frequenz des Außerplanmäßigen zu. Kam es im 20. Jahrhundert an den Aktienmärkten alle 30 Jahre einmal zu einem Börseneinbruch, ereignen sich »Flash crashs« heute alle paar Monate – im Wechsel mit veritablen Finanzkrisen. Auch die Amplituden werden größer. Selbst wenn dem Klimawandel zum Trotz die Naturkatastrophen über die letzten Jahrzehnte nicht zugenommen haben, wachsen die Schadenssummen von Hurrikans, Flutkatastrophen und Erdbeben kontinuierlich, was den Rückversicherern zu schaffen macht. Logisch: Wo mehr vorhanden ist, kann auch mehr zu Bruch gehen. Die Triplekatastrophe von Fukushima (Erdbeben, Flutwelle, Reaktorkatastrophe) war ein Beispiel. Allein die Sachkosten werden auf über 150 Milliarden Euro geschätzt, damit sind die persönlichen Schicksale noch nicht einmal beziffert.

Aber vor allem das C aus VUCA hat es in sich. Die Komplexitätsexplosion gebiert Ungeheuer.

Unser Erfolgsgeheimnis des 20. Jahrhunderts bestand darin, Komplexität zu beherrschen. Im 21. Jahrhundert beherrscht sie uns. Über Rückkopplungskreise greifen niedere und höhere Organisationsebenen ineinander, vergleichsweise einfach strukturierte feste Hierarchien verflüssigen sich zu situations- und kontextabhängigen Beziehungsgeflechten, Konsumenten können gleichzeitig auch Produzenten sein, Empfänger gleichzeitig auch Sender, ganz zu schweigen von der neuen Vielfalt der Geschlechter und Toiletten.

Die Wissenschaftstheoretikerin Sandra Mitchell nutzt in ihrem Essay *Komplexitäten. Warum wir erst anfangen, die Welt zu verstehen* die boomende Zivilisationskrankheit Depression, um zu erklären, was ein vielschichtiges komplexes System ist. Lange Zeit hegten Mediziner die Hoffnung, die Krankheit auf genetische Faktoren zurückzuführen. Es stellte sich heraus, dass diese Faktoren zwar einen Einfluss haben können, aber weit entfernt davon sind, eine monokausale Erklärung zu liefern. In komplexen Systemen gibt es keine linearen Kausalitäten, nur Netze von Effekten, die sich auf vielen Ebenen überlagern. »Bei der Untersuchung biochemischer, neurologischer und genetischer Organisationsebenen wird deutlich, dass Depressionen keine Auswirkung eines einfachen Systems sind und auch selbst kein einfach aufgebautes System darstellen«, schreibt Mitchell. »Tatsächlich weisen Studien aus jüngster Zeit darauf hin, dass sich in der Wandelbarkeit und Vielgestaltigkeit von Depressionserkrankungen das Wechselspiel zwischen den Grundkomponenten – den Genen und dem großen Umweltzusammenhang – widerspiegelt.«

Der US-amerikanische Organisationssoziologe Charles Perrow leitet aus der Analyse komplexer Systeme in den 1980er-Jahren seine Theorie »normaler Katastrophen« ab, die uns heute aktueller denn je erscheint. Sein Ausgangspunkt ist, dass katastrophale Ereignisverkettungen in komplexen Systemen wahrscheinlich nicht vollständig bzw. nicht dauerhaft zu vermeiden sind. Die Mannigfaltigkeit der Interaktionen zwischen menschlichen und maschinellen Faktoren im Bereich der Hochtechnologie böte so viele unterschiedliche Möglichkeiten für Unfälle, dass sie unweigerlich passierten. »Das Besondere an diesen Interaktionen ist, dass niemand sie in das System eingebaut hat, dass niemand eine Verknüpfung zwischen ihnen beabsichtigt hat.« Der Kontrollverlust bei hochgezüchteten Technologien wie Atomanlagen, Chemiefabriken, Luft- und Raumfahrt, Genforschung und Staudämmen ist quasi ab Werk integriert; ihr Scheitern ist deshalb als Normalfall anzusehen.

Eine weitere hochgezüchtete Technologie hat sich erst in jüngster Zeit zum zentralen Treiber von Komplexität entwickelt: die Medien. Der Soziologe und Luhmann-Schüler Dirk Baecker spricht von einer »Medienkatastrophe«, die die Menschen systematisch überfordert. Er sieht uns mitten in einem elementaren technologischen Durchbruch, der mehr kommunikative Möglichkeiten biete, als die Menschen bewältigen könnten. Ausgelöst von Computer, Internet und Digitalisierung produzierten Medien derzeit einen »Sinnüberschuss«, der erst einmal verarbeitet werden müsse.

Es ist zwar, so Baecker, nicht die erste Medienkatastrophe der Menschheitsgeschichte, aber die erste seit 500 Jahren. Als die drei vorigen Katastrophen nennt er die Erfindung von Sprache, Schrift und Buchdruck; Letzterer führte unter anderem zur Reformation und danach zu mehr als einem Jahrhundert von Religionskriegen in Mitteleuropa. Dass am Ende auch Aufklärung, Moderne und Wissensgesellschaft aus der Komplexitätsexplosion des Buchdrucks erwuchsen, kann uns Nachgeborene deutlich mehr trösten als die Generationen, die von 1524 bis 1648, von den Bauernkriegen bis zum Westfälischen Frieden unter den Folgen von Gutenbergs Geniestreich zu leiden hatten.

Jetzt also die nächste Komplexitätsexplosion. »Wir werden neu formatiert«, verheißt uns Dirk Baecker. Bis wir in der von ihm postulierten »nächsten Gesellschaft« angekommen sind, kann es allerdings Jahrzehnte oder Jahrhunderte dauern und in der Zwischenzeit Umwege über Revolutionen, Kriege oder Bürgerkriege nehmen.

Vernetzung oder
Zu viel des Guten

Auch mehr als ein Vierteljahrhundert nach der Erfindung des World Wide Web ist dessen Erfinder Tim Berners-Lee von dem begeistert, was er da in die Welt gesetzt hat – ein unüberschaubares Universum: »Die Zahl der Websites wird auf etwa 10^{11} geschätzt. Das ist eine Eins mit elf Nullen. Das ist viel. Das ist sehr viel. Diese Zahl ist etwa so groß wie die Anzahl der Neuronen in einem Gehirn.«

Und das alles entsteht aus einer Winzigkeit: einem Link. »Jeder einzelne Link, jeder einzelne Klick ist natürlich langweilig: Was passiert da schon? Man geht von einer zur anderen Seite, mehr nicht. Aber das Faszinierende daran ist, dass dieses mikroskopische System des einen Klicks zum makroskopischen System des ganzen Webs auf planetarer Ebene führt.« Wie genau dieser Weg vom mikro- zum makroskopischen System aussieht, weiß auch der Erfinder des World Wide Web nicht, aber dafür ist er sich sicher, dass es uns guttut: »Menschen setzen Links auf ihre Seite, weil sie glauben, dass das ihre eigene Seite besser macht. Dadurch werden mehr Leute ihre Webpage sehen und lesen. Und wenn das passiert, dann ist das – großartig. Es ist einfach großartig, gelesen zu werden. Und noch viel großartiger, von vielen gelesen zu werden.«

Die Schattenseite dieser mirakulösen Komplexitätsmaschine sind Spam, Trolle und Shitstorms. Und wer einmal aus Versehen in einem Konzern bei einer Mail auf »Allen Antworten« geklickt und seine launige Bemerkung ungewollt an sämtliche Mailadressen des Unternehmens geschickt hat, weiß, dass es nicht immer großartig ist, von vielen gelesen zu werden. Wenn alle Neuronen im Gehirn auf einmal feuern, ist das schließlich auch nicht grandios, sondern ein epileptischer Anfall.

Der Link, dieses kleine Vernetzungswunder, kann unsere Welt mit Komplexität bereichern – und mit Überkomplexität chaotisieren. »Jede Verbindung, jeder Link erhöht die Komplexität des Gesamtsystems, und in übervernetzten Systemen bedeutet dies: erhöht das Risiko«, warnt Dirk Helbing, Professor für Computational Social Science an der ETH Zürich.

Und damit kann etwas, das als Segen anfing, zum Fluch werden.

Während beim Internet ein Übermaß an Vernetzung bislang eher lästig als gefährlich ist (bis uns Malware, Spyware und Cyberattacken das Gegenteil beweisen), produzierten im Finanzsektor gleich eine ganze Reihe von Übervernetzungen systemische Risiken und führten so 2008 in die globale Finanzkrise. Dass Immobilienfinanzierungen für kalifornische Erdbeerpflücker den Zusammenbruch von deutschen Landesbanken auslösen, dass die Pleite einer US-Investmentbank jede Großbank der Welt an den Rand des Abgrunds brachte, konnte nur passieren, weil alles mit allem zusammenhing – zu sehr zusammenhing.

Im Weltfinanzsystem ist in der Folge dieser Ereignisse im vergangenen Jahrzehnt der Vernetzungsgrad und damit auch die Verletzlichkeit zurückgegangen. In anderen Systemen hat sie dafür zugenommen. Der Komplexitätsforscher Helbing sieht etwa das jüngste Aufkommen des Rechtspopulismus in der westlichen Welt »als Reaktion in einem übervernetzten politischen System«. Wenn im Parlament und bei den staatstragenden Parteien faktisch jeder mit jedem arbeiten und Lösungen finden kann (die sogenannte Gemeinsamkeit der Demokraten), steigert das im Alltag die Funktionsfähigkeit der Demokratie, kann aber gleichzeitig zu einem höheren Misstrauen gegenüber »denen da oben« führen und zu dem Wunsch, einmal jemand ganz anderem seine Stimme zu geben – von Donald Trump über den tschechischen Mogul-Politiker Andrej Babiš bis zu Alexander Gauland.

Auf eine weitere Gefahr für die Gesellschaft durch Vernetzung weist der Technikphilosoph Venkatesh Rao hin. Denn das Internet eröffnet nicht nur ganz neue Formen des kollektiven Handelns, sondern gibt auch einer Personengruppe die Möglichkeit dazu, die sich in früheren Zeiten kaum hätte artikulieren können: der Bevölkerungsmehrheit, kurz dem Volk. Die neuen Kommunikations- und Kontrollmöglichkeiten führten dabei nicht so sehr zu einem Gefühl, tatsächlich ermächtigt worden zu sein, sondern eher zu »einer tief gehenden Unrast. Es ist eine Unrast des Volkes und nicht nur ein elitäres Händeringen.« Dass Eliten die Welt und die eigene Gesellschaft am Abgrund sehen, sei ein permanentes Merkmal der Weltgeschichte; die Krisenstimmung wirke dabei eher anregend. Wie sich eine dauernde Krisenstimmung auf die Nicht-Eliten auswirke, müsse sich zwar erst noch zeigen – aber anregend ganz bestimmt nicht.

Die Social-Media Forscherinnen Alice Marwick und Danah Boyd haben untersucht, wie Menschen mit den Chancen und

Risiken der Übervernetzung umgehen. Normalerweise: gar nicht. Sie ignorieren das schlicht. »Selbst wenn wir begreifen, dass die Reichweite bei Twitter oder Facebook potenziell unbeschränkt ist, verhalten wir uns meist so, als wäre sie begrenzt.« Gelernt wird dabei eher auf die harte Tour – wenn die Facebook-Einladung zur Geburtstagsparty nicht nur an die Freunde aus dem analogen Leben geht, sondern an die ganze Welt, und dann tatsächlich zumindest die halbe Welt vorbeikommt.

Wir haben also nicht nur kein Organ, mit dem wir Übervernetzung sehen oder riechen könnten, wir weigern uns faktisch auch, daran überhaupt nur zu denken. Zu fremd ist das, was uns da blühen könnte, zu theoretisch das Risiko. Es wird schon nichts passieren. Ja klar. »Alles geht gut – solange es gut geht«, kommentierte der britische Ökonom Edward Hugh trocken.

Verflechtung oder In Wertschöpfungsketten

»Was die Weltwirtschaft angeht, so ist sie verflochten.« Das wusste Kurt Tucholsky schon 1931. Damals hatte die Globalisierung als Gradmesser der Verflochtenheit der Welthandelsbeziehungen gerade ihren ersten vorläufigen Höhepunkt überschritten.

Im Gefolge der großen Entdecker, der Missionare und Kolonisatoren hatten die Beschaffungswege begonnen, sich um den Globus zu wickeln. Parallel dazu hatten sich die Segnungen der Arbeitsteilung, wie Adam Smith sie in seinem *Wohlstand der Nationen* am Beispiel der Stecknadelfabrik so anschaulich vorgerechnet hat, in der Praxis mehr als behauptet. Sie verband sich mit naturwissenschaftlich unterfütterten Innovationen und einer verwissenschaftlichten Optimierung der Arbeitsabläufe zu einer ungeheuren Dynamik, die wir technologischen Fortschritt nennen. Outsourcing und Offshoring als weitere filigrane Zerstückelungen der Wertschöpfungskette lagen noch in weiter Ferne, dennoch hatte es die arbeitsteilige Massenproduktion mit globalisierter Beschaffung der Rohstoffe vermocht, jene »ungeheure Warensammlung« in die Läden zu bringen, die Karl Marx ein halbes Jahrhundert früher im ersten Satz von *Das Kapital* als augenfälligstes Symptom des Kapitalismus identifizierte.

Diese Warenansammlung bestand bald nicht mehr nur aus einfachen Naturstoffen wie Pfeffer, Tee oder Kakao, den klassischen Kolonialwaren, für die Plantagenarbeiter als Sklaven schuften mussten. Auch waren es keine handwerklich erzeugten Produkte, die in traditionellen Verfahren zwar unter Zuhilfenahme von Maschinen, aber mittels viel Handarbeit von einer einzelnen Person hergestellt werden konnten, wie Tuch, Zinnkrüge oder Senf. Es waren komplexe und know-how-intensive Industrieprodukte, die den Bewohnern der ehemaligen Kolonien, aus denen die Rohstoffe dafür stammten, wie göttliche Wunderwerke erscheinen mussten.

Der britische Physiker und Science-Fiction-Autor Arthur C. Clarke, der dadurch zu Weltruhm gelangte, dass auf einer seiner Kurzgeschichten Stanley Kubricks Film *2001: A Space Odyssee* beruht, hat das im dritten seiner Clarke'schen Gesetze formuliert, der Essenz dessen, was er aus seiner Beschäftigung mit Zukunftstechnologien gelernt hat: »Jede hinreichend fortschrittliche Technologie ist von Magie nicht zu unterscheiden.«

Der Grund, warum wir avancierte Technologien als Magie

empfinden, heißt Arbeitsteilung. In heutigen komplexen Produkten ist so viel unterschiedliches und verflochtenes Expertenwissen verbaut, dass kein einzelner Mensch mehr in der Lage wäre, ihren Aufbau vollständig zu durchdringen. Im Jahr 1958, nach Weltwirtschaftskrise und Zweitem Weltkrieg zog die arbeitsteilige Globalisierung gerade wieder an, schrieb ein libertärer – heute würde man wohl sagen: neoliberaler – Denker einen bemerkenswerten Essay, der genau das Erstaunen über die Magie der Arbeitsteilung zum Thema hat: Leonard E. Reads *I, Pencil* handelt von einem damals handelsüblichen Bleistift – und ist in der Ich-Form aus der Sicht eben jenes Bleistifts verfasst, der sich darüber wundert, wie viele elaborierte Arbeitsschritte es braucht, um sich selbst herzustellen, angefangen beim Schaft aus Zedernholz: »Nun bedenke all die Sägen und LKWs und Seile und das zahllose sonstige Gerät, das benötigt wird, die Zedern zu fällen und die Stämme zur Bahnverladestation zu bringen. Bedenke all die Personen mit ihren zahllosen Qualifikationen derer es zur jeweiligen Fertigung bedarf: den Abbau von Eisenerz, die Stahlerzeugung und Fabrikation von Sägen, Äxten, Motoren; der Hanfanbau und sämtliche Verarbeitungsstufen, die es für ein schweres und starkes Seil benötigt; dann die Unterkünfte der Waldarbeiter mit Betten und Kantinen, die Verpflegung und deren Erzeugung. Warum? Weil tausend namenlose Personen ihre Hand an jeder Kaffeetasse hatten, aus der die Holzfäller trinken.«

Und so geht es weiter mit der Mine, die nicht aus Blei ist, sondern aus Grafit, das in einem komplizierten Verfahren mit feuchtem Ton angereichert und gebrannt wird. Auch der Lack, mit dem der Stift ummantelt wird, hat es in sich. Kurzum: Ein stinknormaler Bleistift ist ein hochkomplexes Produkt, dessen Herstellung in all ihren Verästelungen keine einzelne Person mehr vollends durchdringen, geschweige denn beherrschen kann.

Die Passage, die den schmalen Essay zu einem viel zitierten Manifest der Ideologen des freien Marktes macht – Milton Friedman war ein großer Fan des Aufsatzes und bezieht sich mehrfach darauf –, ist die folgende Schlussfolgerung, die Read seinem Bleistift in den Mund legt: »Es gibt aber noch einen viel erstaunlicheren Fakt: die Abwesenheit eines Masterminds, von jemandem, der all diese unzähligen Aktionen diktiert oder machtvoll dirigiert, die mich zur Welt bringen. Keine Spur einer solchen Person lässt sich finden. Stattdessen sehen wir die unsichtbare Hand bei der Arbeit.« Kein Mensch vermag, was der allwissende und gottgleiche Markt zu regeln imstande ist: »Ich, Bleistift, bin eine komplexe Kombination von Wundern.«

Das ging den Gläubigen des Liberalismus, die immer nur das Funktionieren freier Märkte bestaunen und nie die zahlreichen Fälle ihres Versagens wahrhaben wollen, natürlich runter wie Champagner. Aber ein Punkt geht zweifellos an Read: Alle Versuche und Experimente planwirtschaftlicher Koordination und zentraler Steuerung der volkswirtschaftlichen Produktion sind krachend gescheitert. Mehr noch: Es führt kein Weg zurück in die Autarkie, weder für Nationen, die sich mit »Ersatz«-Produkten vom Weltmarkt abkoppeln wollen, noch für Individuen, die als DIY-Selbermacher die Verstrickung in die globalen Wertschöpfungsketten kappen wollen.

Der britische Designer Thomas Thwaites hat es ausprobiert und im Jahr 2010 einmal versucht, ohne jede technische Hilfsmittel einen handelsüblichen Toaster zu bauen, wie man ihn für 3,99 £ im Discount-Supermarkt kaufen kann. Über ein dreiviertel Jahr hinweg hat er Eisenerz aus dem Boden geschürft, es in selbst gebauten Öfen verhüttet, Glühdrähte und Kabel daraus gezogen, Plastik aus Müllhalden gewonnen und mittels einer aus einem Baumstumpf geschnitzten Gussform in Form gebracht. Trotz einigem Schummeln erwies sich das Vorhaben als mäßig erfolgreich. Weil die Drähte nicht isoliert waren – der Versuch, die Kautschukbäume im Botanischen Garten anzuzapfen, war fehlgeschlagen –, flog Thwaites das unförmige Objekt um die Ohren, nachdem es fünf Sekunden lang tatsächlich getoastet hatte. Als gelungen kann das Experiment dennoch bezeichnet werden, weil es eines eindrücklich unter Beweis stellt: Wenn wir etwas erreichen und vollenden wollen in diesem Leben, sind wir auf die Vorprodukte, Vorleistungen und die Denkarbeit anderer angewiesen.

Der Allgemeinplatz »Wir leben in einer vernetzten Welt«, wird in aller Konsequenz erst richtig spürbar, wenn wir einmal versuchen, den multiplen Verflechtungen zu entkommen. Das befreit uns freilich nicht von der Feststellung Jean-Paul Sartres, die er als Kernsatz in seiner *Geschlossenen Gesellschaft* notierte: »Die Hölle, das sind die anderen.« Es sind ja niemals wir selbst, die Clusterfucks produzieren. Es ist der Gesamtzusammenhang.

Zerstörerische Schöpfung oder Nach oben scheitern

Es ist Sonntag, der 28. September 2008, kurz nach 18 Uhr. Ganz Deutschland schaut auf die Ergebnisse der bayerischen Landtagswahlen – erstmals seit Menschengedenken hat die CSU soeben die absolute Mehrheit verloren. Ganz Deutschland? Nein. Im Frankfurter Dienstsitz der Bankenaufsichtsbehörde versuchen etwa ein Dutzend Herren und zwei Damen ein Ereignis abzuwenden, vor dem die Niederlage der CSU zu einer Fußnote verblassen würde. Aber es sieht schlecht aus. Der Deutsche-Bank-Chef Josef Ackermann »werde jetzt gehen und sein Institut darauf vorbereiten, dass morgen früh der Interbankenhandel zusammenbrechen werde«, vermerkt später das Protokoll, das alle Sitzungen dieses hektischen Wochenendes zusammenfasst. Von einem drohenden »Run auf die Banken« spricht Bundesbank-Präsident Axel Weber, und Commerzbank-Chef Martin Blessing hält ein Eingreifen der Bundesregierung für unbedingt notwendig: »Ansonsten stehe am Montag keine deutsche Bank mehr.«

Am nächsten Morgen stehen immer noch alle deutschen Banken – außer der Hypo Real Estate (HRE), um deren Rettung oder möglichst schonende Abwicklung es in den permanenten Krisensitzungen an jenem September-Wochenende ging. Dass die übrigen Banken nicht mit in den Orkus der Weltfinanzkrise rutschen, sondern überleben, verdanken sie dabei nicht ihren hoch bezahlten Vorständen und Aufsichtsräten, sondern dem damaligen Bundesfinanzminister Peer Steinbrück und der Bundeskanzlerin Angela Merkel. Der Staat hatte über Nacht (genauer gesagt: in mehreren Telefonaten zwischen 23.57

und 1.05 Uhr) diejenigen gerettet, die sich so gern über seine Trägheit mokieren. Nicht zum ersten Mal und garantiert auch nicht zum letzten Mal zeigte der Markt, wie zerstörerisch – und selbstzerstörerisch – er sein kann, wenn man ihn gewähren lässt.

Die Bourgeoisie habe sich »die Waffen geschmiedet, die ihr den Tod bringen«, meinten Karl Marx und Friedrich Engels im *Kommunistischen Manifest* von 1848. In den periodisch wiederkehrenden Wirtschaftskrisen finde sich die kapitalistische Gesellschaft »plötzlich in einen Zustand momentaner Barbarei zurückversetzt«. Allerdings haben bisher weder Bourgeoisie noch Kapitalismus den Kommunisten den Gefallen getan zu sterben – ganz im Gegenteil erwiesen sie sich bislang als so lernfähig, dass sie noch jede Klippe umschiffen konnten, an der sie eigentlich zerschellen sollten. Das, was Joseph Tainter »neue Energiequellen« nennt, hat der Kapitalismus immer wieder erschlossen.

Gleich drei dieser Quellen sind mit dem Werk eines einzelnen Unternehmers verknüpft, mit Henry Ford.

- Die Einführung des Fließbands im Jahr 1913 vervielfachte Arbeitsteilung und -produktivität, weil sich der Produktionsablauf in immer kleinere Einzelschritte zerlegen ließ. 1922 schrieb Henry Ford stolz, dass die letzte Zählung in seiner Fabrik genau 7882 unterschiedliche Arten von Verrichtungen ergeben habe.
- Die Verdopplung der Löhne für die Ford-Fabrikarbeiter am 6. Januar 1914 beteiligte erstmals Arbeiter an den Produktivitätsfortschritten, die durch ihre Tätigkeit möglich wurden. Damit wurde Marx' Theorie, es würde niemals mehr als das Existenzminimum an Lohn gezahlt, sieben Jahrzehnte später in der Praxis widerlegt; und es wurde

eine Massenkaufkraft geschaffen, die neue Absatzmärkte erschloss und Wohlstand für breite Teile der Bevölkerung ermöglichte.

- Der gigantische Verkaufserfolg des Ford Modell T in jenen Jahren machte auch gigantische Produktionssteigerungen nötig. Intern geplante Produktion war dazu besser in der Lage als die Zusammenarbeit mit externen Lieferanten, die bei den rapiden Wachstumsschritten kaum mithalten konnten. Ford perfektionierte daraufhin den vertikal integrierten Konzern: maximale Arbeitsteilung, bei der alle Arbeitsschritte in ein und demselben Produktionsbetrieb stattfanden.

Im Ergebnis wurde Ford zum größten und mächtigsten Unternehmen der Welt, und er hatte sich eine Waffe geschmiedet, die der Firma fast den Tod gebracht hätte: Komplexität. Der Ford River Rouge Complex in Dearborn im US-Bundesstaat Michigan, 1921 fertiggestellt, war lange Zeit die größte integrierte Industriefabrik der Welt. Die Anlage verfügte über eigene Stahlwerke, Glashütten, Vulkanisierwerke und Docks; mehr als 100 000 Arbeiter waren daran beteiligt, dass am Ausgang die fertigen Autos vom Band rollten.

Schon bald jedoch hatte sich das River-Rouge-Werk in einen Dinosaurier verwandelt. Das Modell der zentral geplanten integrierten Produktion funktioniert nämlich nur so lange, wie ein einziges Produkt in riesigen Stückzahlen gefertigt wird. Sobald die Bedürfnisse der Kunden vielfältiger werden, sie offene oder geschlossene, schwarze oder rote, schnelle oder bequeme Autos wünschen, gerät der Zentralismus ins Stottern – wie es ein halbes Jahrhundert später auch die kommunistischen Staaten Osteuropas zu spüren bekamen. Henry Ford, der die Arbeitsteilung in der Fabrik perfektioniert hatte, scheiterte an der Arbeitsteilung in der Wertschöpfungskette. Die Komplexität der Produktion multipliziert mit der Komplexität der Kundenbedürfnisse war eine Rechnung, die nicht mehr aufging.

Der Kapitalismus selbst hingegen dachte gar nicht daran mitzuscheitern. Er ließ sich immer wieder Neues einfallen, um einen immer höheren Entwicklungsstand zu erreichen. In den 1920er-Jahren waren es die Erfindung des Managements und die Spartenorganisation, mit denen General Motors am Erzrivalen Ford vorbeizog und damit die Grundlagen des modernen Konzerns schuf. In der Nachkriegszeit war es der Boom von Werbung und Marketing, mit denen neue Bedürfnisse überhaupt erst geweckt wurden. Danach war es das Outsourcing, das die Wertschöpfungsketten zerstückelte, oder Planungssoftware wie R/3 von SAP, mit der immer größere Konzernriesen steuerbar wurden. Und natürlich die Globalisierung von Waren- und Finanzströmen, die mit den Revolutionen von Margaret Thatcher und Ronald Reagan begann – und in der Finanzkrise von 2008 ihren Höhe- und Wendepunkt erreichte.

Derzeit schmiedet sich der Kapitalismus gerade wieder eine Waffe, die ihn noch produktiver, effizienter und profitabler machen soll und die ihm wieder einmal den Tod bringen könnte. Es handelt sich um die Digitalisierung und die damit verbundene Reduzierung der Transaktionskosten, jener Kosten also, die benötigt werden, um Güter und Dienstleistungen zu erzeugen und zu verkaufen.

Der finnische Unternehmer und IT-Experte Esko Kilpi läutet jedenfalls den Unternehmen schon einmal das Sterbeglöckchen. »Wenn die Transaktionskosten in der gesamten Gesellschaft so drastisch sinken wie derzeit, müssen sich Form und Logik ökonomischer Einheiten zwangsläufig ändern« – und zwar in der entgegengesetzten Richtung wie im 19. und 20. Jahrhundert. Damals wurde das Entstehen großer Unternehmen gerade dadurch begünstigt, dass sie mit besonders niedrigen Transaktionskosten auskamen. In Zukunft, bei weiter sinkenden Transaktionskosten, kann sich die Wertschöpfung ganz ohne Unternehmen organisieren. »Eine traditionelle Firma ist fast automatisch die teurere Alternative«, sagt Kilpi.

In der Plattform-Ökonomie ist das heute schon zu besichtigen: Airbnb ermöglicht Kurzzeit-Wohnen, ohne sich selbst mit Häusern, Zimmern oder Betten zu belasten; Facebook ist einer der größten Content-Produzenten, ohne selbst Content zu produzieren; und der chinesische Einzelhandelsriese Alibaba hat weder Läden noch Warenlager. Kein herkömmlicher Produzent oder Händler kann da kostenmäßig mithalten. Und in einer Blockchain-Ökonomie werden nicht einmal mehr die Plattformen gebraucht, die heute noch zwischen Anbieter und Nachfrager vermitteln – das macht dann die Software praktisch allein. »Cutting out the middleman« heißt dieser Prozess, bei dem alles überflüssig gemacht wird, was sich in einer Transaktion zwischenschaltet und dabei Kosten verursacht beziehungsweise Profit macht. Und am Ende könnte sogar eine Ökonomie stehen, in der nur noch Menschen (und Roboter) agieren, keine Unternehmen mehr.

Das Leben ginge dann trotzdem weiter, vielleicht sogar besser als zuvor. Nur der Kapitalismus eben nicht. Und wie bei den Supermächten der Weltpolitik kommt dann auch bei dieser Supermacht der Weltwirtschaft alles darauf an, ob sie sich mit einem Knall verabschiedet oder mit einem Winseln.

Gridlock oder
Wenn nichts mehr geht

Als »Rattenkönig« bezeichnet man ein seltenes Naturphänomen, das – zumindest für die beteiligten Ratten – den ultimativen Clusterfuck darstellt: Befinden sich viele Ratten auf einem Haufen, kann es passieren, dass sich ihre langen Schwänze beim Herumwuseln zu einem unentwirrbaren Knoten verschlingen. Für die involvierten Tiere kommt das einem Todesurteil gleich und man findet irgendwann ihre verknoteten Kadaver und Skelette. Kathrin Passig und Aleks Scholz widmen in ihrem verdienstvollen *Lexikon des Unwissens* dem Rattenkönig ein ganzes Kapitel und haben recherchiert:

»Im 16. Jahrhundert tauchen die ersten Berichte über das Phänomen auf, das in den darauffolgenden 200 Jahren an Häufigkeit zunahm und schließlich im 20. Jahrhundert wieder in der Bedeutungslosigkeit verschwand. Insgesamt 30 bis 60 Rattenkönige sind innerhalb der letzten 500 Jahre bekannt geworden; aus unerfindlichen Gründen stammen die meisten aus Deutschland. Man entdeckte sie in alten Kaminen, in Heuhaufen, in Kellern, auf Jahrmärkten. (…) Der größte darunter, ein ungeordneter Klumpen aus 32 Tieren, wurde im Jahr 1828 entdeckt und liegt heute im Mauritianum in Altenburg, einer Kleinstadt in Thüringen; es ist zudem das einzige Exemplar, das mumifiziert erhalten ist. Letzte Nachrichten über brandneue Rattenkönige stammen aus Holland (1963), Frankreich (1986) und Estland (2005).«

Es ist ein bisschen wie beim Ouroboros, der Schlange aus der antiken Mythologie, die sich selbst in den Schwanz beißt und die Friedrich Nietzsche zu der Interpretation bemüßigte, »allem

Zukünftigen beißt das Vergangene in den Schwanz«. Oder wie in Joseph Hellers Roman *Catch-22* über die Absurditäten des Militärs, dessen Titel das Synonym für ein Problem liefert, das seine eigene Lösung verunmöglicht. Und es ist ein wenig wie bei Adam Smith – nur umgekehrt. Smith beschrieb 1776 in *Der Wohlstand der Nationen* die »unsichtbare Hand«, durch die unsere nur am eigenen Wohl interessierten Handlungen, »ohne es zu beabsichtigen, ja ohne es zu wissen, das Interesse der Gesellschaft fördern«. Hier hingegen haben wir es mit einer unsichtbaren Hand zu tun, die das größtmögliche Durcheinander anrichtet, ohne dass jemand das beabsichtigt hätte.

Das passiert nicht nur bei Ratten, sondern überall dort, wo es lose Enden gibt, die sich wie von Geisterhand verheddern können. Ein ebenso häufiges wie profanes Problem aus dieser Kategorie ist der Kabelsalat – der Tork, wie man im Sauerland sagt. Das Knäuel, welches sich mit der Zeit um Mehrfachsteckdosen, in Jackentaschen und überall bildet, wo ein oder mehrere Kabel versammelt sind, erinnert nicht nur oberflächlich an einen Rattenkönig. Es ist die tiefe innere Struktur von Kabelsalat, die Neigung zur Knotenbildung, die allem Länglichen und Elastischen eingeschrieben ist.

Ja, es gab Versuche, die unsichtbare Hand sichtbar zu machen, die den Tork produziert. So 2006 an der Universität Bristol, wo ein Team um den Physiker Jens Eggers dem Phänomen auf den Grund ging, warum Computer und Telefonkabel sich verknoten, nur weil sie eine Weile weitgehend unangetastet in einem Umzugskarton lagerten. Wichtigster Befund: Die Länge der Kabel oder Schnüre spielt nur bedingt eine Rolle: Bedeutend ist nur, dass die Kabel länger als 16 Zentimeter sind, wie viel länger, ist hingegen egal. Befragt von der *Süddeutschen*

Zeitung erläutert Eggers: »Entscheidend sind die Enden; dort entstehen die Knoten. Jedes Kabel, egal wie lang, hat zwei Enden, daher ist die Wahrscheinlichkeit für Knoten gleich.« Beim Entwirren spielt die Länge dann wiederum eine gehörige Rolle: je länger, desto unentwirrbarer. Praktischer Anwendungsnutzen lässt sich hingegen nicht aus diesen Ergebnissen ziehen. Auf die Anfrage einer Supermarktkette, was sie dagegen tun könnten, dass sich die Lichterketten zu Weihnachten immer in den Kartons verknoten würden, beschied Eggers lapidar: »Gar nichts.«

Eine andere Form von festgezurrtem Knoten, unter der täglich Zigtausende Pendler in den Megacities zu leiden haben, findet sich im Straßenverkehr. Der Begriff dafür stammt aus den USA, wo mehr Städte um den motorisierten Individualverkehr herum gebaut und nach dem Planstadtmuster angelegt sind, im rechtwinkeligen Blockraster, dem »grid«. Das »Gridlock« ist dementsprechend eine Rasterblockade – die unscharfe Übersetzung lautet: Verkehrskollaps oder Verkehrsinfarkt –, bei der sich die Autos auf vier Straßen rund um einen Häuserblock gegenseitig den Weg abschneiden, weil sie zu ungeduldig in die vier Kreuzungen fahren. Die *New York Times* beschreibt den Gridlock als »eine zirkuläre Kaskade der Verstopfung, worin jedes Auto, so paradox es klingt, sich letztlich selbst blockiert«.

Der Artikel unter dem Titel »National Gridlock« erschien im Mai 1988 und berichtet, dass der Begriff irgendwann in den 1970ern – zusammen mit dem gehäuften Auftreten des Phänomens – zuerst in New York auftauchte und sich umso rasanter verbreitete, desto häufiger der Verkehr in den US-Metropolen kollabierte. »Millionen von Stunden werden täglich vergeudet, das Zeitäquivalent von einer Menge Urteilssprüche auf lebenslänglich. Wie Pendler wissen, kann der Verkehr zu einem vertrackten und klaustrophobischen Gefängnis werden«, wird sinister vorgerechnet. Gridlock ist zu einer universellen Chiffre für Blockadesituationen avanciert. So spricht man vom Gridlock bei multilateralen Vertragsverhandlungen wie den Klimagipfeln – allgemein überall dort, wo mehrere Parteien am Tisch sitzen, die sich reihum blockieren und wo die Situation buchstäblich verfahren ist.

Derweil hat die Stauforschung dank avancierter Computersimulationstechniken Fortschritte gemacht. In Wahrheit ist ein Gridlock nämlich nicht viel anderes als ein um den Häuserblock gewickelter Stau. Innerstädtischer Verkehrsinfarkt und Monsterstau auf der Autobahn weisen ähnliche Eigenschaften und Strukturmerkmale auf. Es ist dasselbe Muster wie hinter vielen Clusterfucks. Danach wächst die Wahrscheinlichkeit natürlich proportional mit der Dichte des Verkehrsaufkommens. Ein Auto allein kann weder in einen Stau noch in ein Gridlock geraten.

Aber die Verkehrsdichte ist eben nur ein notwendiges, kein hinreichendes Kriterium. Ob es am Ende wie aus dem Nichts zur Verstopfung kommt, hat viele mögliche Ursachen: weil ein Fahrer unmotiviert abbremst, die Spur wechselt, ein Sack Reis auf die Fahrbahn gekippt ist oder ein Schmetterlingsflügelschlag Turbulenzen verursacht hat. Wie eine unsichtbare Welle schaukelt sich das Abbremsen zur Vollbremsung auf, das Kräuseln zum tiefgefrorenen Tsunami – bis irgendwann gar nichts mehr geht.

Das Verkehrsnetz ist – wie der Name schon sagt – ein prototypisch vernetztes und komplexes System, in dem sich eine Vielzahl von Akteuren dezentral koordinieren muss und das sich dabei nur bedingt durch Verkehrsführung und Ampelschaltungen beeinflussen lässt. Es ist damit anfällig für spontane Phasenwechsel und prädestiniert für randomisiertes, nicht prognostizierbares Verhalten. Der kluge Satz: »Sie stehen nicht im Stau, Sie sind der Stau!« bekommt dadurch noch eine andere Tiefe. Jeder Einzelne kann durch sein abruptes ungeduldiges und ungestümes Fahrverhalten zum Auslöser und Kristallisationspunkt des Phasenwechsels werden. Ein amerikanisches Sprichwort sagt: »There is a clunker in every queue.« – Es gibt einen Bremser in jeder Schlange. Meist sind es die anderen Hornochsen, Cordhütchenträger und Frauen am Steuer – aber manchmal bist es auch du selbst.

3 Wie Katastrophen ticken

Irgendwas ist immer.
Britta

Katastrophen wollen passieren. Sie hocken in ihren Löchern und lauern auf Gelegenheiten, um zuschlagen zu können. Dafür haben sie sich eine Reihe von Tricks und Finten einfallen lassen und diese tief in die Textur unseres Alltags eingebaut. Den Menschen in seiner Fehlbarkeit benutzen sie dabei als Wirtstier, um sich viral auszubreiten.

Dem Muster erkennenden Tier in uns fällt es schwer zu akzeptieren, dass jeder Clusterfuck letztlich einzigartig und überraschend ist. Theoretisch hätte man es ja vorher kommen sehen können – denkt man hinterher. Wie beim Schachspiel aus stets derselben Ausgangssituation und einer überschaubaren Anzahl von Regeln eine fast unendliche Anzahl an Spielverläufen und Mattmöglichkeiten erwächst, so ist auch die Kombinatorik der Katastrophen unermesslich.

Aber wie es im Fußball Standardsituationen gibt, aus denen sich häufig Tormöglichkeiten ergeben, so gibt es auch für Clusterfucks bestimmte Bauprinzipien und Grundzutaten, wiederkehrende Muster und Mechaniken, aus denen sie sich zusammensetzen. Im Folgenden wollen wir diese Mechanismen ein wenig aufschlüsseln und ein paar grundlegende Erklärungsmuster auf den Tisch packen, wie aus kleinen Ursachen und Missgeschicken Clusterfucks entstehen.

Pfadabhängigkeiten oder If this than that

Der größte Fehler, den Radprofis auf Bergetappen der Tour de France begehen können, ist, auf einen »Hungerast« zu geraten. Der ausgepowerte Körper findet nicht mehr genügend verwertbare Glukose im Blut vor und schaltet alle Systeme auf Sparflamme. Typische Symptome der Unterzuckerung – oder medizinisch: Hypoglykämie – sind ein krasser Leistungsabfall der Muskeln, Zittern, Schwindel und Schwarzbilder vor den Augen. Hinzu kommen psychische Symptome wie Mutlosigkeit, Müdigkeit, Unkonzentriertheit. Das für den Sportler Perfide daran: Sobald die Unterzuckerung eingesetzt hat und er sich bereits auf dem Hungerast befindet, schafft auch die schnelle Zufuhr von Kohlenhydraten, etwa Traubenzucker, keine sofortige Abhilfe mehr. Bis der Körper wieder zurück in die normale Verstoffwechselung gefunden hat, ist die Etappe längst verloren. Insofern gehört zu den Selbsttechniken von Spitzensportlern: Essen, bevor man Hunger hat! Trinken, bevor man Durst hat!

Besonders passend für unsere Zwecke hier ist das Bild des Astes.

Sitzt man erst einmal weit draußen auf einer Astgabel, führt in gleicher lichter Höhe kein Weg zurück zum Stamm, von dem aus sich weitere Kletterwege in Richtung Baumkrone eröffnen – es sei denn ein gewagter Sprung, bei dem man genauso gut abstürzen kann. Will man nicht auf dem Ast verhungern, muss man gewonnene Höhe opfern und zurück zur ursprünglichen Verzweigung hinabklettern.

Alles andere findet im Irrealis statt: Hätte man doch damals nicht den rechten, sondern den linken Abzweig genommen!

Hätte man damals doch die eine Joboption ergriffen, anstatt sich für jenen Karrierepfad zu entscheiden! Wie fruchtbar und produktiv derartige Übungen im Hadern mit dem Schicksal sind, weiß der Volksmund, der sie mit »Hätte, hätte, Fahrradkette!« wegwischt.

Der Begriff der Pfadabhängigkeit stammt aus den Naturwissenschaften und hat über die Politik- und Sozialwissenschaften Eingang in die aktuelle Managementtheorie gefunden. Er drückt genau diesen trivialen Sachverhalt aus: Zahnpasta bekommt man nicht zurück in die Tube, aus einem Rührei wird nie mehr ein Spiegelei. So wie der Zeitpfeil in der Physik nur eine Richtung hat, weil die Entropie stets zunimmt, so schlagen in der Geschichte und in der Entwicklung von Organisationen, Unternehmen und Personen die Irreversibilitäten durch. Was bisher geschah, verengt den Korridor aller theoretisch vorstellbaren Zustände auf den aller durch die Vergangenheit festgelegten möglichen Zukünfte. Allerdings entwerfen Manager in ihrem heroischen Machbarkeitswahn lieber alternative Zukunftsszenarios, als sich durch ein Korsett der Pfadabhängigkeit einengen und in ihren Entscheidungsspielräumen limitieren zu lassen. Sie sympathisieren mehr mit dem Reißschwenk und dem Hauruckverfahren, gerade so, als ließe sich ein 100 000-Bruttoregistertonnen-Tanker auf einer Centmünze wenden. Clusterfucks klopfen an die Tür, wenn Charismatiker mit Ideen unter dem Banner von »Versuchen wir das Unmögliche!« ganze Gemeinwesen und Organisationen auf Himmelfahrtskommandos schicken.

Gleichermaßen können Pfadabhängigkeiten natürlich auch Verkrustung und Schwerfälligkeit bedeuten, die Unternehmen ebenso in den Abgrund führen. Pfadabhängigkeiten stecken in historischen Innovationsentscheidungen, in eingegangenen Wetten auf eine bestimmte Zukunftstechnologie ebenso wie in der Firmenkultur oder in organisationell erlernten Kommunikations- und Entscheidungsroutinen. Pfadabhängigkeiten sind gewissermaßen die Kehrseite von wirkmächtigen Traditionen und zu starker Fokussierung auf Kernkompetenzen, wie Cornelia Geißler im *Harvard Business Manager* unterstreicht: »Solche Beharrungskräfte können zum Problem werden, weil zwischen Mitarbeitern, Management, Strukturen und Märkten selbstverstärkende Mechanismen, sogenannte positive Rückkopplungen, wirken. Diese sind für einzelne Beteiligte nur schwer zu durchschauen. Wir haben es also mit der paradoxen Situation zu tun, dass Führungskräfte Teil des Systems sind, das sie eigentlich lenken sollen.«

Auch dezentrale Entscheidungsprozesse in Märkten und Gemeinwesen unterliegen Pfadabhängigkeiten: Sie versteinern zu unverrückbaren Standards und stellen den Ballast dar, der aus der gewachsenen Geschichte herüberragend unsere Entscheidungsspielräume limitiert. Die QWERTZ-Tastatur ist ein Beispiel dafür. Erwachsen ist sie Ende des 19. Jahrhunderts aus der Notwendigkeit, bei mechanischen Schreibmaschinen die häufig benutzten Lettern bei der Tastaturbelegung weit auseinanderzuziehen, damit sie sich nicht verhaken. Heute würde man es genau andersherum machen, aber zu viele Menschen haben auf der QWERTZ-Tastatur schreiben gelernt, als dass ein Systemwechsel noch möglich wäre. Aus der Nummer kommt man nicht mehr raus.

Dysfunktionaler Ballast kann nicht nur lästig, sondern auch teuer sein. So weist Rüdiger Lohmann, der mit seiner Firma Lohmann + Birkner im großen Stil Krankenhäuser und Krankenkassen bei ihrer IT-Strategie berät, uns darauf hin, dass ökonomisch betrachtet eigentlich drei Viertel der Krankenhäuser in Deutschland »vom Netz genommen« werden müssten: »Das heißt nicht: 75 Prozent der Betten. Irgendwo in der Fläche, in Aurich oder im Bayerischen Wald ein einzelnes Versorgungskrankenhaus vom Netz zu nehmen macht natürlich keinen Sinn. Aber wir haben historisch gewachsen viele kleine Krankenhäuser in großen Städten. Diese Häuser liefern heute schon schlechtere Qualität und sind zu klein, den Herausforderungen der Zukunft gerecht zu werden. Die müsste man eigentlich schließen, die verbleibenden aufstocken und die Zahl der Betten so um 40 bis 50 Prozent reduzieren.« Das wird natürlich nicht passieren, denn »es gibt fast nichts Unpopuläreres, was ein Politiker tun kann, als ein Krankenhaus dichtzumachen. Wahlen lassen sich gewinnen, indem man Krankenhäuser offenhält.«

Das Heimtückische an Pfadabhängigkeiten ist, dass man ihre faktische Irreversibilität zunächst gar nicht bemerkt. Frohgemut stapft man im Gebirge so für sich hin, lässt sich vom Pfeifen der Murmeltiere leiten und von den Blumen am Wegesrand ablenken. Mit einem Mal stellt man fest, dass der gewählte Abzweig nicht ins Tal, sondern in unwirtliche Höhenregionen der Gletscher führte. Für eine Umkehr ist die Nacht schon zu nah, und der direkte Weg nach unten geht durch unmarkiertes Gelände, über Schrofen und Abhänge. Leicht kann man dabei in einer Spalte landen oder an einem Felsvorsprung hängen bleiben.

Der spieltheoretische Terminus dafür, dass man den »point of no return«, den Punkt, an dem eine Umkehr nicht mehr ohne Weiteres möglich ist, überschritten hat, ohne es zu bemerken, lautet »slippery slope«: glitschiger Abhang. Das erinnert an das gängigere Sprachbild im Deutschen »man gerät auf die schiefe Bahn«, wobei auch nicht eindeutig feststeht, wann und wo diese beginnt. Wenn wir – im übertragenen Sinne – das Spiel mit dem Abgrund betreiben, haben wir es selten mit einer klaren Abbruchkante, einem Kliff zu tun, sondern mit einer langsam steiler werdenden Flanke. Ehe wir uns versehen, geraten wir ins Rutschen.

Ein ähnlich anschauliches Bild für im Keim angelegte Katastrophen stammt von Peter Gauweiler. Befragt nach der aktuellen EU-Krise geht der ehemalige CSU-Rechtsaußen weit zurück in der Geschichte bis zur Bismarck'schen Außenpolitik und der deutschen Kaiserproklamation im Spiegelsaal des Versailler Schlosses am 18. Januar 1871. Durch diesen Akt an diesem Ort wurde Frankreich nach der ohnehin schon demütigenden Niederlage im Krieg mit Preußen ohne Not erneut brüskiert. Bekanntermaßen folgte danach eine Reihe wechselseitiger Erniedrigungen zwischen Frankreich und Deutschland, die mal erneut im Spiegelsaal von Versailles inszeniert wurden, mal in einem Bahnwaggon, aber stets die Urszene von 1871 zitierten. »Da wurde die Jacke falsch eingeknöpft«, sagt Gauweiler – und bricht die europäische Geschichte damit auf die alltägliche Anschauung herunter. Wenn wir unten beginnen, eine Jacke oder ein Hemd zu knöpfen, merken wir zunächst nicht, wenn Knöpfe und Löcher versetzt sind, denn sie passen trotzdem zusammen. Bis zum letzten Knopf, dem ein Knopfloch fehlt, weil unten eines übersteht. Es gibt keinen Quick-fix und keine Abkürzung für diese Situation; wir müssen alles wieder aufknöpfen und ganz von vorn beginnen.

Beim morgendlichen Anziehen lassen sich derartige Fehler leicht ausmerzen und bereinigen. Aber auch nur da.

Dammbruch oder
Wehret den Anfängen

Dass Gerhard Schröder 2002 nach scheinbar aussichtslosem Rückstand doch noch einmal die Bundestagswahl für sich entscheiden konnte, hatte nicht unmaßgeblich mit den Nachrichtenbildern vom 14. August zu tun, die ihn in Grimma zeigten. In Gummistiefeln und Regenponcho in militärischem Oliv gekleidet, packte er mit an und half, Sandsäcke auf die aufgeweichten Deiche vor der sächsischen Kleinstadt zu schaffen. Die Foto-Opp lieferte dem Instinktkanzler das Elbehochwasser, das große Teile Ostdeutschlands unter Wasser setzte; das Skript möglicherweise sein Vorvorgänger Helmut Schmidt, der in der Jahrhundertsturmflut 1962 Hamburg vor dem Schlimmsten bewahrte und damit sein Image als charismatischer Krisenmanager auf Lebenszeit zementierte.

Daran lässt sich bereits ablesen, wie sehr der Dammbruch symbolisch aufgeladen und wie tief die Furcht davor im kollektiven Unbewussten verankert ist. Diese Symbolqualitäten haben mit den realen physikalischen Charakteristika eines Damm- oder Deichbruchs zu tun: Bricht das Wasser an irgendeiner noch so winzigen Stelle erst einmal durch, reißen die hindurchströmenden Wassermassen schnell ein riesiges Leck. Es wird exponentiell schwieriger bis unmöglich, den Ausgangszustand wieder herzustellen, wenn der Bruch stattgefunden hat: der ultimative Clusterfuck für Flachlandbewohner.

In der norddeutschen Seelenlandschaft gibt es deshalb fast kein größeres Thema als den Imperativ einer gewissenhaften und vorausschauenden Verteidigung von Leib und Leben, Land und Besitztümern gegen die archaische Wucht herandrängender Spring- und Sturmfluten. Formal noch treuherzig im Novellenstil des Realismus erzählt Theodor Storms *Schimmelreiter* von 1888, alten Sagenstoff und Seemannsgarn aufgreifend, die Parabel des Deichgrafen Hauke Haien, der sich als faustischer Innovator über die Traditionen hinwegsetzt und sich mit einem neuen, wissenschaftlich fundierten Deichprofil ein Denkmal setzen will. Am Ende ertrinken er, sein Pferd und seine ganze Familie in den Fluten, weil in der Übergangsphase der alte Deich bricht.

Zum Auftakt des 20. Jahrhunderts – die wissenschaftliche Methode wasserbaulicher Schutzmaßnahmen hatte sich da längst durchgesetzt – reformuliert Thomas Mann die Deichgraf-Moral als hanseatisch-bürgerliches Lehrstück vom Aufstieg und Niedergang einer Lübecker Kaufmannsfamilie. Der Dammbruch bei den *Buddenbrooks* erfolgt, als Thomas Buddenbrook, um die Kalamitäten seines Handelskontors zu überbrücken, eine vergiftete Offerte annimmt und »das Korn auf dem Halm« kauft. Damit geht das Risiko des Untergangs auf den Käufer über, und es kommt, was kommen muss: Ein Unwetter vernichtet die Ernte, die bereits den Besitzer gewechselt hat. Der Niedergang des Hauses Buddenbrooks ist besiegelt.

So lässt sich jedes Abweichen vom Pfad der Tugend als Dammbruch deklarieren und brandmarken. In der politischen Rhetorik hat er deshalb seinen angestammten Platz und wird reflexhaft dort angeprangert, wo Rechtskonservative die abendländischen Werte in Gefahr sehen, oder Sozialdemokraten den Neoliberalismus beim Abriss sozialstaatlich-zivilisatorischer Errungenschaften in flagranti ertappen.

Die Briten, deren hoch aus dem Meer ragende Insel besser vor Sturmfluten und Überschwemmungen geschützt ist, ziehen ihr Pendant zur Dammbruchmetapher aus der Kolonialgeschichte. Im viktorianischen England verbreitete sich die angeblich arabische Spruchweisheit: »Beware of the camel's nose!« Hüte dich vor der Kamelnase. Hat ein Kamel erst einmal seine Nase ins Wüstenzelt geschoben, dauert es nicht lange, und es steht ganz im Zelt.

In den USA dagegen spricht man seit einiger Zeit vom »broken windows syndrome«. Das geht zurück auf die gleichnamige Theorie, die die US-Soziologen James Q. Wilson und George L. Kelling 1982 postulierten: Würde eine zerbrochene Fensterscheibe nicht sofort ersetzt, so ihre empirisch schwer zu überprüfende Hypothese, falle bald das gesamte Stadtviertel der Verwahrlosung anheim. In zahlreichen Städten der USA wurde dieses Dammbruch-Denken herangezogen, um ein rigideres Durchgreifen der Obrigkeitsorgane unter dem Stichwort »Null-Toleranz« zu legitimieren.

Die Handlungsempfehlung, die mit allen drei Sprachbildern – Dammbruch, Kamelnase und »broken windows« – insinuiert wird, ist viel älter, geht zurück auf den römischen Dichter Ovid und lautet »Principiis obsta« – auf Deutsch: »Wehre den Anfängen«, meist gebräuchlich im Plural: »Wehret den Anfängen!«

Als Deutsche zucken wir bei diesen Worten unwillkürlich zusammen und denken: Hitlerhitlerhitler! Kulturell Gebildete werden sich an das apokalyptische Bild von Käthe Kollwitz mit entsprechendem Warnhinweis erinnern. Dabei geht verloren, dass der Satz bei Ovid in einem ganz anderen Kontext steht, einem weniger gravitätischen, eher flirrenden, nämlich im fast ironischen Ratgeber *Remedia amoris*, deutsch: Heilmittel gegen die Liebe. Wo das Vorgängerwerk *Ars amatoria* mit Instruktionen aufwartet, wie wir uns den oder die Auserwählte(n) gefügig machen, finden wir darin Rat und Beistand für Liebeskummer: Was tun, wenn das Objekt der Begierde auch nach Anwendung aller Tricks und Ziehen aller Register nicht interessiert ist? Einer der wichtigsten Tipps lautet, Liebeskummer gar nicht erst aufkommen zu lassen, indem man sich das von vornherein aussichtslose Unterfangen frühzeitig aus dem Kopf schlägt. Besser, man steigert sich gar nicht erst in die Liebestollheit hinein. Wehre den Anfängen!

Der scheinbar harmlos menschelnde Ursprungszusammenhang, in dem das Ovid-Zitat steht, darf jedoch nicht darüber hinwegtäuschen, dass auch hierin eine Ernsthaftigkeit liegt. Es haben sich genug Menschen zu Vollidioten gemacht, nur wegen enttäuschter Liebesgelüste. Aus gekränkter Eitelkeit wurden schon Kriege begonnen und ganze Königreiche ruiniert.

Schleichende Erosion oder It does until it doesn't

Oft im Hintergrund ablaufend, bedeutet die schleichende Erosion das allmähliche Wegrutschen, das stille Scheitern in Zeitlupentempo: Ein Brückenpfeiler ist unterspült, ein äußerlich noch makelloser Backenzahn ist innerlich längst weggefault, ein von Osteoporose geschwächter Mittelfußknochen bricht bei einem ganz normalen Spaziergang (Ärzte sprechen hier von Ermüdungsbruch), ein lange erfolgreich maskierter Karrierebluff fliegt auf, weil jemand gelassen ausspricht, dass der Kaiser ja gar keine Kleider anhat. Die Teichschildkröte, die zum Überwintern im Keller einquartiert wurde, ist längst tot und verwest.

Für uns ist sie jedoch noch lebendig, weil der Panzer intakt aus dem Strohbett herausschaut.

Es ist wie bei Schrödingers Katze, einem Gedankenexperiment zur Vergrößerung von Quanteneffekten auf die Makroebene: So lange niemand nachschaut, ist die Katze gleichzeitig tot und lebendig. Dem Nicht-Nachschauen liegt motivatorisch oft ein Nicht-Nachschauen-Wollen beziehungsweise ein Nicht-Wahrhaben-Wollen zugrunde. Psychologisch wird das Phänomen auch als »bending the map« beschrieben: Wir biegen, stauchen und quetschen die Landkarte so lange es geht, um vor uns selbst und vor anderen nicht eingestehen zu müssen, dass wir uns heillos verlaufen haben. Irgendwann kollabiert der Selbstbetrug, die mit immer größerem Aufwand gehegte Illusion, wenn die Kluft zwischen Realität und Wunschdenken unüberbrückbar wird.

Zeuge dieses Ermüdungsbruchs qua Erosion werden wir nicht nur bei langsam scheiternden Lebensläufen, wo über lange Zeit nach außen eine Fassade aufrechterhalten wird. Kandidaten sind auch äußerlich grundsolide Marken und Unternehmen, die intern marode sind oder kaputtgespart werden, sodass nötige Investitionen und Modernisierungsmaßnahmen unterbleiben. British Airways, Großbritanniens größte Fluglinie und einstmals der Stolz des Empire, bot im Frühjahr 2017 ein trauriges Anschauungsbeispiel: Ende Mai legte eine Computerpanne den Betrieb an den für British Airways neuralgischen Drehkreuzen Heathrow und Gatwick lahm. Alle Flüge wurden gestrichen. Weil davon auch das Check-in-System und das Kundencenter betroffen waren, wurde fast der gesamte weltweite Flugverkehr der Airline für mehrere Tage in Mitleidenschaft gezogen. Insgesamt fielen 800 Flüge aus. 75 000 Passagiere waren nicht nur davon genervt, sondern auch weil sie über Telefonhotlines niemanden erreichten und selbst an den Flughäfen vor Ort keine Ansprechpartner aufzutreiben waren. Der Gesamtschaden wird auf über 100 Millionen US-Dollar taxiert. Experten waren entsetzt, dass auch das IT-Backup-System nicht funktionierte. So etwas dürfe in einer Branche wie der Luftfahrt eigentlich gar nicht passieren.

Die Ursache für den kostspieligen Kollaps ist nicht in irgendeiner Cyberattacke zu suchen – auch das Wetter trifft keine Schuld –, sondern in der Person des berüchtigten CEO Alex Cruz, der ein Jahr zuvor mit dem ausdrücklichen Auftrag rigider Kostenreduktion angeheuert worden war. Cruz tat, wie ihm geheißen, und sparte, wo es nur ging: Teile der Flugabwicklung wurden nach Indien ausgelagert; im Nervenzentrum des Konzerns war es aufgrund der angespannten Arbeitsbedingungen zu einem »Braindrain« gekommen. Wichtige Spezialisten hatten das sinkende Schiff verlassen, mitsamt ihrem Know-how, wie man eine komplex gewucherte Konzern-IT robust und krisensicher macht. So stranguliert man ein Unternehmen, das angesichts der dünnen Luft in der Airline-Industrie ohnehin am Japsen war.

Kathrin Passig beschreibt in ihrem Aufsatz *Standardsituationen der Technikkritik*, wie die schleichende Verkrustung und Sklerotisierung des Denkens vonstattengeht, und findet dafür ein plastisches Bild: »Wer darauf besteht, zeitlebens an der in jungen Jahren gebildeten Vorstellung von der Welt festzuhalten, entwickelt das geistige Äquivalent zu einer Drüberkämmer-Frisur: Was für einen selbst noch fast genau wie früher aussieht, sind für die Umstehenden drei über die Glatze gelegte Haare.«

Diktatoren, Despoten und Tyrannen sind besonders anfällig

für diese Form des magischen Realismus, finden sie doch – selbst wenn die Bevölkerung bitter leidet und das Land aus dem letzten Loch pfeift – immer noch einen Cordon sanitaire aus willfährigen Claqueuren, die ihnen ihre gottgleiche Grandiosität als Scharade zurückspiegeln. Die gleichgeschalteten Medien tun ein Übriges dazu, indem sie in hohlem Ton unermüdlich Erfolgsmeldungen verkünden.

Für Karl Marx wurde diese Idee – im Kielwasser von Hegels Dialektik – zum Leitmotiv seiner materialistischen Geschichtsphilosophie. Die Machtverhältnisse und der Staatsapparat, in der marxistischen Terminologie die Gesamtheit der Produktionsverhältnisse oder schlicht der gesellschaftliche Überbau, haben die Tendenz zu verkrusten und zu versteinern. Eliten und Machthaber klammern sich an ihre Privilegien und sichern sie mit Kanonen und Gewehren ab.

Darunter verändert sich – wie heißes Plasma, auf dem die Erdplatten schwimmen – die gesellschaftliche Basis, sprich: die Produktivkräfte die mit dem technologischen Fortschritt wachsen. Irgendwann werden die sozialen und ökonomischen Spannungen zwischen Basis und Überbau so groß, dass sie sich nicht mehr überbrücken und einhegen lassen. Es kommt zum revolutionären Umsturz, zu einer ruppigen Harmonisierung von Macht- und Besitzverhältnissen und Produktivkräften, von politökonomischem Überbau und technosozialer Basis. Für die jeweiligen Machthaber, seien es Feudalherren oder kapitalistische Ausbeuter, kommt dieser abrupte Phasenwechsel – chemisch gesprochen handelt es sich bei einem Vorgang, bei dem »alles Ständische und Stehende verdampft«, um eine Sublimation – einem regelrechten Clusterfuck gleich, bei dem sie bisweilen ihren Kopf, in jedem Fall jedoch Besitz und Macht einbüßen.

Friedrich Nietzsche hat das Anpassungsprinzip der schleichenden Erosion mit abrupten Umbrüchen schön auf den Punkt gebracht und noch eine Verhaltensempfehlung mitgeliefert, indem er seinen Zarathustra sagen lässt: »Was fällt, das soll man auch noch stoßen!«

Sunk Cost oder Der Ballast der Vergangenheit

Menschen hängen an Dingen. Das ist rührend und macht uns als Spezies aus. Es bedeutet aber auch, dass wir viel Geld investieren, um einen schrottreifen Gebrauchtwagen noch einmal durch den TÜV zu bringen, mit der Begründung, dass wir ja schon so viel bei vorangegangenen Reparaturen reingesteckt haben. Für die akkumulierte Summe hätte man einen schönen Neuwagen kaufen können. Unternehmen verhalten sich genauso irrational, wenn sie defizitäre Produktlinien am Leben halten, weil bereits zu viel an Investitionen und Manpower darin steckt. Der Sunk-Cost-Fehlschluss besteht essenziell darin, dass in der Vergangenheit getätigte Investitionen unser aktuelles und zukünftiges Verhalten beeinflussen.

Das müssen keine monetären Investitionen sein. Statt nach vorn zu blicken, schauen wir zurück und lecken unsere Wunden. Einer beißt sich durch sein Studium, das ihm von Anfang an nicht gelegen hat, nur weil er schon so viele Semester absolviert hat. Eine hält an ihrer zerrütteten Beziehung fest, nur weil schon so viel Zeit, Herzblut und Entbehrung hineingeflossen ist. Anstatt endlich die Reißleine zu ziehen, verstricken wir uns immer weiter. Wir werden verfolgt von den Gespenstern der

Vergangenheit, die wir einstmals riefen und nun nicht mehr loswerden.

»Sunk cost« bezeichnet in der Verhaltensökonomik einen jener zahlreichen systematischen Verhaltensfehler, die den realen Menschen vom »homo oeconomicus« unterscheiden, weil er eben nicht rational ist. Hierbei geht es um Situationen, in denen bereits eine bedeutsame Menge Geld, Ressourcen oder Zeit in ein Projekt investiert wurde, es aber nicht absehbar ist, ob es jemals den erwünschten Erfolg bringt. Rational wäre es nun, irreversible Verluste einfach in den Wind zu schreiben, und so zu entscheiden, als hätte es sie nie gegeben. Tatsächlich tun Menschen und Organisationen das nicht. Hat man einmal irgendwo etwas investiert und erweist sich das Investment als kapitaler Flop, verspürt man den Impuls, die Scharte auszuwetzen und irgendetwas zu unternehmen, um gesichtswahrend aus der misslichen Angelegenheit herauszukommen. Man wirft »gutes Geld schlechtem hinterher« und vergrößert damit die Risikoposition weiter – und so auch den Schaden. Man kauft etwa abgeschmierte Aktien und Portfoliopositionen nach, um irgendwann wieder bei null herauszukommen.

Und nicht nur Kleinanleger tun das. So war auch der Algorithmus des von zwei Wirtschaftsnobelpreisträgern gegründeten Investmentfonds Long-Term Capital Management (LTCM) programmiert, der am 23. September 1998 beinah die gesamte Weltwirtschaft in den Abgrund gerissen hätte. In einer historisch nie dagewesenen konzertierten Rettungsaktion musste Alan Greenspan die Leitzinsen senken und hatten 14 Großbanken insgesamt 3,75 Milliarden US-Dollar aufzubringen, um eine Finanzkrise von dem Ausmaß zu verhindern, wie sie sich dann zehn Jahre später doch ereignete. (Die beiden einzigen

Banken, die sich damals weigerten, an der internationalen Rettungsaktion teilzunehmen, waren übrigens – wohl nicht ganz zufällig – die beiden, die zehn Jahre später die Weltfinanzkrise nicht überlebten: Bear Stearns und Lehman Brothers. Aber das nur nebenbei.)

Trickbetrüger im Internet wie die Nigeria-Connection machen sich den Sunk-Cost-Effekt zunutze, indem sie bei ihren psychologisch ausgetüftelten Plots – bei denen Anteile immenser Vermögen erbenloser Millionäre oder Warlords, die ihr Geld ins Ausland transferieren wollen, in Aussicht gestellt werden – zunächst um die Überweisung kleiner Summen bitten. Hängt man einmal drin, wird man immer weiter in den Plot verstrickt und immer neue Zahlungen werden fällig. Aus naivem Wunschdenken und auch aus Scham verpassen Menschen, die diesen Scammern auf den Leim gegangen sind, immer wieder den Zeitpunkt des Ausstiegs und treiben sich selbst damit in den Ruin. Der juristische Straftatbestand hört in Deutschland auf den Namen »Vorschussbetrug« (§ 263 Strafgesetzbuch), und es gibt ihn in unendlichen Spielarten – eben weil die dahinterliegende Sunk-Cost-Psychologie so einen dankbaren Hebel für Betrüger darstellt. Früheste Fälle sind seit dem 16. Jahrhundert bekannt.

Bei öffentlichen Großprojekten, an denen neben vielen Milliarden auch noch das Prestige ganzer Regionen und das Ansehen von Politikern hängen, wird der »Point of no return« relativ früh überschritten. Und die Bereitschaft, weit über diesen Punkt hinaus weiter zu investieren, um es endlich doch noch zum Erfolg zu treiben, ist sehr ausgeprägt. Wenn Sie dieses Buch im Jahre 2050 in die Hand nehmen, wird der Berliner Hauptstadtflughafen BER vielleicht längst eröffnet und in

Betrieb genommen sein. Man wird ihn lieb gewonnen und als Erfolgsgeschichte umgedeutet haben (siehe Elbphilharmonie). Weitgehend in Vergessenheit geraten wird sein, dass die ursprünglich für 2010 angekündigte Eröffnung sich bei Redaktionsschluss dieses Buches im Herbst 2017 auf unbestimmt, jedoch »nicht vor 2019« verschoben hatte, dass sich die Kosten zu diesem Zeitpunkt von ursprünglich avisierten zwei auf sechs, möglicherweise acht Milliarden Euro vervielfacht haben.

Oder aber er wird 2050 immer noch nicht eröffnet sein und das Areal des einstmals als Prestigeprojekt angedachten BER »Willy Brandt« wird auch dann noch eine monströse Ruine sein, eine Art Tschernobyl der politischen Fehlplanung. Dann wird man sich vielleicht an die Worte des versierten Flughafenplaners Dieter Faulenbach da Costa erinnern, der schon frühzeitig ebendieses Szenario entwarf. »Ich halte es inzwischen für wahrscheinlich, dass der BER gar nicht eröffnet«, legte er im Jahr 2017 in mehreren Interviews nach und wies darauf hin, dass es selbst zum damaligen Zeitpunkt, zehn Jahre nach Baubeginn, billiger sei, das ganze Ding abzureißen und eine völlig neue Planung zu beginnen. Niemand hat damals auf ihn gehört. Dafür waren schon zu viele Milliarden im märkischen Sand versickert.

Verschlimmbesserung oder
Das Bild hängt schief

Es gab wohl niemanden, der mit so scharfem humoristischem Blick die Haarrisse und Mikrowidersprüche in der neu konstituierten Wohlstandsgesellschaft der Nachkriegs-BRD aufs Korn nahm, wie Vicco von Bülow alias Loriot. Seine Sketche sind bis heute Referenzmaterial für ein breites Spektrum von Alltagssituationen, in denen ambitionierte Statusfassade, pedantische Kleingeistigkeit und Tücken der Objekte eine explosive Mischung eingehen. Einer der einprägsamsten darunter ist jener, in dem Loriot als nicht näher spezifizierter Versicherungsvertreter, Anlageberater oder Geschäftsfreund in einen mit allen Insignien hochherrschaftlicher Gediegenheit und bildungsbürgerlicher Arriviertheit dekorierten Salon geführt und zum Warten angehalten wird: »Sie möchten sich noch etwas gedulden.«

Nachdem der soignierte Herr seine Unterlagen sortiert hat, bemerkt er das schief hängende Bild über dem Sofa, eine kleine gestische Arbeit im Stile Emil Schumachers neben einem Scherenschnitt und einem Modigliani-Verschnitt. Beim Versuch, es geradezurücken, verheddert er sich im Flokati und reißt den Designer-Couchtisch mitsamt Kerzenständer um. Weitere Rettungsversuche bringen ihn in Konflikt mit dem Kabel der Tüten-Stehlampe, wobei das Bücherregal und die Hausbar ins Kippen geraten. Bald ist das Wohnzimmer komplett verwüstet. Der derangierte Gast steht in den Trümmern und offenbart der um Contenance bemühten Hausangestellten: »Das Bild hängt schief!«

»Well, that escalated quickly« könnte man mit einem weitverbreiteten Internet-Mem die Szene kommentieren. Vom hehren Vorsatz, Ordnung in der Ordentlichkeit zu stiften, bis zum verwüsteten Wohnzimmer sind es keine fünf Minuten. Jede Eskalationsstufe wird befeuert durch den Vorsatz, den bereits angerichteten Schaden zu kurieren: Das ist das Prinzip »Verschlimmbesserung« bei der Arbeit.

Verschlimmbesserungen passieren, wenn, der Logik der versunkenen Kosten folgend, eilfertig versucht wird, entstandene Verluste aufzufangen und Schönheitsfehler zu korrigieren. Oder auch wenn versucht wird, etwas zu »verbessern«, wo man klugerweise Fünfe gerade sein lassen würde. Wenn Sie es anschaulich wollen, dann nehmen sie sich Fotografien von Mickey Rourke, Melanie Griffith und Meg Ryan vor und nach ihren diversen Schönheits-OPs vor. Statt Wechsel ins Charakterfach und Rollenangebote hagelt es vor allem den Spott der Yellow Press.

Der Risikotheoretiker und -praktiker Nassim Taleb hat in seiner Systematik für die Verschlimmbesserung den Begriff »Naiver Interventionismus« reserviert und definiert: »Die Präferenz oder sogar gefühlte Verpflichtung, irgendetwas zu unternehmen, anstatt nichts zu tun.« Während dieser Instinkt in der Notaufnahme im Krankenhaus und bei der Mammutjagd in der Steinzeit seine Vorzüge hat, richtet er in komplexen Umgebungen mit nichtlinearen Wirkungsketten oft größeren und unabsehbaren Schaden an. »Monkey see, monkey do«, sagt man im amerikanischen Pidgin-Englisch. Affen ahmen nach, ohne zu verstehen, was sie da eigentlich tun, oder geben dem ersten Impuls nach, der ihnen durch den Kopf schießt, ohne die geplante Handlung noch einmal durch den Filter zu schicken. Daran lässt sich der Unterschied zwischen planvollem Handeln und naivem Interventionismus gut festmachen. Es läuft auf reflektierte Impulskontrolle hinaus.

Viel zu oft ist die Unwucht im Hirn, die uns Dinge tun lässt, die wir anschließend bereuen, aber einfach stärker als wir selbst. Lange hat die spanische Rentnerin Cecilia Giménez mit angesehen, wie das knapp hundert Jahre alte Jesus-Fresko in der Kirche Santuario de Misericordia ihres Heimatortes Borja immer weiter verfiel. Im August 2012 schließlich fasste sich die zum Tatzeitpunkt 82-jährige Christin ein Herz und restaurierte das Bild auf eigene Faust in einer Nacht-und-Nebel-Aktion. Das Ergebnis der Verschlimmbesserung war derart missraten, dass es einem den Atem verschlug: Der renovierte Jesus erinnerte nun an ein mutiertes Monchichi – und wurde binnen Kurzem zum Gespött des gesamten Internets.

Das Happy-End der Geschichte: Die von einigen Medien als »misslungenste Restauration aller Zeiten« eingestufte Arbeit der Hobby-Konservatorin bescherte dem verschlafenen Kaff im Norden Spaniens einen derartigen Besucherstrom, dass Giménez nun an den Mehreinnahmen des Tourismus beteiligt werden soll. Eine weltweit wachsende Fangemeinde stellte sich hinter sie und unterzeichnete eine Onlinepetition gegen die Restaurierung des Kunstwerks in seinen ursprünglichen Zustand. Merke: Auch katastrophale Verschlimmbesserungen können sich über nichtlineare Effekte als »blessing in disguise« herauskristallisieren, als getarnter Segen also, oder auch: als Verbessschlimmerungen.

Bumerang-Effekt oder Den Teufel mit dem Beelzebub austreiben

»The problem with troubleshooting is that trouble shoots back.« Die schlimmsten Katastrophen passieren ja nicht aus Boshaftigkeit, sondern aus dem Fehlschlagen der besten Absichten. Der Weg zur Hölle ist bekanntlich mit guten Vorsätzen gepflastert. Es ist der vor allem in der Politik häufig anzutreffende Unterschied zwischen »Gut gemeint« und »Gut gemacht«, der einen Unterschied ums Ganze ausmacht. Und damit sind nicht bloß die Trippelschritte in den Abgrund gemeint, die bei »Verschlimmbesserungen« ausgeführt werden. Daneben gibt es natürlich auch langfristig geplante und in der Ausführung sogar sauber durchexerzierte Initiativen, die alles einfach nur noch schlimmer machen.

Im günstigen Fall resultiert aus solchen gut gemeinten Initiativen, geboren aus der Not, irgendetwas zu unternehmen, kurzatmige Symbolpolitik, die wirkungslos verpufft. Sämtliche jemals von Gesundheits-, Verkehrs- oder Familienministerium in Auftrag gegebene Plakatkampagnen gegen Drogenmissbrauch oder Rasen auf der Autobahn lassen sich darunter subsumieren. Im schlimmeren Fall werden reale Pflöcke für die Zukunft eingeschlagen, mit denen sich kommende Generationen dann herumschlagen dürfen. Die energetische Sanierung ist so ein Beispiel. Um die ehrgeizigen CO_2-Klimaziele zu erreichen, hat die rot-grüne Regierung um die Jahrtausendwende die flächendeckende Wärmedämmung von Häusern zur nationalen Aufgabe erklärt. Deshalb dürfen die gesamten Modernisierungskosten abgesetzt und innerhalb von neun Jahren auf die Mieter umgelegt werden. Hausbesitzer und Vermieter reagierten entsprechend und packten Hunderttausende Häuser bundesweit in dicke Wärmedämmplatten ein, die meisten davon aus Styropor. Mehr als eine Milliarde Quadratmeter davon wurden bis heute verbaut. Die Einspareffekte bleiben hinter den Erwartungen zurück, dafür treten die Folgeprobleme der naiven Intervention immer deutlicher zutage.

Der *Spiegel* zog in der Titelgeschichte *Verdämmt in alle Ewigkeit* im Dezember 2014 eine vernichtende Bilanz: Der »Schießscharteneffekt«, der das Tageslicht im Innern dezimiert und traditionelle Architekturen ästhetisch ruiniert, ist dabei nur das geringste Problem. »Abfallexperten fragen sich, wie das ganze Styropor eigentlich entsorgt werden soll«, dessen Haltbarkeit sich in der Praxis als sehr viel geringer erweist als ursprünglich angenommen. Womöglich als Sondermüll, denn in den meisten Platten steckt das Brandschutzmittel HBCD, das neuerdings als hochtoxisch eingestuft wird. Nicht nur für die Bauarbeiter, die sie bald schon wieder abreißen müssen, auch für die Bewohner kann das zum Gesundheitsrisiko werden, ganz abgesehen davon, dass die luftdichte Versiegelung der traditionell atmenden und Feuchtigkeit ausdünstenden Bausubstanz nicht gut bekommt.

Wie verheerend Dämmung sein kann, erfuhr die Welt am 14. Juni 2017: Ein Feuer im Londoner Wohnhochhaus Grenfell Tower kostete mehr als 80 Menschenleben. Ursache des Feuers war ein defektes Elektrogerät, Ursache seiner schnellen und tödlichen Ausbreitung hingegen das erst kurz zuvor eingebaute Dämmmaterial – um Geld zu sparen, hatte der Eigentümer eine brennbare Dämmung verwendet, von deren Einbau in Hochhäuser zwar abgeraten wurde, die aber nicht explizit verboten war. Eine Prüfung von weiteren erst kürzlich gedämmten britischen Hochhäusern nach dem Grenfell-Brand brachte an den Tag, dass in allen von ihnen brennbare Dämmungen verbaut worden waren. 100 Prozent Lebensgefährdungsquote, ein ebenso kapitaler wie kapitalistischer Clusterfuck.

Im Gesundheits-, Renten- und Steuersystem sind aus stratifizierten Ruinen von Reformvorhaben Moloche gewachsen, die durch Überlagerung und wechselnde Wunschlisten teilweise konfligierender Ziele das ursprüngliche Ziel im Keim erstickt oder es ganz aus den Augen verloren haben. Zeigen lässt sich das besonders gut bei der ausgeuferten Familienförderung, die mit über 160 unterschiedlichen Instrumenten den verschiedenen Klientelgruppen rund 200 Milliarden Euro jährlich zuschanzt, ohne damit die Geburtenrate nennenswert nach oben zu bringen. »Selbst für Experten ist es nahezu unmöglich, den Überblick zu behalten, zumal die Politik ständig neue Leistungen erfindet«, fällt der *Spiegel* im Februar 2013 sein vernichtendes Urteil über »Das Sorgenkind« Familienförderung: »Das Chaos ist das Resultat einer ziellosen Politik.«

Zum Subventionsbericht 2017, der unbeschadet einer brummenden Konjunktur und annähernder Vollbeschäftigung ein akkumuliertes Wachstum der Subventionen für die private Wirtschaft um 25 Prozent in vier Jahren verzeichnet, merkt Uwe Jean Heuser in der *Zeit* an: »Die eigentliche Gefahr liegt aber nicht in der einzelnen Subvention, sondern darin, dass es für jede neue Vergünstigung gute Gründe gibt. Wer wollte dagegen sein, das Energiesparen zu fördern? Ist ja für die Umwelt. Oder das Breitbandnetz auszubauen? Ist ja für die Zukunft.« Die Erfahrung zeigt, dass keine einmal gewährte Subvention sich je wieder einfangen lässt, auch wenn die Geschäftsgrundlage längst weggefallen ist. Umgekehrt erwächst daraus eine Anspruchshaltung, dass bei der nächsten Vergaberunde diejenigen Partikularinteressen bedacht werden müssen, die beim letzten Mal leer ausgingen. So wachsen in Jahresringe verkrustete und verschachtelte Moloche heran.

Genau wie inländische Klientelpolitik tendieren auch geopolitische Interventionen dazu, nach hinten loszugehen. In seiner vernichtenden Bestandsaufnahme von 70 Jahren westlicher Einmischung in die Nahostpolitik *Wer den Wind sät. Was westliche Politik im Orient anrichtet* fragt der Nahost-Experte Michael Lüders: »Gibt es eine einzige militärische Intervention des Westens, die nicht Chaos, Diktatur, neue Gewalt zur Folge gehabt hätte?« Es handelt sich dabei um eine rhetorische Frage. Angefangen mit der gewaltsamen Ablösung des demokratisch gewählten iranischen Präsidenten Mohammad Mossadegh durch Militär und Mullahs mit Unterstützung der CIA im Jahr 1953 hat der Westen unter Führung der USA stets das gleiche Muster verfolgt: Loyale Marionettenregime wurden aufgebaut und unterstützt, bis sie sich unbotmäßig zeigten. Dann wurden sie zu Schurkenstaaten erklärt und durch das nächste Pappkameradenregime abgelöst, bis dieses erneut in Ungnade fiel. Libyens Staatschef Muammar Gaddafi durfte dieses Wechselbad gar zweimal durchlaufen, bevor er aus dem Verkehr gezogen wurde.

Das Muster hört auf den volkstümlichen Namen »Den Teufel mit dem Beelzebub austreiben«. Es zieht sich vom einstigen Verbündeten Saddam Hussein über Osama bin Laden bis zum IS-Terror: »Ohne den von den USA im Rahmen einer ›Koalition der Willigen‹ herbeigeführten Sturz Saddam Husseins 2003 und der anschließenden Verheerung des irakischen Staates durch eine ignorante auf Konfessionalismus ausgerichtete amerikanische Besatzungspolitik würde es heute den ›Islamischen

Staat‹ nicht geben!« Lüders' vorläufige Bilanz: »Die Region von Algerien bis Pakistan stellt mittlerweile einen nahezu durchgängigen Krisenbogen dar, heimgesucht von Kriegen, Staatszerfall, Stagnation und Gewalt.« Der letzte Tweet, den Frank Schirrmacher vor seinem überraschenden Tod im Juni 2014 absetzte – damals eroberte der IS gerade große Teile des Nordirak –, zielt in eine ähnliche Richtung: »Bilanz des Krieges gegen den Terror: Der Irak fällt in die Hände von Leuten, die selbst al-Qaida zu extrem sind.«

Dass gut gemeinte Interventionen paradoxe Effekte produzieren, hat nicht selten mit dem »Ceteris paribus«-Fehler zu tun: der Annahme, dass Menschen sich nach einer Veränderung der Entscheidungsarchitektur weiterhin genauso verhalten wie vor der Maßnahme; dem Irrglauben, dass Systeme träge und nicht dynamisch auf veränderte Umweltbedingungen reagieren. Stattdessen tun sie das Gegenteil: Sie büchsen aus und glitschen weg, finden Bypässe und Hintertürchen.

Weil bis ins 20. Jahrhundert hinein in Frankreich eine skurrile Luxussteuer auf Fenster und Türen zur Straße hin erhoben wurde, haben viele Altbauten in den ärmeren ländlichen Regionen fast keine Fenster. Weil sich die Grundsteuer im kolonialen Vietnam nach der Frontseite des Grundstücks zur Straße hin bemaß, sind dort die Parzellen und Häusergrundrisse schmal und lang. Für alle Beteiligten liefern solche Anreizsysteme suboptimale Ergebnisse: Der Staat bekommt sein Steueraufkommen nicht zusammen, die Bürger sitzen im Dunkeln oder wohnen in dysfunktional schmalen Handtuchhäusern. Der Ökonom Horst Siebert hat diesen paradoxen Effekten durch falsch gesetzte Anreize unter dem Titel *Der Kobra-Effekt. Wie man Irrwege der Wirtschaftspolitik meidet* ein ganzes Buch gewidmet. Der Name geht zurück auf ein nicht belegtes historisches Ereignis aus dem kolonialen Indien. Ein britischer Gouverneur habe einer Kobraplage Einhalt gebieten wollen, indem er eine Kopfsteuer auf Kobras aussetzte. Die Maßnahme schien zu greifen, immer mehr Kobraköpfe wurden ihm gebracht. Jedoch zeigte sich, dass die Einheimischen angesichts der in Aussicht gestellten Belohnung dazu übergegangen waren, eigens Kobras zu züchten.

Ähnlich wie falsch designte Steuern und Anreize produzieren paternalistische Vorschriften, Ge- und Verbote sogenannte Rebound-Effekte, die in der Praxis einen Gutteil der theoretisch antizipierten Einsparungen und Verbesserungen absorbieren. Ein Verbot der Glühbirne führt dazu, dass die Menschen die effizienteren Energiesparlampen unbekümmert brennen lassen. Eine Helmpflicht für Rad- und Skifahrer könnte riskanteres Fahrverhalten – auch der Autos – nach sich ziehen und damit die Wahrscheinlichkeit schwerer Unfälle erhöhen. »Selfdefeating« nennt man diese kontraproduktive Subströmung hehrer Initiativen im Englischen: sich selbst niederringend. Eine plastische Entsprechung im Deutschen wäre: Bumerangeffekt.

Heimtückischer noch als Kobra-, Rebound- oder Bumerangeffekte sind nichtlineare Wirkketten, die einen zur Verzweiflung treiben können. Der Versuch, die Risiken einer Volkswirtschaft oder des gesamten Finanzsystems zu eliminieren, schrieb der Finanzjournalist Greg Ip 2015 im *Wall Street Journal*, »kann so ähnlich sein, wie auf ein Wasserbett zu drücken: Das Risiko tritt dann häufig an anderer Stelle wieder auf.«

Prädestiniert für biologische Probleme dieser Art ist Australien: lange abgekoppelt von der Evolution im Rest der Welt, werden eingeschleppte Arten in Ermangelung natürlicher Fressfeinde schnell zur Plage und bedrohen die heimische Fauna. Anfangs waren es Kaninchen, die 1788 mit der ersten Fuhre von Sträflingen nach Australien kamen. Mittlerweile hat man es vor allem mit ausgewilderten Ziegen, Pferden und Kamelen zu tun, die sich in freier Wildbahn rasant vermehren. Aus 20 000 als Arbeitstiere importierten Kamelen entwickelte sich bis heute eine Population von mehr als 750 000 Tieren. Sie sind inzwischen zum Abschuss per Helikopter freigegeben. Mehrfach wurde versucht, eingeschleppter und sich epidemisch ausbreitender Arten durch den Import von Fressfeinden Herr zu werden. Füchse und Katzen wandten sich aber lieber den heimischen Singvögeln zu. Auch der Versuch, den ganzen Schlamassel mit der B-Waffen-Keule zu bereinigen, feuerte zurück: Gezielt ausgebrachte Viren, die die Kaninchen dezimieren sollten, sprangen auf andere Arten über. In den letzten 200 Jahren sind mindestens zehn Prozent der einst heimischen Landsäugetiere ausgestorben. Jede fünfte Spezies Australiens gilt mittlerweile als bedroht.

Von einem ähnlich gelagerten biologischen Clusterfuck berichtet Mark Buchanan in seinem Buch *Ubiquity – Why Catastrophes Happen*: Auch im ländlichen Südengland waren die Kaninchen in den 1970ern zur Plage geworden. Und auch hier kam man auf die Idee, sie mit dem Myxomatose-Virus zu dezimieren – was funktionierte. Allerdings sanken zeitgleich die europäischen Fleischpreise, was es für Farmer unattraktiver machte, Vieh auf den Wiesen zu halten. Ohne Vieh und ohne Kaninchen, die das Gras abmümmelten, schossen die Wiesen Südenglands ungehindert ins Kraut. Die Ameisenart Myrmica, die in flachem Gras weitaus besser klarkommt, war »not amused« und verließ die Gegend. Das wiederum hatte das Aussterben der Schmetterlingsart *Maculinea arion* zur Folge, die in Symbiose mit den Ameisen lebte. Man zielte auf die Kaninchen und rottete einen schönen blauen Schmetterling aus – ein Schmetterlingseffekt der besonderen Art, aber durchaus typisch für nichtlineare Wirkketten in natürlichen Ökosystemen.

Wicked Problems oder Jenseits von Plan und Lösung

»Das ist Menschenlos – bald fehlt uns der Wein, bald fehlt uns der Becher.« Angeblich entfuhr dieser Stoßseufzer dem Lyriker und Dramatiker Friedrich Hebbel, als ihn auf dem Sterbebett die Nachricht von der Zuerkennung des Schillerpreises ereilte, damals das Größte, was man als Dichter in Deutschland erreichen konnte. Nur der Zeitpunkt war halt denkbar ungünstig. Knapp fünf Wochen nach der Auszeichnung starb Hebbel. Oder wie es der unsterbliche Woody Allen, dessen Filme – angefangen bei *Woody, der Unglücksrabe* – immer wieder die Unzulänglichkeiten des Daseins ausloten, in der Nachfolge Hebbels formuliert hat: »Ich möchte nicht durch meine Arbeit unsterblich werden. Ich möchte unsterblich werden, indem ich nicht sterbe.«

Wenn wir es mit gut abgehangenem jüdischen Humor nehmen, dann wohnt jedem vorprogrammierten Scheitern ein Slapstick-Element inne. Ein jüdisches Sprichwort besagt: »Wenn du Gott zum Lachen bringen willst, mach einen Plan.« Darin steckt die gesamte Weisheit der Rabbiner, die Demut vor der

Unberechenbarkeit des Schicksals, die wir frohgemut Fortschrittsgläubigen erst lernen müssen – oft auf die harte Tour.

Die Blauäugigkeit von Planung hat mit der Diskrepanz von grauer Theorie und der buntscheckigen Vielfalt des Lebens zu tun. In der Theorie gibt es, wie Albert Einstein bemerkte, keinen Unterschied zwischen Theorie und Praxis. In der Praxis schon. Die Praxis, die Natur und das Leben sind »messy«: angefüllt mit haarigen, klebrigen und schleimigen Objekten, die sich danebenbenehmen. *Models. Behaving. Badly.* ist der Titel eines Buches, das genau diese Diskrepanz zwischen wohlerzogener ökonomischer Theorie und verhaltensauffälliger Realität thematisiert. Es stammt aus der Feder des Finanzwissenschaftlers und Physikers Emanuel Derman, ein »Quant«, wie man solche Menschen an der Wall Street nennt: Naturwissenschaftler, die mit höherer Mathematik versuchen, das nervös-sprunghafte ADHS-Verhalten der Aktien und Derivate zu domestizieren. Seine desillusionierte und desillusionierende Botschaft: Es geht nicht, zumindest nicht vollständig. Und der Illusion zu erliegen, es sei möglich, ist insgesamt die größte Achillesferse des Weltfinanzsystems. »Life is what happens while you are busy making other plans.« Das gilt nicht nur im Privaten, sondern in besonderem Maße auch für Wirtschaft und Politik.

Als Erster auf den Punkt gebracht hat das Horst Rittel, ein in seinem Heimatland Deutschland relativ unbekannt gebliebener Mathematiker, Physiker und Soziologe, der gleichwohl zwischen 1963 und 1990 als Professor in Berkeley enormen Einfluss auf den internationalen Design- und Planungsdiskurs genommen hat, indem er einen unschätzbaren wie unübersetzbaren Begriff prägte: die »wicked problems«, näherungsweise: vertrackte oder bösartige Probleme.

Es handelt sich, grob vereinfacht, um Probleme, für die es keine richtigen oder falschen Lösungen gibt, nur bessere oder schlechtere Annäherungen. Erschwerend kommt hinzu, dass »wicked problems« selbst auch »messy objects« sind, unscharfe und nicht genau definierte Theorie-Objekte. »Wicked problems« sind nicht klar abgezirkelt, sondern unförmig auskragende und verästelte Ungetüme, bei denen alles mit allem auf mirakulöse Weise zusammenhängt. Sie sind widerborstig und haben Widerhaken. Wenn man denkt, man hat sie bezwungen, schlagen sie erst richtig zu. Jedes dieser Urzeitviecher ist einzigartig, aber jedes kann als Symptom eines anderen, dahinterliegenden »wicked problem« interpretiert werden. Man stelle sie sich in etwa vor wie den Balrog, den der Zauberer Gandalf im ersten Teil von *Der Herr der Ringe* an der Brücke von Khazad-dûm niederringt: ein gewaltiger, glühender und Funken speiender Dämon des Schreckens. Nachdem Gandalf ihn scheinbar bezwungen und von der Brücke geschubst hat und sich gerade siegesfroh abwendet, erwischt ihn ein Feuertentakel des herabstürzenden Balrogs am Fußgelenk und er wird mit in die grundlose Tiefe gerissen.

»Stadtplanung muss sich offensichtlich von der Vorstellung trennen, perfekte Maßnahmen, die alle glücklich machen, zu entwickeln und umzusetzen,« schreibt Horst Rittel 1973 mit seinem Ko-Autor Melvin Webber in einem Aufsatz über das Dilemma heutiger Stadt- und Raumplanung. Damit markierte er einen Paradigmenwechsel im Nachdenken über Planungsprozesse, dessen Tragweite weit über Stadt- und Raumplanung hinausreicht – der aber bei den meisten Entscheidern in der Kommunalpolitik immer noch nicht angekommen zu sein scheint; geschweige denn bei in größerem Maßstab Planungsverantwortlichen, die oft vor viel vertrackteren Problemen stehen, etwa dem Weltfinanzsystem.

Die Bösartigkeit von »wicked problems«, wie sie Rittel und Webber beschreiben, beschränkt sich eben nicht nur auf die Stadt- und Raumplanung, sondern sie betrifft die Planbarkeit komplexer, vernetzter und rückgekoppelter Systeme generell.

Etwa zur selben Zeit formulierte John Gall mit milder Ironie sein systemtheoretisches Gesetzeswerk der *General Systemantics*, das in späteren Auflagen nur noch als *The System Bible* firmiert. Die darin – ausgehend von und rückführbar auf Murphy's Law – formulierten Gesetzmäßigkeiten lauten etwa: »Neue Systeme bedeuten neue Probleme« oder »Komplizierte Systeme produzieren unvorhersehbare Ergebnisse.« Zu den Ableitungen gehören Sätze wie: »Systeme tendieren dazu, ihr eigenes Funktionieren zu hintertreiben«, sowie »Menschen in Systemen tun nicht wirklich, was sie vorgeben zu tun.« Nicht zuletzt: »Systeme selbst tun nicht wirklich, was sie vorgeben zu tun.« Diese universelle Skepsis gegenüber der Eigenlogik komplexer Systeme gerinnt zur generellen Warnung, an ihnen herumzumanipulieren: »Ein System verfügt nach allem, was wir wissen, über eine partielle Intelligenz; es nimmt Teil am großen Geist des Universums; solange wir selbst nicht über einen direkteren Draht zum Weltgeist verfügen, sind wir verdammt gut beraten, auf unsere Fußstapfen zu achten. Systeme mögen es gar nicht, wenn an ihnen herumgebastelt und herumgefrickelt wird. Sie reagieren aus Selbstschutz; der unbedachte Eindringling läuft sehr wohl Gefahr, einen unerwarteten Schock abzubekommen.«

Man muss sich ja nicht gleich auf den fatalistischen Standpunkt zurückziehen, es gebe nur zwei Sorten von Problemen:

solche, für die es keine Lösung gibt, und solche, die sich von selbst lösen. Aber Zurückhaltung, Respekt und Demut vor dem Eigensinn komplexer Systeme ist allemal angezeigt.

4 Anatomie des Clusterfucks

> Wie kommt es, dass bei einer Ente, wenn man sie an einer bestimmten Stelle anstößt, nicht bloß diese Stelle umfällt, sondern die gesamte Ente?
> *Frederic Vester, »Ballungsgebiete in der Krise«*

Das Wort »Katastrophe« stammt aus dem Griechischen und bezeichnet dort wörtlich eine Umwendung, ein Umkippen nach einer Zuspitzung. Im Spannungsbogen des nach griechischem Vorbild konzipierten französischen Regeldramas kommt sie an letzter Stelle. Nach der Exposition, wo der Samen gelegt wird, der Eskalation, wo die Dinge Fahrt aufnehmen, dem Höhe- und Wendepunkt der Peripetie, wo sich die Dinge zuspitzen, und der Retardation, wo es für einen Moment noch so aussieht, als könnte sich alles zum Guten wenden. Die Katastrophe markiert einen schicksalhaften Endpunkt, den Tod des Helden oder gleich ein Massensterben. Gleichzeitig steckt in der Katastrophe immer auch das kathartische Element, die Reinigung. Nachdem alle Konflikte gelöst sind, kann es für die Überlebenden entspannt weitergehen.

Natürlich zielt das Drama als sittlich-moralisches Lehrstück immer auf den Menschen. Keine Katastrophe ohne tragischen Helden, der wie auf Schienen auf sein oder aller Verderben zusteuert. Aber ebenso natürlich gab es Katastrophen, bevor der Mensch auf der Bildfläche erscheint. Der mutmaßliche Meteoriteneinschlag vor 65 Millionen Jahren, der zum fünften und bislang letzten Massenaussterben der Arten auf der Erde führte, kam für die Dinosaurier einer Katastrophe gleich, auch wenn sie es nicht so hätten benennen können, weil ihnen das Fremdwort dafür fehlte. Die Natur produziert – in Komplizenschaft mit dem Zufall und der Statistik – selbst in unregelmäßigem Abstand außergewöhnliche Ereignisse, Momente des Umkippens und der Zuspitzung.

Da kaum etwas den menschlichen Geist mehr anregt als die Katastrophe, suchen Natur- wie Menschenwissenschaftler schon lange nach den Ursachen für Desaster und nach Wegen, sie zu verhindern. Anstatt wie Goethes Faust strebsam zu erlernen, »was die Welt im Innersten zusammenhält«, erforschen sie, was die Welt im Innersten zerbrechen lässt – wie sich Katastrophen aufbauen und aufschaukeln, wann sie zuschlagen und warum wir dennoch immer wieder von ihnen überrascht werden. Denn wie wir im Folgenden sehen werden, auch bei gutem Willen und vollkommener Information finden Clusterfucks ihren Weg bis zu uns.

Resonanzkatastrophen oder Schrilles Feedback

Im frühen Morgengrauen der Moderne im Jahr 1831 kam es im heutigen Salford in der damals aufstrebenden Industrieregion Manchester zu einer Katastrophe. Die von Eisenketten getragene Hängebrücke aus dem Jahr 1826, die mit 44 Metern Spannweite die beiden Ortschaften Broughton und Pendleton über das Flüsschen Irwell hinweg verband, war der jüngste Stolz der Region: ein industrielles Bauwerk ganz im Geiste der neuen

Zeit. Bis am 12. April eine Gruppe von etwa 70 Soldaten auf dem Weg zurück in die Kaserne die Brücke in Viererreihen und Stechschritt überquerte.

Ihre Schrittfrequenz traf genau die Eigenfrequenz der schwingenden Hängekonstruktion. Die Brücke schaukelte sich auf, stürzte ein und riss etwa 40 Soldaten mit in die Tiefe. Niemand kam ums Leben, aber es gab 20 Verletzte, darunter sechs Schwerverletzte. Erst in der anschließenden Untersuchung und Analyse verstand man das Problem, das über Jahrhunderte bei Steinbrücken nicht aufgetreten war und für das es keine einfache Lösung gibt. Bis heute befindet sich an ähnlich gebauten Brücken in Großbritannien ein Schild: »All troops must break step!« (»Alle Soldaten müssen ohne Tritt marschieren!«) Und bis heute ist es im gesetzgeberisch-gründlichen Deutschland nach § 27 (6) der Straßenverkehrsordnung verboten, im Gleichschritt über eine Brücke zu marschieren.

Der physikalische Fachterminus für das Sich-Aufschaukeln bis zum Kollaps durch erzwungene Schwingungen lautet »Resonanzkatastrophe« – und mit diesem schönen Begriff können wir auch im übertragenen Sinne arbeiten. Resonanzkatastrophen ereignen sich immer dann, wenn es zu »feedback loops« kommt, zu Rückkopplungsschleifen, bei denen ein kleines Problem unter permanenter Energiezufuhr zum Anreger dafür wird, dass das gesamte System erst aus dem Gleichgewicht und bald aus den Fugen gerät.

Rückkopplungen entstehen, wenn der Output eines Systems Einfluss auf seine Funktionsweise nimmt. Die Idee der Rückkopplung – eben dass der Output eines Systems wieder Einfluss auf seine Funktionsweise nimmt –, ist, so naheliegend sie uns erscheint, erst zur Hälfte des 20. Jahrhunderts zu ihrer vollen theoretischen und akademischen Blüte gelangt. Initiiert von der Macy-Stiftung mit Schwerpunkt Neurowissenschaften fanden ab 1946 in den USA eine Reihe von interdisziplinären Konferenzen statt, die die führenden Köpfe der Zeit unter der aufregenden neuen Idee vereinte, die allgemeinen Gesetze vernetzter rückgekoppelter Systeme zu erforschen – und damit nicht weniger als eine neue Universalwissenschaft zu begründen, die sowohl die Funktionsweise des menschlichen Gehirns als auch die von elektronischen Maschinen erklären sollte.

Die Teilnehmerliste der Macy-Konferenzen bis 1953 liest sich wie ein Who's who der grenzüberschreitenden Natur- und Gesellschaftswissenschaften: von Soziologen wie Paul Lazarsfeld über Anthropologen wie Gregory Bateson und Margaret Mead, Biologen und Biophysiker wie Max Delbrück und Heinz von Foerster bis hin zu Informationstheoretikern und Mathematikern wie John von Neumann und Norbert Wiener. Letzterer war es, der 1948 mit seiner Publikation *Cybernetics or Control and Communication in the Animal and the Machine* den Namen für diese im Entstehen begriffene Querschnittsdisziplin prägte, die heute in der Universalvorsilbe »cyber-« (laut Duden: »die von Computern erzeugte virtuelle Scheinwelt betreffend«) nachhallt. In einer Zeit, als Computer noch Hallen füllten – und viele Teilnehmer der Macy-Konferenzen waren maßgeblich an der Weiterentwicklung dieser Maschinen beteiligt –, lieferte die Kybernetik die Schlüsselbegriffe und Beschreibungsmuster für unser heutiges hypervernetztes Zeitalter.

Henry Kissinger war Politikwissenschaftler in Harvard, bevor er 1969 unter Nixon nationaler Sicherheitsberater und 1973 dann Außenminister der USA wurde. Mit der kybernetischen Weltsicht kam er nicht zuletzt über die RAND-Corporation in

Kontakt, auf deren Gehaltsabrechnung er als freier Berater stand – die uns als radikal moderner Militär- und Zukunfts-Think-Tank neuen Typus, der von der Spieltheorie bis zur Szenariotechnik alles heranzog und auslotete, was versprach, den Kalten Krieg zu gewinnen, schon im ersten Kapitel begegnet ist. Es lässt sich argumentieren – und der BBC-Journalist Adam Curtis tut es in seinem Mammut-Film-Essay *HyperNormalisation* –, dass Kissingers Außenpolitik massiv vom kybernetischen Konzept beeinflusst und ebenfalls von alchemistischen Allmachtsfantasien durchdrungen war. Kissinger hat die Rolle der USA als Weltpolizist mit Allzuständigkeit zwar nicht erfunden, aber doch mit Verve weiterverfolgt. Kissinger war überzeugt davon, dass die Welt sich in einer großen Transition befand und drohte, ins anarchische Chaos zu rutschen, sofern man sie nicht mit einem Netz internationaler Rechts- und Ordnungsstrukturen bändigte. Und er selbst sah sich als Dompteur des Chaos. Im Film von Adam Curtis hören wir ihn sagen: »Ich glaube, dass trotz aller Verwerfungen, die wir erleben, zum ersten Mal in der Geschichte die Chance besteht, eine wahrhaftige Weltgesellschaft aufzubauen, die vom Prinzip der Interdependenz getragen wird.« Mit dieser Vision im Gepäck machte sich Kissinger daran, die arabische Welt zu befrieden und eine neue Machtbalance herzustellen. Seine Strategie dafür lautete »Teile und herrsche!«, seine Verhandlungstaktik nannte er selbst »constructive ambiguity« (konstruktive Mehrdeutigkeit). In der Praxis sah das so aus, dass er allen, von Syriens Präsident Assad bis Ägyptens Präsidenten Sadat, alles Mögliche versprach und dann ihre Erwartungen enttäuschte. Die Erfindung der im Koran keineswegs vorgesehenen Selbstmordattentäter, die heute den Westen terrorisieren, lässt sich zwar nicht monokausal, aber doch auch auf dieses arrogante Machtspiel zurückführen.

In der Rückschau und mit dem Wissen um 9/11, den Aufstieg von al-Qaida und des Islamischen Staates lässt sich die gesamte, maßgeblich von Kissingers Ideen geprägte US-Außenpolitik im Nahen und Mittleren Osten als einzige Resonanzkatastrophe beschreiben: ein schrilles Gitarrenfeedback, das uns aus dem Marshallverstärker entgegenschrillt und das Trommelfell malträtiert.

Resonanzkatastrophen sind das, was passiert, wenn man empfindlichen Systemen auf die Füße tritt und dabei aus Versehen ihre Eigenfrequenz trifft. Dann kann es schnell unangenehm werden.

Sandkastenspiele oder Selbstorganisierte Kritikalität

Revolutionen und echte Paradigmenwechsel in der Wissenschaft sind ebenso unvorhersehbar wie Erdbeben oder andere Naturkatastrophen. Sie ereignen sich ohne Ankündigung, oft in Feldern, wo kein Mensch damit gerechnet hätte, weil diese eigentlich als abgegrast oder langweilig galten. Oder sie passieren in der Grenzzone zwischen Forschungsfeldern, die niemand zuvor zusammengedacht hatte.

Die Festkörperphysik war so ein scheinbar langweiliges und auserzähltes Feld. Wer als Physiker darin landete, konnte sich auf ein ruhiges und geregeltes Akademikerleben ohne große Überraschungen einrichten. Das galt bis 1987, als sich Per Bak aus Roskilde, Chao Tang aus Peking und Kurt Wiesenfeld aus

Kalifornien zusammentaten, um gemeinsam das Verhalten von Sandhaufen zu erforschen und mathematisch beschreibbar zu machen. Ein einzelnes Sandkorn verhält sich schön exakt und vorbildlich so, wie es bei Newton im Buche steht. Treffen mehrere Sandkörner aufeinander, wird es schnell – wie beim Billard – unvorhersehbar und unberechenbar. Auf einem höheren Level merkwürdig verhält sich jedoch ein Sandhaufen, auf den beständig neue Sandkörner rieseln. Er türmt sich keineswegs gleichmäßig auf, vielmehr kommt es immer wieder zu kleineren und größeren Erdrutschen, durch die sich die merkwürdigsten Grate und Schrofen bilden: ein Ausbund an Unberechenbarkeit! Die theoretische Physik hat jedenfalls lange einen Bogen um dieses einerseits zu banale, andererseits zu komplizierte Gebilde aus granularer Materie irgendwo zwischen fest und flüssig gemacht. Dabei gab es durchaus Erklärungsbedarf, wenn man nur die Schäden und Gefährdungen durch Erdrutsche und Lawinen in Betracht zieht.

Bak, Tang und Wiesenfeld zogen also den Stand der Forschung aus Festkörperphysik, Geowissenschaft und Informatik zusammen – und ließen Sandkörner niederregnen, eins nach dem anderen, bis im Labor die unterschiedlichsten Sandhaufen entstanden. Natürlich benutzten sie dafür keine echten Sandkörner, sondern virtuelle, soweit das der damalige Stand der Computertechnik zuließ. So konnten sie die Parameter Varianz der Korngröße und Oberflächenbeschaffenheit beliebig variieren. Heraus kam ein bahnbrechendes Paper, das 1987 im Band 59 der *Physical Review Letters* veröffentlicht wurde und den schönen Begriff »Selbst organisierte Kritikalität« (SOC) in die Welt brachte. Der virtuelle Sandhaufen lieferte nämlich die erste mathematische Beschreibung eines dynamisch nonlinearen Systems, das sich weitgehend unabhängig von den Ausgangsparametern selbst immer wieder in einen kritischen Zustand und an den Rand eines Phasenübergangs bringt. Die damals noch sehr auf die reine Mathematik der Apfelmännchen- und Mandelbrotmengen beschränkte Chaosforschung erfuhr so buchstäblich eine Erdung.

Was genau heißt nun aber »selbst organisierte Kritikalität«? Was ist das Verallgemeinerbare hinter dem sich aufbauenden und abrutschenden Sandhaufen? Zunächst einmal kann bei einem vorhandenen Sandhaufen jedes neue Korn dasjenige sein, welches die Lawine auslöst, der sprichwörtliche Tropfen, der das Fass zum Überlaufen bringt. Die Wahrscheinlichkeit wächst dabei mit jedem zusätzlichen Sandkorn, denn dadurch baut sich weiterer Druck auf. Kommt es aber zur Entladung, so kann das ein kleines Kräuseln sein – ein paar Körner finden keinen Halt mehr und purzeln herunter –, oder es kann die gesamte Flanke des Hangs wegrutschen. Das mathematische Modell spuckt eindeutig aus: Es gibt schlicht keine »typische« Lawine. Der Physiker Mark Buchanan schreibt: »Einige bestanden nur aus einem Korn; einige aus zehn, hundert oder tausend. Dann wiederum gibt es katastrophale Abbrüche, die Schockwellen durch den ganzen Haufen schicken und ihn fast vollständig niederreißen. Zu jedem Zeitpunkt, so scheint es, kann buchstäblich alles Erdenkliche passieren.«

Trägt man die Amplituden der Ereignisse über die Zeit ab, ergibt sich daraus ein wild gezacktes Sägezahnmuster, in dem es keine typischen Zacken gibt. Das ist wiederum typisch und hört auf den schönen Namen Flackerrauschen oder rosa Rauschen (»pink noise«). Elektrotechniker kennen es etwa von elektronischen Bauteilen, in denen sich unregelmäßig Spannung aufbaut und entlädt. Anders als beim weißen Rauschen (»white noise«), bei dem vergangene und zukünftige Ereignisse völlig unabhängig voneinander sind – etwa beim Roulette oder beim Würfeln, deren Abfolge echten »random walk« produziert –, spielt beim rosa Rauschen die Vergangenheit durchaus eine Rolle und beeinflusst zukünftige Ereignisse. Das heißt aber nicht, dass deren Zeitpunkt und Amplitude vorhersagbar wären. Der sich selbst organisierende kritische Zustand baut sich auf und entlädt sich in einer perfiden Grauzone aus Determinismus und Unvorhersehbarkeit. Und das Muster, das keines ist – jedenfalls keines, das über Regelmäßigkeit Prognostizierbarkeit produziert –, begegnet uns nicht nur bei Sandkastenspielen, sondern im größeren Realmaßstab bei Lawinen, Erdbeben und Waldbränden, die mit einer gewissen und wachsenden Wahrscheinlichkeit auftreten oder nicht auftreten und dabei jedes Ausmaß annehmen können.

Was uns die Theorie der selbst organisierten Kritikalität lehrt – und darin liegt ihr tatsächlich revolutionärer Beitrag für die Wissenschaft begründet –, ist eine Demut vor den Grenzen der Prognostizierbarkeit. Dass wir von Flutkatastrophen und Erdbeben, aber ebenso von Finanzkrisen und internationalen Konflikten stets aufs Neue überrascht werden, liegt nicht allein daran, dass unsere Messmethoden und Modelle noch nicht ausgereift und elaboriert genug sind. Es handelt sich um eine prinzipielle und unhintergehbare Eigenschaft selbst organisierter Systeme, die unserem wissenschaftlichen Erkenntnis- und Beherrschbarkeitsdrang Grenzen setzt. Alle Systeme ab einem gewissen Grad an Komplexität und Vernetztheit weisen eine »prognostic borderline« auf, wie es John D. Barrow in seinem Werk *Impossibility* über die Grenzen menschlicher Erkenntnis nennt: einen Prognosehorizont, hinter den wir nicht blicken können, was immer wir auch anstellen. Hier lauern Ungeheuer.

Freak-Unfälle oder Der Nebel des Krieges

Der Krieg ist nicht nur der Vater aller Dinge, er ist immer auch ein Schluckauf der Geschichte, ein »freak accident«. Spätestens der Vietnamkrieg, der für die übermächtigen Amerikaner katastrophal schieflief, hat gezeigt, dass asymmetrische Kriege nicht beherrschbar sind. Nicht von ungefähr wurde der Begriff Clusterfuck hier geprägt: Trotz erdrückender Übermacht auf dem Papier und entgegen allen Wetten verstrickte sich die US-Armee heillos im Dschungelkampf mit dem Vietcong, wurde durch dessen Guerillataktiken aufgerieben, bis sie schließlich die Segel streichen und das Ding verloren geben musste. Die »Apocalypse now«, der ultimative Clusterfuck, baut sich als Überlagerung und Auftürmung unzähliger kleiner Missgeschicke, Unwägbarkeiten und unangenehmer Überraschungen auf.

Ein englisches Sprichwort aus dem Spätmittelalter illustriert bereits dieses Kaskadieren: »For want of a nail the shoe was lost. / For want of a shoe the horse was lost. / For want of a horse the rider was lost. / For want of a rider the message was lost. / For want of a message the battle was lost. / For want of a battle the kingdom was lost. / And all for the want of a horseshoe nail.« Wegen eines fehlenden Hufnagels gingen Ross und Reiter verloren, dadurch kam die entscheidende Nachricht nicht an, weshalb die Schlacht und schließlich der Krieg verloren ging. Und das alles wegen eines fehlenden Hufnagels.

Dass Nägel tatsächlich einen Krieg entscheiden können, zeigte sich am 18. Juni 1815 auf einem der berühmtesten Schlachtfelder der Geschichte, im belgischen Waterloo. Als Napoleons Truppen im Wogen der Schlacht kurzzeitig eine englische Kanonenstellung erobert hatten, hätten sie deren Zündlöcher mit Nägeln lahmlegen müssen. »156 Nägel für 156 Kanonen, und Wellington war erledigt!«, schreibt der Militärschriftsteller Erik Durschmied in *Der Hinge-Faktor* – »nur eine Handvoll Nägel, und nichts, nicht einmal die Preußen hätten Wellington über diesen Tag retten können«. Aber keiner der französischen Soldaten hatte Nägel im Sturmgepäck; die Schlacht ging verloren und Napoleon nach St. Helena.

Mal sind es Nägel, mal die ausgefuchsten Tunnelsysteme der Guerilleros, meist ist es – wie bei Hitlers Russlandfeldzug – das Wetter, das einem einen Strich durch die Rechnung macht. Dass Krieg »messy« ist, in ihm alles drunter und drüber geht, wusste schon der erste große abendländische Militärstratege Carl von Clausewitz. Er nannte diese Unkalkulierbarkeit des Realen gegenüber papierraschelnden Masterplänen den »Nebel des Krieges« und schrieb in seinem Buch *Vom Kriege* aus dem Jahr 1834: »Es ist alles im Kriege sehr einfach, aber das Einfachste ist schwierig. Diese Schwierigkeiten häufen sich und bringen Friktionen hervor, die sich niemand richtig vorstellen mag, der den Krieg nicht gesehen hat.«

Der Krieg ist dabei nur ein Sonderfall von aufgeheizten, angespannten Situationen, in denen Entscheidungen unter äußerem Zeitdruck und emotionalem Stress gefällt werden müssen, wo kleine Fehler sich schnell auswachsen. Bei aller Unterschiedlichkeit von Krieg und Klima, Konzern-Großraumbüro und Kernreaktor gibt es gemeinsame Strukturelemente hinter den

Freak-Unfällen und Clusterfuck-Katastrophen, die sich dort ereignen können und nur scheinbar »aus heiterem Himmel« kommen. Es sind die Konditionen selbst organisierter Kritikalität, wie Mark Buchanan sie in *Ubiquity* darlegt:

»Die Wurzeln des Krieges sind in Politik und Geschichte zu suchen, die von Erdbeben in der Geophysik, die von Waldbränden in den Mustern aus Wetterphänomenen und natürlichen Ökosystemen, die von Börsencrashs im Wesen der Finanzmärkte, in der Wirtschaft und der Psychologie menschlichen Handelns. Jenseits der Labels ›Katastrophe‹ und ›Umsturz‹ entspringt jedes dieser Phänomene dem Nährboden seiner eigenen spezifischen Umstände. Dennoch gibt es eine verblüffende Ähnlichkeit. In jedem Fall, scheint es, gab es in der Systemarchitektur – das Netz internationaler Beziehungen, die Struktur des Waldes beziehungsweise der Erdkruste sowie das Netz der verschalteten Erwartungen und Handlungsperspektiven von Investoren – eine Schwachstelle, die es ermöglichte, dass kleine Schocks oder minimale Auslöser Reaktionen nach sich zogen, die völlig aus dem Ruder liefen. Fast als seien diese Systeme vergiftet durch einen messerscharfen Grat der Instabilität, die nur darauf wartete, entfesselt zu werden.«

Die Chaostheorie allein erklärt nicht, warum Dinge in Aufruhr geraten. Ein in einem Einweckglas gefangener Schmetterling wird niemals einen Wirbelsturm entfachen. Hinzutreten muss die akkumulierte Geschichte und Genese des Weltklimasystems.

Perfect Storm oder Aus heiterem Himmel

Für den perfekten Sturm, der durch das Buch von Sebastian Junger und die spätere Verfilmung durch Wolfgang Petersen ikonische Qualitäten erzielte, müssen sehr spezifische Bedingungen zusammentreffen, die vor allem mit den Gesetzen der Wahrscheinlichkeitsrechnung zu tun haben. Im Falle des für das Buch »perfekten« Hurrikans im Oktober 1991 waren es die Kombination eines vom amerikanischen Festland ostwärts ziehenden Tiefdruckgebiets, eines von Kanada kommenden Hochs mit trockener, warmer Luft und die feuchtwarmen Überreste des Hurrikans Grace, die zusammentreffen mussten. Deshalb ist auch jeder Jahrhundertsturm individuell in den Ausprägungen Windgeschwindigkeit, Niederschlagsmenge und Sturmflut.

Im September 2017 setzte Irma in der Karibikregion mit weit über 300 km/h zwar einen neuen Rekord bei der Windgeschwindigkeit, sein Vorläufer Harvey richtete aber mehr Verheerung an, weil er größere Wassermassen mit sich brachte und in Houston zu massiven Überschwemmungen führte. Eingeklemmt zwischen zwei Hochdruckgebieten, unterlief er die Regel, dass Hurrikane kollabieren, sobald sie auf die Küstenlinie treffen.

Ähnlich verhält es sich mit den »freak waves«, einem seltenen Schluckauf der Meere, bei dem sich Wellenformationen zu Ungetümen von der Höhe zehnstöckiger Häuser auftürmen. Denn auch ohne vorausgehende See- oder Erdbeben, wie beim verheerenden Tsunami im Indischen Ozean an Weihnachten 2004 oder vor der Fukushima-Katastrophe, können Monsterwellen entstehen. Was diese Ungetüme für Schiffe besonders gefährlich macht, ist ihre steile Flanke bei vergleichsweise kurzer Wellenformation, die enorme Aufprallkräfte mit sich bringt. In Seemannskneipen wird von ihnen respektvoll raunend als »Kaventsmänner« oder »weiße Wand« gesprochen, und wer sie tatsächlich erlebt hat, kann nicht mehr davon berichten. Tatsächlich sollten sie nach der Statistik der Modellrechnungen ähnlich unwahrscheinlich sein wie das Auftauchen von Moby Dick.

In der Praxis, an Ölplattformen etwa, werden Killerwellen mit einer Höhe von 30 Metern zwischen Wellenkamm und Wellental weitaus häufiger gemessen. Einige Fälle spurlosen Verschwindens von großen Containerschiffen werden darauf zurückgeführt. Offensichtlich spielt der Mond über die Gezeiten eine Rolle bei ihrem Zustandekommen ebenso wie Wetter- und Klimabedingungen, aber die Wissenschaft tappt noch relativ im Dunkeln bei der Erklärung von Monsterwellen – von ihrer Vorhersage ganz zu schweigen. Unter dem Namen »MaxWave« soll jetzt ein EU-weites Forschungsprojekt Licht ins Dunkel bringen.

Nach der Theorie selbst organisierter Kritikalität sind es die kleinen, verkapselten Störungen im System, die »frozen accidents«, die sich akkumulieren und an anderer Stelle zu einem späteren Zeitpunkt als Monstrositäten ausbrechen. Chaos und Geschichte bilden die explosive Mischung der Unvorhersagbarkeit: die Erklärung, warum perfekte Stürme und Freakwellen immer überraschend kommen. Im übertragenen Sinne sind sie das Unerhörte, was die Geschichte und das Leben interessant machen. Deshalb werden sie gern als Metapher herangezogen. Angesichts des Skandals um manipulierte Abgaswerte bei Dieselfahrzeugen, der die deutsche Autobranche im Jahr 2017 erschütterte, sprach man vom »perfect storm« für den Industriestandort Deutschland. Harry Potter, dessen Manuskript von vielen Verlagen abgelehnt wurde, bevor weltweit über 400 Millionen Bücher verkauft wurden, gilt in der Branche als »Freak-Bestseller«.

Eine der wichtigsten Erkenntnisse der Sandkastenforschung: Es gibt nicht so etwas wie ein »typisches Erdbeben«. Das heißt: Die Stärke des letzten Bebens lässt keinerlei Rückschlüsse auf die des nächsten zu. Auf ein kleines Gerumpel der Stärke 3,0 auf der Richterskala kann ein ebenso kleines folgen – vielleicht war es aber auch Vorbote des großen, verheerenden Bebens der Stärke 10,0. Auch die zeitlichen Abstände sind zufällig verteilt – mal können Jahrzehnte dazwischenliegen, mal wenige Wochen. Das gilt für die allermeisten Ausnahmephänomene in komplexen Systemen: ihr Auftreten, ihre Häufung und Heftigkeit entfliehen in irritierender Weise allen Gesetzmäßigkeiten.

Da wir Menschen uns als mustersuchende und -erkennende Tiere von Haus aus schwer tun mit Ereignissen, die keinem wiederkehrenden Muster folgen und somit nicht beherrschbar zu machen sind, ist die Nähe zum Göttlichen und Schicksalhaften quasi vorprogrammiert: Wenn wir sie schon nicht vorhersagen können, so brauchen wir wenigstens Plausibilisierungen, die ihnen ex post eine sinnfällige zeichenhafte Bedeutung verleihen.

Der Beginn der kleinen europäischen Eiszeit im späten 16. Jahrhundert hat maßgeblich zu einer ungekannten Welle der Hexenverfolgung beigetragen. Irgendjemand musste ja schuld sein am Temperatursturz, den Schnee- und Hageleinbrüchen und den darauffolgenden Ernteausfällen und Hungersnöten. Philipp Blom berichtet von den panischen Kurzschlusshandlungen, die der Klimawandel nach sich zog: »In Bamberg forderten Hexenverfolgungen bis in die Mitte des 17. Jahrhunderts dreihundert Opfer, in Freiburg dreiundfünfzig, in Würzburg etwa 1100. Die hysterische Angst vor Hexerei reichte bis weit über Bayern hinaus. In der winzigen Herrschaft Bilstein in Westfalen wurden allein 1590 einundzwanzig Menschen als Hexen verbrannt, in der nahen Stadt Lemgo gab es um 1600 etwa 272 Opfer.«

Unsere scheinbar aufgeklärten und säkularen Zeiten sind keineswegs gegen derartige Zuschreibungen gefeit. Nachdem New Orleans im Jahr 2005 großflächig durch den Hurrikan Katrina zerstört wurde und insbesondere die Stadtteile der armen afroamerikanischen Bevölkerung in Mitleidenschaft gezogen worden waren, schlug die große Stunde der Seher, Deuter und Frömmler aller Couleur: Stellvertretend für viele andere frohlockte Reverend Bill Shanks, Pfarrer der New Covenant Fellowship in New Orleans, angesichts der Katastrophe, Gott habe die Stadt aus gutem Grund zerstört und von »all diesem Zeug« gesäubert: »New Orleans ist nun frei von Abtreibungen, frei von Mardi Gras, frei von ›Southern Decadence‹ und den Unzüchtigen, von Hexern und falscher Religion.« Während islamistische Propagandisten in Katrina eine göttliche Verbündete im Kampf gegen die USA erkannt haben wollen, waren jüdische Fanatiker überzeugt, die Heimsuchung sei die gerechte Strafe Gottes für die amerikanische Unterstützung des israelischen Abzugs aus dem Gaza-Streifen. Jeder, wie er es gerade braucht.

Seneca-Effekt oder Wenn die Scheiße den Ventilator trifft

Aus alten Road-Runner-Zeichentrickfilmen kennt man den Moment der zu späten Erkenntnis. Wenn Wile E. Coyote bei der Jagd nach dem rasenden Laufvogel Road Runner über dem Abgrund angekommen ist, dort eine kurze Zeit stehen bleibt, erst dann bemerkt, dass unter ihm nur Luft ist – und dann erst abstürzt. Ziemlich genau so kann man sich auch den »Minsky-Moment« vorstellen, nur eben an den Finanzmärkten und viele Milliarden teurer.

Der US-Ökonom Hyman Minsky war der bekannteste Kollapstheoretiker unter den modernen Wirtschaftswissenschaftlern. Zugegebenermaßen keine Kunst, denn er war auch so ziemlich der einzige Kollapstheoretiker seiner Zunft. Praktisch die gesamte übrige Ökonomen-Schar strebte und strebt zum Gleichgewicht. Zwischen Angebot und Nachfrage, zwischen Kapital und Arbeit, zwischen Geld- und Produktionsmenge, immer wieder sollten die Märkte sich zum Gleichgewicht hinbewegen. In ihren Schaubildern gibt es häufig zwei Linien, die sich in einem Punkt schneiden – dem Gleichgewichtspunkt. In Minskys-Schaubildern hingegen taucht regelmäßig eine Klippe auf. Bis eben noch schien alles an den Märkten gut zu laufen, bis plötzlich so ziemlich alle gleichzeitig feststellen, dass der entsprechende Markt völlig überbewertet ist, dass sie alle mitgeholfen haben, eine Spekulationsblase zu schaffen, und dass sie nichts wie raus wollen. Getreu der alten Börsianerweisheit: »Don't panic. But if you panic, panic first.«

Was Minsky für das Spezialgebiet der Kapitalmärkte beschrieben hat – den jähen Kollaps nach einer längeren Aufbauphase – lässt sich als Muster komplexer selbst organisierender Systeme beschreiben. Erreichen sie einen »tipping point«, nimmt die Katastrophe rapide und unweigerlich ihren Lauf. Wohl als Erster hat der römische Philosoph Seneca diese Beobachtung formuliert: »Incrementa lente exeunt, festinatur in damnum«, schrieb er: Mit dem Wachstum geht es langsam, mit dem Verderben eilig.

Der italienische Chemiker Ugo Bardi hat diesem »Seneca-Effekt« ein ganzes Buch gewidmet. Zusammenbrüche, die der markanten Verlaufsform des steil abfallenden »Seneca-Kliff« folgen, schreibt Bardi, »sind stets kollektive Phänomene, das heißt, sie treten in komplexen Systemen auf, also Netzstrukturen aus ›Knoten‹, die durch Verknüpfungen miteinander verbunden sind. Ein Kollaps ist eine rasche Umstrukturierung einer großen Zahl solcher Verknüpfungen. Bei allem, was zusammenbricht (Alltagsgegenstände, Türme, Flugzeuge, Unternehmen, Imperien und Ähnliches), handelt es sich stets um Netzwerke.«

Das Seneca-Kliff ist ein typisches Produkt von Rückkopplungen und nichtlinearen Wirkungsmustern, wie sie Schmetterlingseffekt und selbst organisierte Kritikalität mit sich bringen. Das Umkippen von Seen durch sauren Regen ist ein solches Beispiel oder das Auftauchen von Käferplagen in Wäldern: Wenn die Pufferkapazitäten eines Ökosystems aufgebraucht sind, kann es ruckartig schlappmachen. Für den menschgemachten Klimawandel werden uns ähnliche Seneca-Effekte vorhergesagt, etwa das Versiegen des Golfstroms oder eine Hurrikan-Inflation in der Karibik. Selbst Experten tun sich oft schwer damit, die Dynamik solcher Systeme einzuschätzen, weiß der Komplexitätsforscher Dirk Helbing. »Unsere intuitive Tendenz zum linearen Denken funktioniert in solchen Systemen nicht. Ursache und Wirkung verhalten sich oft in keiner Weise linear.«

Oft kennen wir das Problem, aber wir kennen nicht das Timing. Allen Experten und Kennern der Materie ist klar: Da braut sich etwas zusammen. Druck baut sich unsichtbar auf. Bildlich gesprochen: Auf das Abbrennen einer langen Zündschnur folgt ein großer Knall. Solch explosive »Long fuse, big bang«-Konstellationen sind labile Gleichgewichte, die dennoch lange in einem Schwebezustand ausharren können. Oft sind es Patt-Situationen wie beim »mexican standoff« – in der jüngeren Filmgeschichte bekannt geworden als »Tarantino-Patt«, weil es in den Filmen Quentin Tarantinos häufig vorkommt –, bei dem zwei oder mehrere rivalisierende Gangster oder Sheriffs gegenseitig die Läufe ihrer Waffen aufeinander richten. Es ist klar, dass keiner in dieser Situation gewinnen kann oder heil davonkommt, sobald einer beginnt abzudrücken. Beim Schach spricht man von einer »scharfen Stellung«, wenn beide Parteien mehrere Optionen für Angriffsschläge haben, und ein massiver Abtausch von Material in der Luft liegt. In der internationalen Politik entsprechen dem die »frozen conflicts«, die eingefrorenen, aber nicht entschärften Kriege und Bürgerkriege, die jederzeit wieder aufflackern können: von Armenien-Aserbaidschan bis Zypern.

Wir sitzen auf diversen Pulverfässern – die Frage ist, wann sie hochgehen. Zu oft schon haben sich Experten mit ihrem Alarmismus blamiert, deshalb wagt nun niemand mehr, den Teufel an die Wand zu malen. Umgekehrt verdrängen Politiker, Entscheidungsträger und Verantwortliche gern die latent lauernde Gefahr, sie haben ja durchaus andere, akutere Probleme und ohnehin viel um die Ohren.

Irgendwann kommt dann der große Knall. Das ist der Moment, »where the shit hits the fan«, wie die US-Amerikaner mit ihrer natürlichen Gabe für drastische Bilder sagen: der Moment, wenn die Scheiße den Ventilator trifft. Viele haben es kommen sehen, aber niemand hat damit gerechnet. Die Überlebenden können nach einer kurzen Schockstarre damit beginnen, die Überreste aufzuräumen.

Dominoeffekt oder Kunstvoll kaskadierende Katastrophen

Ein Unglück kommt selten allein, weiß der Volksmund. Aber warum ist das so? Warum stimmt es – nicht bloß in der Wahrnehmung apokalyptischer Mahner und pessimistischer Pechvögel? Statt unwahrscheinlicher Koinzidenz ist der Grund allzu oft ein zeitlich versetztes Ineinandergreifen, eben die Verkettung unglücklicher Umstände. Eins ergibt das andere.

Kettenreaktionen sind, so sehr das Wort in den Alltagsgebrauch eingegangen ist, ein Produkt der Neuzeit und der modernen Naturwissenschaften. Ursprünglich aus der Chemie stammend, gelangte die Kettenreaktion erst über die Teilchenphysik zu Weltruhm, weil sich damit so bedrohliche und vielversprechende Dinge wie Kernreaktoren, Atombomben oder zumindest theoretisch die Kernfusion beschreiben ließen. Weiter popularisiert wurde die »Chain Reaction« durch den gleichnamigen Song von Diana Ross, der den unausweichlichen Übergang vom Flirt zum One-Night-Stand beschreibt. Das Schweizer Künstlerduo Fischli und Weiss hat 1987 mit seinem halbstündigen Video *Der Lauf der Dinge*, in dem mittels ausgefuchster Mechanik und Pyrotechnik eine dynamisch ablaufende Kettenreaktion ins Bild gesetzt wird, eine kunstvoll inszenierte Ikone der kaskadierenden Katastrophe geschaffen, die bis heute viele Nachahmer gefunden hat. Atemlos, wie gelähmt schauen wir zu, wie die einzelnen Effekte geschmeidig ineinandergreifen.

Umgangssprachlich meinen wir mit Kettenreaktion so etwas wie den Dominoeffekt, bei dem das Antippen eines Steines alle anderen eigens drapierten zum Kippen bringt. In Zeiten des Kalten Kriegs glaubte die Eisenhower-Administration an die Domino-Theorie, wonach Nachbarstaaten von kommunistischen Regimen ebenfalls mit dem Kommunismus-Virus infiziert würden und so einer nach dem anderen »kippen« könnte. Als ideologische Doktrin nach dem Motto »Wehret den Anfängen!« hat sie viel Schaden angerichtet und fragwürdige bis völkerrechtswidrige Interventionen provoziert. Fidel Castro in Kuba und die Sandinisten in Nicaragua ließen die USA in den 1970ern und 80ern hohldrehen und mit der CIA Militärputsche und Diktaturen in Chile, El Salvador und Guatemala unterstützen, nur damit »kein weiterer Dominostein fällt« – und damit erst recht Clusterfucks produzieren. Eine Neuauflage erlebte die Domino-Theorie 2011, als Kanzlerin Merkel die Befürchtung hegte, Europa würde zerbröseln, wenn Griechenland die EU verließe, und damit ihren Finanzminister Schäuble ausbremste, der das »kranke Bein« lieber amputiert hätte.

Natürlich gab es den Sachverhalt Kettenreaktionen, bevor der Mensch einen Begriff dafür hatte oder sich in die Geschicke der Natur einmischte. In *Die Welt aus den Angeln* berichtet Philipp Blom von der kleinen Eiszeit, die im 17. Jahrhundert Europa im Griff hielt, von der wir schon am Beispiel zunehmender Hexenverfolgung als Reaktion auf die Krise gehört haben und deren Ursachen bis heute unklar sind. Hypothetisch reicht das Spektrum von einer temporären Abweichung der Rotationsachse des Globus bis zu periodisch auftretenden Schwankungen in der Sonnenaktivität. Was immer die Ursachen gewesen sein mögen – plausibel ist, dass nach einem anfänglichen Abfall der Durchschnittstemperatur die Dinge ins Rutschen kamen und eine sich selbst verstärkende Kettenreaktion ausgelöst wurde:

»Die Kälteperiode ging mit intensiver seismischer Aktivität einher: Forscher konnten eine vergleichsweise hohe Zahl von Erdbeben und Vulkanausbrüchen nachweisen. Auch dazu gibt es nun Theorien: Möglicherweise veränderte die Abkühlung der Luft durch verminderte Sonneneinstrahlung die ›Ozeanpumpe‹ der Tiefenströmungen. Mehr kaltes Wasser sank nach unten, während sich durch die Ausdehnung des Polareises der Salzgehalt des Meerwassers erhöhte. Eine Abkühlung der Wassertemperatur hat Auswirkungen auf den gesamten Strömungskreislauf der Ozeane und damit auf das Wetter an Land. Veränderte seismische Druckverhältnisse durch umgelenkte Tiefenströmungen an den Berührungspunkten der kontinentalen Platten auf dem Boden der Ozeane beeinflussen die Tektonik der Erdkruste und haben damit Erdbeben und Vulkanausbrüche verursacht – soweit die Vermutungen. Sicher ist, dass die vermehrten Vulkanausbrüche wiederum Staub in die Atmosphäre ausstießen und so jeweils für einige Monate oder sogar Jahre weiter zur Abkühlung der Temperatur durch verminderte Sonneneinstrahlung beitrugen.«

Nur weil eine Verkettung unglücklicher Umstände äußerst unwahrscheinlich erscheint, heißt das nicht, dass sie sich nicht ereignet. Wir müssen begreifen, dass, während sie sich ereignet, Millionen anderer ebenfalls möglicher Verkettungen unglücklicher Umstände sich nicht ereignen. Von allen erdenklichen Unfällen, die darauf warten zu passieren, wird einer das Rennen machen.

Yak shaving oder Rasender Stillstand

Sind einmal die Leinen los und die Haltelinien überschritten, verlaufen katastrophale Kettenreaktionen wie an der Schnur gezogen. Dabei sollte nicht vergessen werden, dass auch das genaue Gegenteil vorkommt: Clusterfucks, die sich darin manifestieren, dass genau nichts passiert. Jedenfalls nicht das, was eigentlich passieren sollte, was wünschenswert wäre oder was als Meilenstein im Planungsdokument steht. Der Grund sind gewissermaßen negative Kettenreaktionen, die zur Blockade und schließlich zum Stillstand führen können. Bevor es vorangehen kann, muss zunächst etwas anderes abgehakt werden, das nicht geschieht. Auch hier gilt das Prinzip: kleine Ursache – große Wirkung. Oft sind es – am Ende einer langen Wirkungskette – kleinste unerledigte Aufgaben und lächerliche Anlässe, die ganze Großprojekte »on hold« setzen.

Man kennt das aus privater Anschauung: Der Boarding-Pass muss auf Papier ausgedruckt werden. Allerdings ist die Druckerpatrone schon wieder leer. Sie ließe sich im Netz bestellen, allerdings ist die Kreditkarte für Online-Einkäufe gesperrt, weil man dreimal das Master-Secure-Passwort falsch eingegeben hat. Für ein neues Master-Secure-Passwort müsste man mit der Sparkasse telefonieren und es anfordern. Der Sparkassensachbearbeiter ist aber nur an Werktagen vormittags erreichbar. Außerdem hat man ja keinen Festnetzanschluss mehr und die Handynetzabdeckung in der eigenen Wohnung ist eine Katastrophe. Also muss man auf den Balkon zum Telefonieren. Dafür muss man jedes Mal die Katze aus dem Zimmer scheuchen, weil man nach der Sanierung mit Wärmedämmung das Katzennetz noch nicht wieder am Balkon angebracht hat. Und so weiter.

Im Web- und Programmierer-Jargon hat sich für diese Sorte kaskadierender Blockaden die Bezeichnung »Yak shaving«-Probleme etabliert. Genau genommen ist »yak shaving« die Summe der wenig anspruchsvollen und scheinbar sinnlosen Vorarbeiten, die man absolvieren muss, bevor ein größeres und komplexeres Problem angegangen werden kann. Mit der Problematik, ein Yak zu rasieren, hat das Ganze indessen nur sehr vermittelt zu tun. Angeblich geht der Name auf eine Folge der *Ren und Stimpy Show* zurück, die sich unter Forschern am MIT, wo der Begriff geprägt wurde, großer Beliebtheit erfreute. Nerd-Humor eben.

Bei Menschen, die selbstprogrammiert viel Zeit vor dem Computer verbringen, haben »Yak shaving«-Probleme nicht selten psychologische Ursachen. Die Neigung zum Prokrastinieren lässt uns erst einmal Tee machen, dann Facebook checken, dann den kalten Tee wegkippen und neuen aufsetzen, bevor wir mit der eigentlichen Arbeit beginnen, sofern dann nicht schon wieder Abend ist.

Bei Gruppenprozessen und Großprojekten wie Flughafenbauten oder der Entwicklung eines neuen iPhones sind die Probleme handfester Natur, die Wirkketten komplexer und weit verstreuter. Das Standard-Tool im Projektmanagement, um die »Yak shaving«-Problematik zu domestizieren, war die längste Zeit das sogenannte Gantt-Chart, benannt nach seinem Erfinder Henry L. Gantt. Damit lassen sich auch komplexe Großprojekte, Bauvorhaben und Softwareentwicklungsprozesse fein säuberlich in einzelne Unteraufgaben zerlegen und danach abarbeiten.

In der ersten Spalte werden alle einzelnen Tasks aufgelistet, nach rechts wird die Zeit abgetragen, waagerechte Balken markieren die einzelnen Aktivitäten. Je länger der Balken, desto länger dauert eine Aktivität. Ist eine abgeschlossene Aktivität Voraussetzung dafür, dass eine andere beginnen kann – die Lüftungsanlage kann beispielsweise erst installiert werden, wenn die Stromkabel verlegt sind –, so wird das im Gantt-Diagramm durch einen kleinen Wasserfall, einen geknickten Keil nach unten, gekennzeichnet. Und wie das Wasser in tropischen Terrassen-Wasserfällen in Kaskaden von einem Becken ins nächste fließt, so rollt das gesamte Projekt geschmeidig von links nach rechts durch die Zeit und ist pünktlich fertig. Auf dem Papier. Aber Papier ist ungeduldig.

In der Praxis kickt allzu oft der Nebel des Krieges rein. Die auf A0 oder größer ausgedruckten Gantt-Charts in Projektbüros – sicher gibt es an der Baustelle des Flughafens BER auch so eines – sind in dem Augenblick Makulatur, da sich ein Sandkorn ins Getriebe setzt und die ganze Maschinerie blockiert. Oder, um im Bild zu bleiben, wenn sich ein Pfropfen bildet, der den Überlauf ins nächste Becken verstopft. Die sequenzielle Logik des Gantt-Charts war sehr gut für das Industriezeitalter geeignet, dafür, Ressourcenströme und Produktionsabläufe in Fabriken zu organisieren oder diese überhaupt erst zu errichten. Heutige Architekturen – seien es nun Sofware- oder Funktionsgebäude – weisen eine derartige Komplexität auf, dass das Gantt-Chart mit seinen vielen eingebauten Stoppstellen ihrer nicht mehr Herr werden kann.

Auch für das heuristische Arbeiten in Gruppenprozessen und Unternehmen ist es nicht geeignet, weil man erst im Laufe des Prozesses lernt, wie die neue Aufgabe überhaupt zu bewältigen ist. Vorn ist, wo sich keiner auskennt. Das Problem des Gantt-Charts ist, dass es einen Zusammenhang unterstellt zwischen investierter Zeit in eine Aktivität und messbarem Ergebnis. In der Realität kreativer Wissensjobs ist dieses Verhältnis ein sehr elastisches geworden.

Etwa seit der Jahrtausendwende hallt deshalb ein anschwellender Gesang durch die Blogs von Projektmanagment-Beratern und durch die einschlägigen Fachmagazine: »R. I. P. Gantt-Chart!« Die Branche verlagert sich – angeführt von Softwareentwicklern, die es mit der größten Komplexität und »Bug«-Anfälligkeit zu tun haben – auf sogenannte agile Methoden.

Ein grundlegendes Problem, das in Projekten gleich welcher Art immer wieder zu clusterfuckartigem Stillstand führt, können diese Methoden jedoch auch nicht restlos beseitigen: den Zirkelschluss. Aktivität B kann erst begonnen werden, wenn Aktivität A abgeschlossen ist. Zwingende Voraussetzung dafür ist aber ein Ergebnis, das aus Aktivität B hervorgeht. Diese Zirkel können viele Aktivitäten beinhalten und sind oft so subtil, dass man irgendwann feststellt: »Das gesamte Netz hängt«, ohne zu wissen, woran es liegt. Anschaulich illustrieren, sodass jedes Kind sie versteht, lassen sie sich indessen am Kinderlied *Ein Loch ist im Eimer*, das wegen seines zirkulären Aufbaus auch in einer ermüdenden Endlosschleife gesungen werden kann: Es handelt davon, dass das nämliche Loch nicht gestopft werden kann, weil das Stroh zu lang ist, das Beil zum Kürzen jedoch stumpf. Um es zu schleifen, müsste man den Wetzstein wässern, dazu jedoch brauchte es Wasser und einen intakten Eimer. Da beißt sich die Katze in den Schwanz.

Hiob oder
Lightning strikes twice

»Oft ist oft und selten ist selten.« Oder auch: »Wenn es auf der Straße trappelt, ist es meist ein Pferd und kein Zebra.« So gehen beliebte Sätze und Spruchweisheiten von Kinderärzten, dazu angetan, Eltern zu beruhigen und ihnen mitzuteilen, dass es sich vermutlich nur um einen harmlosen Infekt handelt.

Aber Kinderärzte wissen auch: »Man kann Läuse haben und auch Flöhe.« Damit wollen sie sagen, dass zwei Krankheitsbilder durchaus zusammenkommen und sich überlagern können, was die merkwürdigen Symptome erklären und bedeuten würde, dass man als Eltern mithin allen Grund hat, sich verrückt zu machen. Formal ausgedrückt: Das Eintreten oder Vorliegen eines Ereignisses schützt nicht davor, dass ein anderes statistisch unkorreliertes Ereignis ebenfalls eintritt. Deshalb hilft es auch nicht, wenn man sich vor Bomben im Flugzeug fürchtet, dann selbst eine Bombe mit ins Flugzeug zu nehmen, weil die Wahrscheinlichkeit, dass zwei Bomben im Flugzeug sind, um ein Vielfaches geringer ist als die, dass sich nur eine Bombe im Flugzeug befindet. Das eine hat eben nichts mit dem anderen zu tun.

Aber das fällt uns so schwer zu begreifen, weil wir insgeheim immer noch an eine ausgleichende Gerechtigkeit des Schicksals glauben, eine höhere Instanz, die dafür sorgt, dass Glück und Misslingen im Großen und Ganzen, Pi mal Daumen gerecht verteilt sind. Roulettespieler lernen das oft auf die harte Tour, wenn sie finden, dass nach achtmal Rot doch nun endlich Schwarz kommen müsste und ihren Einsatz soweit verdoppeln, dass sie alles verlorene Geld auf einen Schlag wieder einspielen würden. Aber es kommt nicht Schwarz. Genauer gesagt: Es kommt genau mit der statistischen Wahrscheinlichkeit von 48,6 Prozent Schwarz (die 0 gibt es ja auch noch!). Genauso wie beim ersten Mal und bei jedem anderen Mal.

Auf Regen folgt Sonne. Oder erst einmal noch mehr Regen. Nur weil der Erwartungswert auf Gleichverteilung lautet, heißt das nicht, dass sich Schwarz und Rot, Glück und Unglück mit hübscher Regelmäßigkeit abwechseln. Es kann Pechsträhnen geben, und es kann extreme Pechsträhnen geben. Geht man davon aus, dass selbst die Verteilung von Lebensglück auf eine Gruppe von Menschen einer statistischen Normalverteilung unterliegt, sie also in etwa einer Gaußschen Glockenkurve entspricht, dann gibt es an den Enden Donald Duck und Gustav Gans. »Some guys have all the luck«, andere gehen leer aus und werden zudem vom Schicksal gebeutelt.

Katastrophen- und Zivilschutzheiliger dieser statistischen Loser in der Lotterie des Lebensglücks ist Hiob, ein Gerechter aus dem Land Uz, dem sein Gott JHWH es so richtig besorgt, indem er Satan erlaubt, Hiobs Toratreue zu testen. Als gemachter Mann besitzt Hiob Frau, zehn Kinder, Domestiken und 11000 Stück Vieh, bestehend aus Kamelen, Schafen, Ziegen und Eseln. In kurzer Folge ereilt ihn eine Reihe von Schicksalsschlägen: Er verliert all seinen Besitz, seine zehn Kinder sterben, zuletzt wächst ihm eine bösartige Geschwulst. Doch weil Hiob bei all diesen Prüfungen nicht vom Glauben abfällt, belohnt JHWH ihn im Epilog mit wieder erstarkender Gesundheit, neuen Kindern und verdoppeltem Besitz. Happy End.

Weil die schlechten Nachrichten Hiob stets durch einen Boten erreichen, spricht man beim Überbringen schlechter News von Hiobsbotschaften. Auch der Begriff »alttestamentarische Strafe« dürfte im Kern auf den sadistisch prüfenden Gott aus dem Buch Hiob zurückgehen. Bis heute hat Hiob viele Wiedergänger gefunden, nicht nur in Kunst und Literatur.

Pechvögel dieser Sorte sind wohlgemerkt solche, die Katastrophen schicksalhaft immer wieder ereilen, nicht solche, die Katastrophen selbst produzieren (vgl. dazu Kapitel 5, Loser Dust). Für sie ist der permanente Clusterfuck Normalzustand, und sie können uns lehren, wie man nach jedem Nacken- und Schicksalsschlag wieder aufsteht und erhobenen Hauptes weitermarschiert.

Manchmal schaffen es diese Unglücksraben auf die »Vermischtes«- oder »Panorama«-Seiten; wenn es ganz dick kommt ins *Guinness Buch der Rekorde*. So wie Roy Sullivan, ein Naturpark-Ranger aus den Blue Ridge Mountains, der sich den Beinamen »Blitzableiter von Virginia« erarbeitet hat. Im Laufe seiner Karriere – man muss einräumen: das Berufsbild war ein bisschen darauf angelegt – wurde er sage und schreibe acht Mal vom Blitz getroffen. Die amerikanische Redewendung für Doppelunglücke »lightning strikes twice« hatte er damit mal locker um 400 Prozent outperformed, bevor er in seinem wohlverdienten Ruhestand an etwas ganz anderem starb. Der Zweitplazierte, sein Landsmann Melvin Roberts aus Seneca im US-Bundesstaat South Carolina, wurde übrigens sechsmal vom Blitz getroffen. Allerdings ist der heute 65-Jährige noch am Leben, könnte also theoretisch aufholen.

Die Krankenschwester Violet Jessop hingegen schaffte es zwischen 1911 und 1916, gleich drei Schiffsunglücke zu überleben – darunter befand sich auch der Untergang der »Titanic«. Beim dritten Schiffbruch, dem der HMHS »Britannic«, sprang sie aus einem Rettungsboot, das in eine noch rotierende Schiffsschraube gezogen wurde, stieß sich den Kopf am Kiel und überlebte dennoch.

In punkto Häufigkeit von Schicksalsschlägen berichtet Paul Watzlawick in seiner *Anleitung zum Unglücklichsein* vom aussichtsreichen Anwärter Mike Maryn, der es fertigbringt, »sich sozusagen nachtwandlerisch in Schwierigkeiten zu manövrieren. Laut einer Meldung im *San Francisco Chronicle* vom 28.7.1977 war er bis zu diesem Zeitpunkt 83-mal überfallen und ausgeraubt worden, und viermal wurde ihm sein Auto gestohlen. Er ist weder Juwelier noch Geldbriefträger. Seine Angreifer waren kleine Jungen, Jugendliche, erwachsene Männer und mehrere Frauen. Er selbst hat keine Ahnung, wie ›es‹ dazu kommt, und auch die Polizei hat keine bessere Erklärung, außer dass er halt ›zur falschen Zeit am falschen Ort‹ ist.«

Der Meister aller Klassen war jedoch – ein Usain Bolt des Schicksals-»Russisch Roulette« – Frane Selak aus Kroatien, Jahrgang 1929. Seine Iron-Pechvogel-Karriere begann 1957 noch harmlos auf einem Schulausflug, als der betrunkene Busfahrer eine Leitplanke durchbrach und den Bus in einen seichten Fluss steuerte. Alle Schüler überlebten. Fünf Jahre später war es der Zug nach Dubrovnik, der entgleiste und in eine Schlucht stürzte. 17 Passagiere starben, Selak konnte sich befreien und wurde aus dem Fluss gefischt. Weitere Karriere-Höhepunkte:

Während eines Flugs wurde Selak aus der sich plötzlich öffnenden Flugzeugtür gesogen und landete unverletzt in einem Heuhaufen. Einmal landete er mit dem Auto in einer Schlucht und überlebte, weil er nicht angeschnallt war und durchs Fenster in einen Baum geschleudert wurde.

Sieben so gelagerte Unglücke konnten ihm nicht den Schneid abkaufen. Erst als der New Yorker Zeichentrickkünstler David Ransom seine Geschichte 2014 in einen Youtube-Clip verwandelte, der Millionen Views hatte, fühlte sich Selak vom Schicksal verraten. Erstens sah er keinen Penny von den Youtube-Einnahmen, zweitens habe Ransom alle seine Unfälle durcheinandergebracht und ihn drittens klischeehaft mit Schnauzbart dargestellt. Dabei habe er zeitlebens nie einen Bart getragen. Merke: Es sind nicht die großen Katastrophen, die uns fertigmachen. Es sind die kleinen, nervigen Dinge, die uns den Stecker ziehen und uns auf die Palme bringen.

5 Die Tücke des Subjekts

Versuchen ist der erste Schritt zum Versagen.
Homer Simpson

Die meisten Clusterfucks, ob individueller oder kollektiver Natur, beginnen mit einem Brain- oder Mindfuck. Damit ist gemeint: ein Knoten im Hirn, ein hartnäckiger Denkfehler, eine Misskonzeption der Realität, die zu andauernd suboptimalen Ergebnissen des eigenen Handelns führt. Als vernunftbegabte Wesen sollten Menschen eigentlich in der Lage sein, ihr eigenes Leben planmäßig zu führen. Das sind sie aber nicht. Zumindest oft nicht. Weil sie sich selbst dabei auf den Füßen stehen, zu hoch hinaus wollen oder sich in ihrem Bestreben sabotieren. Mitunter entwickeln sie regelrechte Erfolgsvermeidungsstrategien.

Der Begriff »Mindfuck« stammt eigentlich aus der Filmtheorie und bezeichnet ein Genre, das uns mit mehrbödigen Realitäten verwirrt. Es gebührt der Psychologin und Managementberaterin Petra Bock die Ehre, ihn im Deutschen etabliert und zu einer Ratgeber-Bestsellerserie ausgebaut zu haben. Im ersten davon, *Mindfuck – Warum wir uns selbst sabotieren und was wir dagegen tun können*, identifiziert sie übermäßig planvolles Denken, das Hadern mit dem Schicksal und wunschloses Unglück als die Einfallstore, durch die individuelles Scheitern an den eigenen Ansprüchen eindringt – um sich zu veritablen Clusterfucks auszuwachsen.

Ganz neu ist dieser Gedanke indes nicht. Hatte nicht schon Sigmund Freud den Thanatos diagnostiziert, einen Todestrieb als Gegenspieler der Libido, der uns zu selbstschädigendem Verhalten antreibt? In seinen vier großen Heldendramen buchstabiert Shakespeare mit voyeuristischem Sadismus, wie selbst die privilegiertesten Könige und Königskinder aufgrund eigener Verfehlungen und Fehlurteile zuerst ins Straucheln geraten und am Ende krachend scheitern. So werden Hamlet, Macbeth, Othello und King Lear zu – je nach Inszenierung – mehr oder weniger tragikomischen Stellvertretern auf der Bühne, die den menschlichen Magnetismus für Clusterfucks am eigenen Leibe und an unserer statt erfahren – auf dass wir aus dem Stück schlauer werden. In diesem Kapitel loten wir die psychischen Abgründe aus, die uns in Clusterfucks treiben, und beginnen damit im antiken Griechenland.

Akrasia oder
Wie wir uns selbst sabotieren

Warum bleiben die Menschen hinter ihren Möglichkeiten zurück, handeln gegen ihre eigenen Interessen und schaden sich selbst? Warum tun wir nicht, was wir wollen, und wollen mitunter nicht, was gut für uns wäre? Warum unternimmt eine Person frei und absichtlich Handlung A, obwohl sie eigentlich weiß, dass Handlung B besser für sie wäre? Diese Fragen, die eng verbunden sind mit der philosophischen Grundfrage nach dem freien Willen, hat schon Philosophen in der Antike beschäftigt. Geht man von einem rational handelnden Menschen aus, der seine Ziele planvoll verfolgt, dürfte diese Form der Willensschwäche – griechisch: Akrasia – eigentlich nicht vorkommen. Tut sie aber.

Bei Aristoteles lässt sich die Begründung auf die biblische Formel bringen: Der Geist ist willig, aber das Fleisch ist schwach. Oder zu ungeduldig. In seiner *Nikomachischen Ethik* liefert er nicht nur einen der ersten umfassenden Glücksratgeber, sondern auch eine der ersten Blaupausen für die bekannte Vierer-Matrix, wie sie im Management gern verwandt wird. Damit unterteilt Aristoteles Akrasia in vier Arten entlang den Achsen Lust und Zorn, Schwäche und Voreiligkeit:

1. Mit Lust verbundene Schwäche: Wir folgen unseren niederen Instinkten und geben uns den leicht verfügbaren, hedonistischen Kicks hin, als gäbe es kein Morgen. Wir rauchen, trinken zu viel oder bingewatchen die ganze Nacht lang Serien auf Netflix und sind am nächsten Tag wie gerädert. Anschließend drücken wir hundertmal die Snoozetaste und ärgern uns am Ende, dass wir den Tag verpasst haben.

2. Mit Lust verbundene Voreiligkeit: Wir folgen unseren Impulsen, spontanen Eingebungen und fixen Ideen, ohne sie einer kritischen Prüfung zu unterziehen. Die Welt soll sich für uns umgestalten. Wir halten uns für genial und folgen schwärmerischen Ideen, die sich am Ende als Humbug erweisen.

3. Mit Zorn verbundene Schwäche: Wir sind wie gelähmt davon, dass die Dinge sich nicht so entwickeln, wie wir uns das vorgestellt hatten. Paralysiert lecken wir unsere Wunden, werden unsicher und zögerlich oder ergehen uns in unproduktiven Rachegelüsten und Wiedergutmachungsfantasien.

4. Mit Zorn verbundene Voreiligkeit: Wir ärgern uns über Verluste und Missgeschicke, neigen zu Aktionismus und Kurzschlussentscheidungen und werden willfährig gegenüber ausbeuterischen Helfern. Wir werfen gutes Geld schlechtem hinterher oder treffen andere impulsive Fehlentscheidungen.

Ökonomisch gesprochen haben alle vier Formen der Akrasia mit der Problematik der Zeitinkonsistenz zu tun. Langfristige Ziele und kurzfristiges Verhalten passen nicht zueinander. Am prägnantesten erklärt haben das allerdings schon immer die Geschichtenerzähler: Poeten, Sänger, Roman- und Drehbuchautoren. Menschliche Schwächen sind schließlich (neben menschlichen Stärken) ihr wichtigstes Geschäftsmodell.

Nehmen wir etwa Walter White aus *Breaking Bad*. Nach einer Krebsdiagnose überlegt der unbescholten-spießige Chemielehrer, wie er seine kostspielige Behandlung finanzieren und seine Familie über den Tod hinaus absichern kann. Er schließt einen Teufelspakt, indem er sein Fachwissen in die Produktion von hochreinem Crystal Meth steckt. In fünf Staffeln erleben wir nicht nur seinen formalen Aufstieg zum Halbweltboss, sondern auch, wie sich infolgedessen schleichend sein Charakter verändert: Er wird zu einem über Leichen gehenden Verbrecher, der dabei seine eigene Familie nicht ausnimmt.

Auch die meisten Filme der Coen-Brüder erzählen davon, wie ganz normale Menschen aus Naivität oder weil sie das Schicksal herausfordern, tief in die Scheiße geraten. In *Fargo* ist es der in finanziellen Nöten steckende Autoverkäufer Jerry Lundegaard, der seine Frau entführen lässt, um von seinem reichen Schwiegervater 80 000 Dollar zu erpressen und anschließend mit den beiden Entführern halbe-halbe zu machen.

Am Ende sind alle fünf Beteiligten entweder tot oder im Gefängnis.

In *Burn After Reading* sind es die beiden himmelschreiend naiven Fitnessstudio-Betreiber Chad und Linda, die eine CD mit CIA-Informationen finden und versuchen, damit Geld für eine Schönheits-OP zu erpressen. Im Laufe der sich daraus ergebenden Verwicklungen wird Chad erschossen und ein CIA-Mann erschlägt den Besitzer des Fitnessstudios auf offener Straße mit einer Axt. Am Ende bezahlt die CIA Lindas Schönheitsoperation, und die beiden CIA-Abteilungsleiter einigen sich darauf, dass derartige Vorkommnisse zukünftig nicht mehr passieren sollen, obwohl keiner der beiden einen genauen Überblick hat, was überhaupt vorgefallen ist. Sehr unterhaltsam – solange das auf der Leinwand stattfindet.

Hybris oder
Höhenflüge in zu heißer Luft

Wenn es dem Esel zu wohl wird, geht er aufs Eis. Die große Schwester der Naivität ist die Hybris: Zu hoch hinaus wollen, um dann die Kontrolle über die Dinge zu verlieren – das hat in der Mythologie schon Ikarus zu Fall gebracht. Dabei muss Ikarus' Vater Dädalus nach heutigen Begriffen als durchaus talentierter Ingenieur gelten, dem es gelang, aus den damals verfügbaren Werkstoffen Wachs und Federn ein funktionierendes Fluggerät zu bauen, um sich und seinen Sohn aus dem Labyrinth des Minotaurus zu befreien. Doch gerade, weil es so gut lief, ignorierte Ikarus die Warnung, nicht zu nah an die Sonne zu fliegen, und stürzte ins Meer.

Es ist die Krux der Talentierten, der Erfolgreichen, der Überflieger, dass sie irgendwann die Bodenhaftung verlieren. Der baden-württembergische Grünen-Politiker Winfried Kretschmann hat nach seinem Überraschungssieg bei den Landtagswahlen 2011, der ihn zum ersten Ministerpräsidenten seiner Partei machte, das Dilemma schön auf den Punkt gebracht: »Wir bleiben auf dem Teppich, auch wenn der Teppich fliegt.« Es ist nicht einfach, realistisch zu bleiben, wenn die Dinge gerade super für einen laufen. Der Erfolg steigt einem leicht zu Kopf.

Dabei bezeichnet Hybris in ihrer Urform in der griechischen Tragödie, wo sie für das Scheitern vieler Protagonisten verantwortlich ist, weniger einen Geisteszustand wie Stolz oder Größenwahn, sondern eine Verlaufsform, die sich in Handlungen zeigt: das Zügellos-werden und Sich-Austoben, das Ausufern und Die-eigenen-Grenzen-Überschreiten. Hybris hat man nicht, Hybris unterläuft einem, wenn es zu gut läuft und man sich mit einer Filterblase von Claqueuren umgibt, die einen von notwendiger Kritik und Selbstzweifeln abschneidet.

Besonders gefährdet: Manager, die sich ja gern als König im Konzernreich inszenieren. Mit verheerenden Resultaten, wie Philipp Hermanns in seiner Dissertationsschrift *Organizational Hubris* feststellt: »Im organisationalen Alltag gehen von Hybris gesteuerte Vorstände überproportionale und bestandsgefährdende Risiken ein. Aus Selbstüberschätzung bieten CEOs beispielsweise bei Unternehmensübernahmen signifikant überhöhte Kaufpreise, wodurch Akquisitionen nach der Übernahme unrentabel oder erfolglos werden.«

Hermanns' Beispiel, die CargoLifter AG, trat 1996 auf den Plan, um mittels Frachtzeppelinen die Großluftschifffahrt in

Deutschland wiederzubeleben und dafür viel Geld an der Börse einzusammeln. 1999 wurde der Vorstandsvorsitzende Carl von Gablenz zum Entrepreneur des Jahres gewählt und Politiker gaben sich die Klinke in die Hand, um sich mit dem Vorzeigeunternehmen zu schmücken. Der Höhenflug endete 2002 jäh in der Insolvenz, als sich zeigte, dass nicht nur der Inhalt der Zeppeline, sondern das ganze Vorhaben aus heißer Luft bestand – CargoLifter wurde zum Ikarus des modernen Industriezeitalters und Symbolbild für die unzähligen Start-ups, die mit vermessenen Versprechen vor die Wand fahren.

Die Großen sind nicht besser. Ein Beispiel liefert die Deutsche Bank, die sich in den 1990ern aufmachte, von der Spinne im Finanznetz der Deutschland AG zum Global Player des Investmentbankings aufzusteigen. Anders hätten sich die vollmundig angekündigten 25 Prozent Eigenkapitalrendite nicht realisieren lassen, denn durch die realwirtschaftliche Wachstumsleistung in Deutschland oder Europa war sie keineswegs gedeckt. Der magische Realismus der hoch spekulativen Finanzprodukte bescherte der Bank eine kurze Hochphase, ein »sugar high«, bevor mit der Finanzkrise 2008 die Dinge ins Rutschen gerieten und sich die Nacktheit des Kaisers nicht mehr verleugnen ließ. In einer umfangreich recherchierten *Spiegel*-Titelgeschichte im Oktober 2016 fassen die Autoren zusammen: »Der Befund nach diesen vielen Unterredungen, der Analyse von Bankbilanzen, der Lektüre von Tausenden Seiten Akten, Ausschussprotokollen, Archivmaterial lautet, dass der Absturz der Deutschen Bank ein Fall von jahrelangem, jahrzehntelangem Führungsversagen ist. Das obere Management der Bank (…) verlor in den Jahren 1994 bis 2012 die Kontrolle über den zu einer Dauerbaustelle verkommenen Konzern.« Der Clusterfuck bei der Deutschen Bank schlägt sich nieder in weltweit über 6000 anhängigen Gerichtsverfahren, Schadenersatz- und Vergleichszahlungen in Multimilliardenhöhe und einem Aktienkurs, der gegenüber dem Höchststand vor 2008 bis zum Herbst 2017 um mehr als 80 Prozent gefallen ist. Die Aufräumarbeiten dauern bis heute an.

Ein anderer Berufsstand, bei dem Hybris lange Zeit gewissermaßen als Déformation professionnelle endemisch war, sind die Architekten, Gestalter und Stadtplaner in der Tradition des Bauhauses. Ausgehend von den großspurigen Parolen ihres Chefideologen Walter Gropius (»Bei null anfangen«, »Neues Bauen für den Neuen Menschen«), hegten sie ein Machbarkeitsphantasma, das sich auf die Formel »Das Design bestimmt das Bewusstsein« bringen ließ. Würden die Menschen erst einmal zwischen schnörkellosen Möbeln in modernen kubistischen Häuserklötzen in rational durchgeplanten Städten wohnen, dann würde sich auch ihr Denken aufklären, und sie müssten erkennen, dass die von den Designern oktroyierte die einzig vernünftige und richtige Form des Lifestyles ist.

Rückblickend kann dieser Versuch einer Reeducation durch Design als prototypisches Beispiel für »designer's fallacy« gelten, als Designerirrtum aus Hochmut. An den hochskalierten Folgen dieser Hybris haben wir noch heute zu knapsen, in Form von nicht funktionalen Flachdachhäusern, Sozialbausiedlungen im »international style«, die sich zu sozialen Brennpunkten ausgewachsen haben, und autogerechten Innenstädten, die eben nicht menschengerecht sind.

Dabei gilt es festzuhalten, dass diese Formen der fehlschlagenden Zwangsbeglückung aus bester Absicht heraus unternommen wurden. In seiner *Logik des Mißlingens* verweist Dietrich

Dörner auf ein anderes schlagendes Beispiel, bei dem sich Humanismus, gepaart mit Hybris, in sein Gegenteil verwandelt: Maximilien de Robespierre, der mit einer hochtrabenden Agenda, basierend auf den »Prinzipien politischer Moral«, die Werte der Französischen Revolution in die Tat umsetzen wollte. Im Resultat war seine kurze Amtszeit jedoch von der Schreckensherrschaft der Guillotine geprägt, die Robespierre schließlich selbst den Tod brachte.

»Meines Erachtens ist die Frage offen, ob ›gute Absichten + Dummheit‹ oder ›schlechte Absichten + Intelligenz‹ mehr Unheil in die Welt gebracht haben«, schreibt Dörner. »Denn Leute mit guten Absichten haben gewöhnlich nur geringe Hemmungen, die Realisierung ihrer Ziele in Angriff zu nehmen. Auf diese Weise wird das Unvermögen, welches sonst verborgen bliebe, gefährlich, und am Ende steht dann der erstaunt-verzweifelte Ausruf: ›Das haben wir nicht gewollt!‹«

Menschen mit großen Ideen und hochtrabenden Plänen bringen zweifellos die Energie mit, die es braucht, damit überhaupt etwas vorangeht und nicht alles beim Alten bleibt. Aber sie brauchen ein Korrektiv, dass sie erdet und zurück auf den Teppich holt, wenn sie abzuheben drohen.

Maverick Moves oder Warum geniale Einzelgänger gefährlich sind

»Der Starke ist am mächtigsten allein.« Diese Erkenntnis hat Friedrich Schiller seinem Wilhelm Tell in den Mund gelegt, der gegen alle Widerstände und Wahrscheinlichkeit am Ende im Alleingang den Tyrannen Gessler abschüttelt und den Grundstein der geeinten, souveränen Schweiz legt. Damit hat Schiller die Entstigmatisierung des Größenwahns ein gutes Stück vorangetrieben.

Der Satz liefert eine Art Glaubensbekenntnis all jener Westentaschenhelden, die dort, wo sie stehen, ihren Mann oder ihre Frau stehen und sich nicht vom Kurs abbringen lassen: ob am Weber-Grill im heimischen Garten oder bei der Arbeit im Großraumbüro, schließlich gilt »Büro ist Krieg!«, wie Bernd Stromberg richtig bemerkt.

Die Problemlage, der sie sich oftmals gegenübersehen: Sie sind umzingelt von Bedenkenträgern, denen es aufgrund ihrer kleinmütigen Beschränktheit nicht vergönnt ist, wahre Größe überhaupt erkennen und ermessen, geschweige denn angemessen würdigen zu können. Mit einer genialen Idee oder dem großen Masterplan wissen sie nichts anzufangen, außer alles so lange zu zerquatschen, bis es den Maßstäben ihrer eigenen Mediokrität entspricht.

Deshalb muss der Berufene seine Pläne im Geheimen vorbereiten und sich im Alleingang durch die feindlichen Abwehrlinien tanken wie ein Rugbyspieler, der nach einem beherzten Durchmarsch das Ei in der gegnerischen Endzone versenkt. Im Western hat dieser Typus von Einzelgänger, der sich über das Gesetz stellt, einen eigenen Namen: Maverick. Er geht zurück auf den texanischen Rechtsanwalt, Viehbaron, Großgrundbesitzer und Politiker Samuel Augustus Maverick (1803 bis 1870), dessen Unterschrift auch unter der texanischen Unabhängigkeitserklärung steht, die Auslöser des Amerikanischen Bürgerkriegs war. Das Multitalent muss so etwas wie der Prototyp eines unabhängigen Geistes mit Allgemeinzuständigkeit – heute würde man sagen: Querdenker – gewesen sein. Sein Name verbreitete sich zunächst unter texanischen Ranchern, denn Maverick verzichtete entgegen den Gepflogenheiten des Wilden Westens darauf, seine Rinder mit Brandzeichen zu markieren. Er hatte einfach Wichtigeres zu tun. Zunächst hießen also die unmarkierten Tiere »Mavericks«, aber die verwiesen als permanent Verwirrung stiftendes Ärgernis auf die flatterhaft-nonchalante Unangepasstheit ihres Besitzers. So wurde daraus im allgemeinen Sprachgebrauch ein Synonym für großspurigen Eigensinn.

In den USA, wo anarchische Unangepasstheit noch immer hoch im Kurs steht, kann in der Fremdzuschreibung »Maverick« durchaus Anerkennung mitschwingen. Es gibt »maverick companies«, die Dinge grundsätzlich anders machen, als die Gepflogenheiten der Branche es vorsehen, und die dadurch zu Kandidaten für disruptive Innovationen werden. Der Republikaner John McCain, Obama-Herausforderer in der Präsidentschaftswahl von 2008, wurde respektvoll »Mister Maverick« genannt. Das Image des unangepassten und unkaputtbaren Polit-Rambos kultivierte der bei seiner Kandidatur 72-Jährige mit Rückgriff auf seine Kriegsgefangenschaft in Vietnam, aus der er nach fünf Jahren ramponiert, aber ungebrochen in die USA zurückkehrte. Dazu gehört auch, dass er sich seither öffentlich mit allen US-Präsidenten von Reagan bis Trump anlegte, ohne Rücksichtnahme auf Parteizugehörigkeiten.

Womit wir zum problematischen Potenzial des Mavericks kommen: Der Maverick hält sich selbst für ein Wunderkind, dessen genialische Grandiosität (das englische »grandious« ist hier noch viel eindeutiger abfällig) nur deshalb noch nicht zur vollen Entfaltung gelangt ist, weil es an Rückhalt und Unterstützung seitens seines verzwergten Umfelds fehlt. Deshalb ist der Maverick völlig beratungsresistent und folgt unbeirrbar seinem inneren Kompass. Oft hält er seine Pläne geheim, um dann überraschend damit herauszuplatzen und vollendete Tatsachen zu schaffen. Logisch: Als Auserwählter, der eine Mission zu vollenden hat, muss er seine Kompetenzen überschreiten und Zweifler und Häretiker vor den Kopf stoßen. Widerstand bestärkt ihn nur darin, dass er auf dem richtigen Pfad wandelt.

Wir mögen Märchen, gerade weil sie Regeln und Naturgesetze außer Kraft setzen, ob im Schillerdrama oder im Hollywoodfilm: Das Kino wimmelt von Mavericks. 1994 erschien ein gleichnamiger Western, und auch Tom Cruise heißt in *Top Gun* so. Wir schauen gern eigensinnigen Helden dabei zu, wie sie sich über Normen, Regeln und Gesetz stellen, keine Chance haben, aber sie nutzen, damit die Welt retten, am Schluss die Prinzessin erobern und noch das halbe Königreich on top bekommen. Das macht die gefährliche Attraktivität dieses Role Models für die Selbststilisierung narzisstisch veranlagter Charaktere aus. Ihr Heroismus liegt in der Kühnheit, große Wetten auf Outcomes einzugehen, die nach menschlichem Ermessen und allen Regeln der Probabilistik unmöglich sind – und damit durchzukommen.

In den schnöden Niederungen der Realität dominiert dann doch mit deprimierender Regelmäßigkeit die Normalverteilung. Klar, es kann vorkommen, dass alle anderen auf dem

Holzweg sind, während nur einer den leuchtenden Pfad in die Zukunft gefunden hat – aber es ist einfach nicht besonders wahrscheinlich. Oft verfügen reale Mavericks über echte Talente und Sonderbegabungen, was sie auf dem Papier und potenziell zu wertvollen Mitarbeitern macht. Aber sie schaffen es, durch ihre »maverick moves« all das mit dem Hintern einzureißen, was sie zuvor an Wert und Wertschätzung aufgebaut haben. Mavericks sind toxische Teamplayer, nicht nur weil sie in der Wahrnehmung von Normalos, die in der gut wattierten Indifferenzzone eine ruhige Kugel schieben, Stress und Unfrieden verursachen.

In Organisationen mit strukturierten Prozessen wird aus dem Querdenker schnell ein Quertreiber, aus dem Einzelgänger ein Geisterfahrer. Beseelt und besessen von der vagen Chance, den Goldtopf am Ende des Regenbogens zu finden, nehmen sie sehenden Auges das Risiko in Kauf, horrende Clusterfucks zu produzieren, verbrannte Erde zu hinterlassen und alles mit in den Abgrund zu reißen. Der vollmundige Leitspruch »Das Beste oder nichts« des genialen Tüftlers und Gründers Gottlieb Daimler, den die Marke Mercedes zum 125-jährigen Firmenjubiläum als Werbeclaim hochzog, hat eben auch eine Kehrseite. Legte man ihn auf die Goldwaage, besagte er: Wenn »das Beste«, aus welchen Gründen auch immer, nicht zu haben ist, machen wir den Laden hier dicht. Alle Mitarbeiter werden in Geiselhaft genommen und gegebenenfalls signifikant schlechter gestellt, sollte es ihnen nicht gelingen, den ehrgeizigen Ambitionen der Führung gerecht zu werden.

Voll entfalten kann sich diese Form galoppierender Hybris nur, wenn der Maverick an der Spitze einer Nation oder Organisation steht. Subalterne Mavericks, die sich irgendwo in Stab und Linie ins Organigramm einsortieren müssen, arbeiten klandestiner und folgen der Strategie von Schläfern und Selbstmordattentätern. Den Zeitpunkt wählen sie so, dass qua Pfadabhängigkeit ein schadloses Einkassieren ihrer Idee nicht mehr möglich ist. Im Hintergrund haben sie auch schon die entsprechenden Arrangements getroffen, aus denen man so ohne Weiteres nicht mehr herauskommt. So werden sie – wie eine Zelle, die beschlossen hat, sich fortan unkontrolliert zu teilen – zum Risiko für den Gesamtorganismus.

Unter Bankern und Analysten kursierten »drohende Zahlungsausfälle oder Diplomingenieure mit eigenen Ideen« lange Zeit als geflügeltes Wort für Risikofaktoren, die dazu angetan sind, den Fortbestand des Unternehmens unmittelbar zu gefährden. Organisationsberater und Personaler haben ein anderes Wort für Mavericks im Unternehmen: »unguided missiles« – Raketen, bei denen die Steuerung versagt; wo sie einschlagen, stiften sie Chaos und Verheerung.

Einen lupenreinen »maverick move«, bei dem sogar eine irrlichternde Rakete im Spiel war, leistete sich am 9. Februar 2009 Xu Wei, damals Chef des Immobilienmanagements beim staatlichen chinesischen Fernsehsender CCTV. Unter seiner Ägide war – direkt neben dem bekannten Landmark-Building von Rem Koolhaas – das ebenfalls von Koolhaas entworfene Beijing Television Cultural Center emporgewachsen und stand kurz vor der Eröffnung.

Zum chinesischen Neujahrsfest wollte man die Fertigstellung des Neubaus mit einem gehörigen Feuerwerk feiern, wofür ebenfalls Xu Wei die Verantwortung übernahm. Es sollte ein Feuerwerk werden, wie es Peking und China – immerhin das Land, in dem das Feuerwerk erfunden wurde – noch niemals zuvor gesehen hatten. Für mehrere Millionen Yuan aus einem Sonderetat kaufte Xu Wei also Pyrotechnik, 700 Feuerwerkskörper, nicht irgendwelche, sondern solche, die um ein Vielfaches stärker waren als handelsübliches Feuerwerk. Die Ware stammte aus einer dubiosen Quelle; es gibt Hinweise darauf, dass bei der Beschaffung Schmiergelder und Kick-backs im Spiel waren. Vorsorglich vermied Xu Wei es, die Pekinger Feuerwehr über das geplante Spektakel in Kenntnis zu setzen. Auch drei Anfragen und schärfer werdende Warnungen der Polizei – die Übertragung des Feuerwerks war ja im Fernsehen angekündigt worden – ignorierte Xu Wei geflissentlich.

Also kam es, wie es kommen musste: Ein fehlgeleiteter Sprengkörper setzte das fertig ausgestattete Hotel in Brand und das 730 Millionen Dollar teure Gebäude brannte vollständig aus. 600 Feuerwehrleute waren die ganze Nacht im Einsatz, ein 30-jähriger Feuerwehrmann kam dabei ums Leben. Lange versuchte die Obrigkeit, den Vorfall herunterzuspielen, schließlich handelte es sich um einen Staatsbetrieb. Am Ende musste sich CCTV aber doch bei der Pekinger Bevölkerung »für die entstandenen Unannehmlichkeiten« entschuldigen. Xu Wei wurde zu sieben Jahren Haft verurteilt, seine Mitwisser zu zwei bis drei Jahren.

Perfektionismus oder 100 Prozent sind 20 zu viel

»When too perfect, lieber Gott böse.« So bestimmte Nam June Paik, der Pionier der Videokunst und Meister des Unperfekten, einmal seine künstlerische Position. Der eingebaute Fehler macht Kunstwerke erst interessant. Perfektionismus hingegen killt die künstlerische Originalität und macht die Kunst aseptisch und leblos. In der japanischen Ästhetik gilt seit jeher das »Wabi-Sabi-Prinzip«: Schönheit findet sich im Nicht-Perfekten, im Indirekten, im Verwitterten. Der bemooste Felsen, die knorrige Kiefer oder der Schönheitsfleck auf der Wange Marilyn Monroes sind Beispiele hierfür.

Umgekehrt ruft Perfektionismus jene Götter und Mächte des Ungemachs auf den Plan, die auch die Hybris ungnädig abstrafen. Beim untauglichen Versuch, aus etwas grundsolide Gutem etwas Perfektes zu machen, entstehen Fehler, die dann in Clusterfucks münden.

Wer beim Bewerbungsgespräch nach seiner größten Schwäche befragt wird, ist angehalten »Perfektionismus« zu antworten. Arbeitgeber hören so etwas gern. Und doch gibt es eine enorme Downside von Unternehmen und Unternehmungen, die vorgeben, Perfektion anzustreben.

Die »Tyrannei des Perfekten« nennt es Erik Kessels, Star-Werber der Agentur Kessels & Kramer aus Amsterdam, in seinem Buch *Failed it!:* »Ich habe jahrzehntelang mit ansehen dürfen – und daran mitgewirkt –, wie große Werbeagenturen mit ihrem fadenscheinigen Versprechen auf Perfektion hausieren gehen. Ich bin intim vertraut mit den Pfaden herkömmlicher Weisheit, die zu nichts führen als zu peinlicher Langeweile:

langweilige Gebäude, langweilige Plakate, langweiliges Design, langweilige Leute.«

Langeweile ist dabei noch die mildeste Form von Fehlern, die aus Perfektionismus resultieren. So wie die Besitzverteilung in Norditalien Ende des 19. Jahrhunderts, aus der der italienische Mathematiker Vilfredo Pareto sein berühmtes Paretoprinzip abgeleitet hat, scheint auch das Verhältnis von Aufwand und Ertrag in der Regel einer 80/20-Verteilung zu unterliegen. Jedenfalls behaupten das die Jünger Paretos wie der Autor Richard Koch, der in seinem Bestseller *Das 80/20-Prinzip* für alle Lebenslagen »mehr Erfolg mit weniger Aufwand« verheißt.

Demnach seien 20 Prozent der Arbeit für ein 80-prozentiges Ergebnis verantwortlich und dabei sollte man es dann auch belassen und nicht noch viermal so viel Zeit dafür aufwenden, ohnehin schon Gutes perfekt zu machen. »Das 80/20-Prinzip kann und sollte im Alltagsleben von allen intelligenten Menschen, von jeder Organisation, Gruppierungen und Gesellschaftsformen genutzt werden«, schreibt Koch etwas vollmundig. Aber unabhängig von der exakten numerischen Verteilung stimmt die zentrale Botschaft allemal: dass für die letzten Prozente zur Perfektion unverhältnismäßig mehr Anstrengungen, Energien und Ressourcen verausgabt werden müssen, die andernorts fehlen oder sinnvoller eingesetzt werden könnten.

Die luftigen Höhenregionen jenseits der 80 Prozent des Generischen, Erprobten, Altbewährten werden schnell zur Todeszone, wenn etwas nicht so läuft wie geplant. Je höher man kommt, desto dünner wird die Luft und desto schmaler der Grat, der zur 100-Prozent-Marke führt. In den meisten Lebenssituationen ist es angezeigt, die Abwägung Spatz in der Hand vs. Taube auf dem Dach öfter mal zugunsten des Spatzes zu fällen, um individuell-psychologische Clusterfucks zu verhindern. Denn Perfektionisten sind keine glücklichen Menschen.

Psychologisch betrachtet erwächst Perfektionismus häufig aus Angst und Unsicherheit, konkreter: Angst vor Fehlern und Gesichtsverlust, gepaart mit dem Bedürfnis, es möglichst allen recht zu machen. Der Psychologe Raphael M. Bonelli schreibt in seinem gleichnamigen Buch über den »Perfektionismus«: »Der Perfektionist leidet darunter, sein Ziel nicht sofort zu erreichen. Er hat einen Horror vor potenziellen Fehlern, panische Angst davor, ›aufzufliegen‹, kritisiert und infrage gestellt zu werden. Es steigt der innere Druck: Unzufriedenheit, Selbstverachtung und Verbitterung sind die Folgen. All das wird nun aber logischerweise auch an die Umgebung weitergegeben.«

Anton Bruckner war nach allem, was man weiß, ein talentierter, gestandener, schon zu Lebzeiten hoch angesehener Komponist im Wien des ausgehenden 19. Jahrhunderts. Seine Karriere verlief weitgehend wie an der Schnur gezogen, und trotz einiger Anfeindungen konnte er auf eine ausreichend große Fanbasis im In- und Ausland bauen. Dennoch gibt es Evidenz dafür, dass Bruckner sich zeitlebens selbst auf den Füßen stand. Ständig fragte er alle Freunde nach ihrer Meinung und flipflopte in den Partituren herum. Weil er es allen recht machen wollte, konnte er nie etwas gut sein lassen. Die neunte Symphonie, die sein absolutes Meisterstück hätte werden sollen, blieb nicht etwa unvollendet, weil er jäh und plötzlich aus dem Leben abberufen worden wäre. Er begann 1887 daran und starb 1896. Vielmehr ging die Arbeit nur so schleppend voran, weil Bruckner sich in seinen letzten Lebensjahren parallel in der Überarbeitung nicht nur dieser Neunten, sondern mindestens von vier seiner vorherigen Sinfonien sowie seiner f-Moll-Messe engagierte, um diese auf einen letztgültigen Stand zu bringen.

Marco Kunz, Bruckner-Kenner und Romanautor, illustriert das Elend an einem Beispiel: »Er hat also diesen zweiten Satz geschrieben der diese unglaubliche Steigerung hat, dadurch dass die Themen sich verzahnen. Jeder bekommt es mit, ohne dass es zu einem Crescendo kommt, dass das jetzt auf einen Orgasmus hinsteuert, explodiert. Daraufhin meinte irgendein Freund: ›Och, mach doch 'nen Beckenschlag, um das kenntlich zu machen! Mach's doch deutlicher.‹ Und Bruckner so, typisch: ›Ich weiß nicht, ich weiß nicht!‹ Also hat er den Beckenschlag reingemacht. Als er später noch einmal die Partitur durchschaute, hat er klein und verstohlen daneben geschrieben: ›ungültig‹. Kein Mensch weiß heute, wie es nun gemeint ist. Manchmal wird es mit, manchmal wird es ohne Beckenschlag aufgeführt. Das zeigt dieses schwache Selbstvertrauen Bruckners, dass er sich von allen in die Partitur quatschen ließ.«

Am Ende haben Bruckner auch die Überarbeitungen nichts eingebracht. Die meisten Dirigenten, die heute Bruckner aufführen, benutzen die ursprünglichen Fassungen, weil sie authentischer, zeittypischer und insgesamt kraftvoller erscheinen.

Es spricht nichts dagegen, hohe Ziele anzustreben und hohe Ansprüche zu haben, schreibt auch Bonelli: »Ein psychisch gesunder Mensch erträgt die SOLL-IST-Diskrepanz als eine natürliche, befruchtende und lebendige Spannung. Er weiß ohnehin, dass nichts perfekt ist, dass nicht alles rund läuft in seinem Leben, dass es noch Baustellen gibt, er kein makelloser Heiliger oder ruhmreicher Held ist. Aber er kann damit gut leben.« Der Perfektionist hingegen hält die Spannung nicht aus.

»So muss das SOLL sofort zum IST werden, und damit mutiert es zum starren, unerbittlichen MUSS: ein innerer kategorischer Imperativ, der keine Abweichung duldet.«

Diese Haltung führt in die totale Selbstblockade. Bevor der Perfektionist etwas abliefert, was seinen hehren Ansprüchen nicht gerecht wird, macht er lieber gar nichts. Er richtet sich häuslich ein in seiner St.-Nimmerleins-Grandiosität und fiebert dem Tag entgegen, an dem endlich alle Zutaten beisammen sind und er seinen großen Wurf landen kann. Also nie.

Das Pferd verhungert, während das Gras wächst. In der Zwischenzeit wird der Perfektionist nicht nur sich selbst zur Qual, sondern fällt seinem gesamten Umfeld zur Last, er »verachtet sich ob seiner Mittelmäßigkeit selbst. Das kann bis zur Selbstzerfleischung führen. So entwickelt er sich zum notorischen Pessimisten und vielfach auch zum Querulanten.« Ein Clusterfuck auf zwei Beinen.

Zaudern oder Trying not to lose

»Vor dem Gesetz steht ein Türhüter. Zu diesem Türhüter kommt ein Mann vom Lande und bittet um Eintritt in das Gesetz. Aber der Türhüter sagt, daß er ihm jetzt den Eintritt nicht gewähren könne. Der Mann überlegt und fragt dann, ob er also später werde eintreten dürfen. ›Es ist möglich‹, sagt der Türhüter, ›jetzt aber nicht.‹« So beginnt Franz Kafkas Erzählung »Vor dem Gesetz«. Ein wenig erinnert die Situation an die Schlange vorm Berliner Club Berghain, der bekannt ist für seinen schwer zu überwindenden Türsteher. Nur dass der einfache Mann vom

Lande bei Kafka jederzeit die Chance hätte, einfach beherzt am Türhüter vorbei- und hineinzuspazieren. Er kann sich nur nicht überwinden. Stattdessen verstrickt er sich darin, die vagen und enigmatischen Andeutungen des Türhüters zu interpretieren, versucht jeden Tag aufs Neue Tricks und Manöver und vergisst ganz, dass hinter dem Türsteher noch weitere lauern, die viel mächtiger sind als der erste. Als er nach Jahren unverrichteter Dinge stirbt, wird die Tür geschlossen, die nur für ihn bestimmt war.

Es gibt zwei Abhänge, die vom schmalen Grat besonnenen und planvollen Entscheidens abfallen. Auf der einen Seite lauert der blinde und stürmische Aktionismus: Unter Zeitdruck handelt man ad hoc und verlässt sich dabei auf seine Intuition, obwohl für gutes intuitives Entscheiden nicht genügend Informationen gesammelt wurden. Daraus entstehen Kurzschlussentscheidungen und naive Interventionen nach dem Muster »monkey see, monkey do«.

Die andere Flanke fällt aber ebenso steil vom Grat der Tugend ab. Es ist die des Zauderns und der Zögerlichkeit. Sie führen zu dem Reaktionsmuster, welches Winston Churchill in den Jahren 1936 und 1937, damals noch in seiner Rolle als Historiker und einfacher Parlamentsabgeordneter, in mehreren öffentlichen Reden auf die denkwürdige Formel brachte: »too little, too late«. Mahnend an die Adresse der britischen und französischen Regierung gerichtet, wies er darauf hin, dass angesichts der deutschen Rüstungsanstrengungen und offensichtlichen Kriegsambitionen nicht zu wenig zu spät unternommen werden dürfe. »Appeasement«, so die Überzeugung Churchills, würde nicht ausreichen, um Hitlers Expansionsdrang zu stoppen. Spät, aber noch rechtzeitig konnte er damit durchdringen und durfte selbst als Kriegspremier ein Übriges dazu tun, dass seine düstersten Prophezeiungen nicht Realität wurden.

In anderen Fällen hat »too little, too late« dazu geführt, dass Reiche zerbrachen und Unternehmungen begraben werden mussten. Gebannt auf die sich abzeichnende Katastrophe starrend, wird halbherzig und zögerlich zu wenig zu spät unternommen, um sie einzudämmen.

Als der tragikomische Egon Krenz, eine Art Hamlet des Sozialismus, am 18. Oktober 1989 Nachfolger von Erich Honecker (dem man noch eine ungestörte 40-Jahr-Feier am 7. Oktober gönnen wollte) und Staatsratsvorsitzender der DDR wurde, kündigte er in seiner Antrittsrede an: »Mit der heutigen Tagung werden wir eine Wende einleiten, werden wir vor allem die politische und ideologische Offensive wieder erlangen« – davon blieb nur der Begriff »Wende« haften. Alle Bemühungen um Tauwetter, Gespräche mit der Opposition kamen zu spät. Und der Versuch, mit der Grenzöffnung am 9. November Druck aus dem System abzulassen, führte zum Zusammenbruch der innerlich maroden DDR.

Die Zögerlichkeit des Vogels Strauß ist das eine. Die des Hasenfußes, der sich verzettelt, das andere. Dietrich Dörner beschreibt den Sachverhalt in seiner *Logik des Mißlingens* so: »Wenn man über eine Sache überhaupt nichts weiß, kann man sich ein einfaches Bild von der Sache machen und damit operieren. Sobald man aber ein wenig Informationen gesammelt hat, gerät man in Gefahr. Man merkt, was man alles noch nicht weiß, bekommt das starke Bedürfnis nach noch mehr Wissen, sammelt weitere Informationen, merkt noch mehr, dass man eigentlich fast überhaupt nichts weiß ... Das sich selbst verstärkende Gefühl der Unsicherheit und Unbestimmtheit, welches sich so ergibt, ist der Grund für nie vollendete Diplom- und Doktorarbeiten und nie zu einem Abschluss gebrachte, wichtige Bücher.«

Paralysiert wie das Kaninchen vor der Schlange, starrt man auf die sich zur Monstrosität auswachsende Komplexität. Man wird zernagt von Zweifeln, bis jede Handlungsfähigkeit flöten gegangen ist. Das Role-Model dafür ist natürlich Hamlet, der große Zauderer unter den Bühnenfiguren. Larmoyant beklagt er, wie »des Entschlusses echte Farbe« durch »des Gedanken Blässe angekränkelt« wird. Psychologen und Psychotherapeuten kennen das, was Hamlet umtreibt, als »Grübelspiralen«, ein untrügliches Symptom für Depressionen. Die Verhaltenstherapie rät in solchen Fällen unbedingt zum »Grübelstopp«, zum mutwilligen Durchbrechen der zirkulär-unproduktiven Gedankengänge.

Bliebe noch zu erwähnen, dass die grüblerische Selbstblockade auch und gerade die Erfolgreichen ereilen kann. Ein sicher geglaubter Sieg, der nur noch einen Wimpernschlag entfernt scheint, kann lähmen und einlullen. Für den haushohen Favoriten in einem Match steht mehr auf dem Spiel als für den vermeintlich chancenlosen Herausforderer. In ihrem Buch *Top Dog: The Science of Winning and Losing* weisen Po Bronson und Ashley Merryman auf den fundamentalen Unterschied zwischen »playing to win« und »playing not to lose« hin. Die hormonelle Zusammensetzung im limbischen System unterscheidet sich deutlich, je nachdem, ob wir eine Situation als Herausforderung oder als Bedrohung erleben, ob wir eine wie auch immer geringe Chance mit hoffnungsvoller Energie verfolgen oder bloß Fehler vermeiden wollen, um einen erreichten Status abzusichern. Das Belohnungszentrum wird unterdrückt, während das Angst- und Stresszentrum reinkickt. »In Bedrohungssituationen sind die Erwartungen sehr hoch«, schreiben Bronson und Merryman. »Man ist sich bewusst, dass man beurteilt wird, und hat das Gefühl, keinen einzigen Fehler machen zu dürfen. Trotz des intensiven Wettkampfs führt die Furcht vor Fehlern zu einem Absicherungsdenken: Man ist eher darauf gepolt, Katastrophen zu vermeiden, als den Sieg zu erlangen.«

Die Performance bricht ein, weil der Fokus auf Fehlervermeidung uns hemmt und ängstlich macht. Der Angreifer kann befreit aufspielen, während der Platzhirsch sich allenfalls auf seine überlegene Routine stützen kann. Paradoxerweise führt eine bange Überachtsamkeit gerade dazu, dass genau jene Fehler passieren, die einen den Sieg kosten.

So geschehen etwa im denkwürdigen WM-Viertelfinale Deutschland-Argentinien am 30. Juni 2006: Argentinien war in der Favoritenrolle und führte seit der 50. Spielminute mit 1:0. Dann wechselte der Trainer der Argentinier auf Sicherheit. Er nahm kreative Offensivspieler raus und ließ auch das damals noch superjunge Talent Lionel Messi auf der Ersatzbank. Deutschland schaffte noch den späten Ausgleich, kam ins Elfmeterschießen und gewann dort.

Den Besitzstandswahrern, die darauf spekulieren, ihren Sieg zu verwalten, sinkt das Herz in die Hose, sobald sie ihre Felle davonschwimmen sehen. Das erleben wir häufig, auch außerhalb des Sports, und es macht die Reichen und Mächtigen angreifbar. Je mehr wir am Erreichten kleben, desto leichter zerrinnt es uns zwischen den Fingern.

Loser Dust oder Niederlagen ziehen sich an

»Zuerst hatten wir kein Glück, dann kam auch noch Pech dazu.« Dieser oft zitierte Ausspruch des Ex-Bayern-Profis Jürgen Wegmann schert insofern aus dem Fundus lustig verrutschter bis hirntoter Fußballerzitate aus, als er auf eine tiefere Wahrheit verweist. Kein Glück und Pech sind nur scheinbar ein und dasselbe. In Wahrheit sind es zwei sehr unterschiedliche und diskret voneinander abgrenzbare Dinge oder Zustände.

Schlechtes Glück – englisch: »bad luck«, jiddisch: »Schlimm-Massel« bzw. »Schlamassel« – ereilt jede und jeden von uns einmal. Statistisch wird es meist irgendwann aufgewogen durch »good luck«, unverhofftes Glück, und war dann in der Rückschau ein notwendiger Dämpfer, eine kathartische Lektion, die sich produktiv auflösen lässt. Der stochastische Erwartungswert heißt: ausgleichende Gerechtigkeit.

Auf Regen folgt irgendwann Sonne, es sei denn, man ist tatsächlich, wie der Lastwagenfahrer Rob McKenna in Douglas Adams' vierten Teil der Anhalter-Trilogie *Macht's gut und danke für den Fisch*, ohne es zu wissen ein Regengott: »Er wusste nichts anderes, als dass seine Arbeitstage mies waren und ihnen lausige freie Tage folgten. Alle Wolken wussten nichts anderes, als dass sie ihn liebten und in seiner Nähe sein wollten, um ihn zu streicheln und zu tränken.« Analog zu den vielen Worten der Österreicher für Schnee unterscheidet McKenna 231 Arten von Regen; die Nummer 17 nervt ihn besonders. Die Erzählungen anderer Leute von Sonnenschein und schönem Wetter hält er für Ammenmärchen.

Wäre McKenna bewusst, dass er über jene göttliche Gabe

verfügt, wäre er ein gefragter Gast in sämtlichen Wüstenregionen. Reiseveranstalter würden große Summen dafür zahlen, dass er NICHT an ihren Angeboten teilnimmt. Daran zeigt sich: Die Frage, wie wir mit Schicksalsschlägen umgehen, ob wir sie produktiv machen können oder uns in misanthropischer Missgunst und in Selbstmitleid einrichten, ist eine der inneren Einstellung und psychischen Resilienz. Auch wenn das leichter gesagt als getan ist.

Die Zahl der gefühlten Regengötter dürfte die der real existierenden um ein Vielfaches überschreiten. Die Straßen sind voll mit Menschen, die sich in ihrem eigenen Unglück häuslich einrichten und an ihrem Schicksal wie auf einem trockenen Knochen herumnagen. Die Gravitation der Negativität speist sich aus einer im Gehirn hart verdrahteten Wahrnehmungs-Asymmetrie: Wir verbuchen glückliche Fügungen als wohlverdient und vergessen sie schnell. Missgeschicke, Unglücke und Schicksalsschläge lassen sich ausdeuten als kosmische Kränkungen und göttliche Strafen und bleiben uns deshalb in Erinnerung.

Mehr noch: Wer die Welt durch die Brille des Vermaledeiten betrachtet, wird irgendwann unterbewusste Routinen entwickeln, die genau das herstellen, was er oder sie ohnehin antizipiert. Das Prinzip der Pfadabhängigkeit gilt auch für die ausgetrampelten Pfade im Gehirn. Menschen mit einer lang zurückreichenden Biografie des Scheiterns unterliegen einer höheren Wahrscheinlichkeit des Scheiterns, weil sie genau das insgeheim schon einkalkuliert haben. Unbewusst bilden sie Erfolgsvermeidungsstrategien aus, die sicherstellen sollen, dass sie nicht durch ungeplante positive Überraschungen aus ihrem missmutigen Trott gerissen werden, dass sich wenigstens Erwartung und Ergebnis in Einklang befinden. Kurz: Sie finden, was sie selbst versteckt haben. Sie werden, wenn nicht zu Regengöttern, so doch zu Regenmachern.

Der gnadenlose angelsächsische Slang hat einen Begriff für den erlernten Habitus der Erfolgsvermeidung und Selbstsabotage: »loser dust«. Wie toxische Pilzsporen aus einer ägyptischen Grabkammer tragen solche Menschen Verliererstaub auf den Schultern. Wenn man die Augen zusammenkneift und genau hinschaut, kann man ihn erkennen. Ursprünglich, so weiß das »urban dictionary«, geht der Begriff auf den Abriebstaub zurück, der auf dem Tresen liegen bleibt, wenn dort die Rubbelflächen von Lotterielosen freigerubbelt wurden. Bekanntermaßen sind die Erwartungswerte von Lotterien absurd ungünstig, Roulettespielen im Casino erscheint dagegen als solide Form des Broterwerbs. Und bekanntermaßen sind Gesellschaften, Orte und Menschen im sozialen Sinkflug besonders anfällig fürs Glücksspiel. Der deprimierenden alltäglichen Realität wird wider alle Vernunft der Märchentraum vom Jackpotgewinn entgegengesetzt – und dadurch sukzessive die erodierende ökonomische Basis weiter ausgedünnt –, eine lupenreine Form von Akrasia, von selbstschädigendem Verhalten. Das Bild vom »loser dust« überträgt den Nietencharakter der Lotterielose auf die sich masochistisch selbst schädigende Person.

Dramatisch wird es, wenn die Person mit Neigung zur Selbstdemontage auf einmal ins Rampenlicht der Öffentlichkeit oder in ihrer Organisation an eine exponierte Stelle gespült wird, deren Anforderungsprofil die Grenzen ihrer Kompetenz- und Komfortzone perforiert. Nach dem Peter-Prinzip – formuliert vom Pädagogikprofessor Lawrence J. Peter – tritt diese Situation häufig und unausweichlich ein, da Hierarchien dazu neigen, jeden Beschäftigten bis zum Grad seiner maximalen Unfähigkeit nach oben zu spülen: »Nach einer gewissen Zeit wird jede Position von einem Mitarbeiter besetzt, der unfähig ist, seine Aufgabe zu erfüllen.« Manchen gelingt es, sich an der Spitze erstaunlich lange durchzubluffen. Andere, die mit »loser dust« auf den Schultern, zerbrechen am Erfolgsstress unter Beobachtung. Sie werden linkisch und täppisch. Nichts will ihnen mehr gelingen. Angstschweiß tritt auf die Stirn.

Treten dann noch die Medien als griechischer Chor mit ihren »Wehe! Wehe!«-Rufen hinzu, richten sich die erwartungsfrohen Augen der Öffentlichkeit auf den Angezählten, es werden die Anfeuerungsrufe des sadistischen Publikums, das seine Helden erst taumeln und dann stürzen sehen will, lauter, und dann geht bald gar nichts mehr. Öffentlich einen Schluck Wasser zu trinken wird zur Überforderung, und es wird kein Fettnäpfchen mehr ausgelassen. Eilig hinzugerufene Berater, die im Reißschwenk das angeschlagene Image korrigieren sollen, machen die Sache nur noch schlimmer, weil sie den Stressfaktor und die Selbstentfremdung weiter vergrößern. Das antizipierte Scheitern wird somit zur »self-fulfilling prophecy«.

Ein besonderes Händchen dafür, zum Scheitern prädestinierte Kandidaten nach dem Peter-Prinzip nach oben zu spülen, hat anscheinend die SPD. Man denke etwa an den glücklosen Kurt Beck, den man 2008 nach nur zweijähriger Amtszeit als Parteivorsitzenden sang- und klanglos vom Hof jagte. Seinem Nachfolger Sigmar Gabriel gelang es in den immerhin acht Jahren seiner Amtszeit nicht, das Image des Tollpatsches abzustreifen und sich zum veritablen Merkel-Herausforderer aufzuschwingen. Ganz zu schweigen von seinem Nachfolger Martin Schulz, der im Frühjahr 2017 einmal kurz als Lichtgestalt und Retter der Sozialdemokratie gefeiert wurde, bevor er als peinlich unbeholfene Figur krachend ins Umfragen- und Stimmentief abstürzte und die gesamte Partei mit in den Abgrund riss.

Die Königskrone unter den SPD-Losern jedoch gebührt keinem geringeren als Rudolf Scharping, der den Parteivorsitz 1993 bis 1995 innehatte und in dieser Zeit sogar einmal eine Wahl gegen Helmut Kohl verlor. Mit einem Kommentar unter dem Titel *Wenn alles schiefgeht* erinnert Nico Fried im Sommer 2016 in der *Süddeutschen Zeitung* an das Ausnahme-Antitalent:

»Er verhedderte sich als Kanzlerkandidat zwischen Brutto und Netto, eine von mehreren Pannen, die ihn 1994 den Wahlsieg kosteten. Als Verteidigungsminister planschte er 2001 mit Freundin im Pool auf Mallorca, während die Bundeswehr auf den Balkan zog. Das kostete ihn den Rückhalt des Kanzlers und später das Amt. Vorher war er schon vom Fahrrad gefallen, und sein Wagen von einer Barriere am Pentagon in die Luft gewuchtet worden. Die Anekdote, die Luftwaffe habe den Minister mal am Flughafen vergessen, ist zu schön, um wahr zu sein, macht aber klar, wie viel Pech man bei Scharping für möglich hielt.«

Zweifellos, es gibt sie: Menschen mit einem herausragenden Talent, alles, was sie anfassen und in Angriff nehmen, in Scheiße zu verwandeln. Man könnte von einem umgekehrten König-Midas-Prinzip sprechen. Je mehr sie versuchen, sich den »loser dust« von den Schultern zu fegen, desto mehr verstricken und verheddern sie sich in ihr tragisches Schicksal – und zerdeppern dabei noch jede Menge Porzellan. Sie sind unter uns, oder schlimmer: als Vorgesetzte über uns. Wir sollten ihre Nähe meiden, um nicht vom toxischen Fall-out kontaminiert zu werden, den sie produzieren.

Blinde Flecken oder Der Gorilla im Raum

Im Sommerloch 2007 geisterte ein Gespenst durch die Medien und hielt die deutsche Öffentlichkeit in Atem: Das »Heilbronner Phantom« war Zielobjekt einer landesweiten Großfahndung, nachdem am 25. April 2007 auf der Heilbronner Theresienwiese die Polizeibeamtin Michèle Kiesewetter in ihrem Dienstfahrzeug mit einem gezielten Kopfschuss getötet worden und ihr Kollege ebenfalls per Kopfschuss lebensgefährlich verletzt worden war. Die DNA-Spuren, die man am Fahrzeug fand, deuteten auf eine weibliche Täterin hin, deren genetischer Fingerabdruck zuvor schon an diversen anderen Tatorten festgestellt wurde. So etwa an der Tasse einer 1993 in Idar-Oberstein getöteten 61-Jährigen, an der Küchenschublade eines 2001 ebenfalls in seinem Haus ausgeraubten und kaltblütig gemeuchelten 61-Jährigen in Freiburg im Breisgau, aber auch an einer Heroinspritze, die im gleichen Jahr in einem Waldstück bei Gerolstein gefunden wurde, sowie auf einem Keksrest in einem 2001 in Budenheim aufgebrochenen Wohnwagen. Des Weiteren konnten der Person zweifelsfrei zugeordnet werden: der nächtliche Einbruch in ein Optikergeschäft in Gallneukirchen, sowie in ein Elektrogeschäft im österreichischen Mauthausen, diverse Auto- und Motorraddiebstähle vorwiegend in Hessen, Baden-Württemberg, Tirol, Oberösterreich und im Saarland. Besondere Rätsel gaben den Soko-Fahndern die DNA-Funde auf einer Spielzeugpistole auf, mit der 2004 ein vietnamesischer Edelsteinhändler im französischen Arbois überfallen wurde, auf einem Projektil nach einem eskalierten Bruderzwist in Worms 2005 und an einer Getränkedose nach einem Einbruch in einer Saarbrücker Schule durch eine Gruppe Jugendlicher 2007.

Lange Zeit gingen die Profiler von einer drogensüchtigen und hyperaktiven Schwerstkriminellen aus Süddeutschland aus, die ihr Unwesen mitunter weit jenseits ihrer angestammten Homezone treibt. Ein scharfes Täterprofil wollte jedoch nicht daraus werden, und insbesondere die Boulevardpresse war fasziniert von der »Frau ohne Gesicht«.

Erst 2009, zwei Jahre nach dem Polizistenmord von Heilbronn und acht Jahre nach den ersten übereinstimmenden DNA-Analysen, fiel der ganze Spuk in sich zusammen. Als nämlich den erfahrenen Ermittlern schwante, dass in dieser Welt keine Person diese mittlerweile über 40 sehr unterschiedlichen Taten begangen haben kann und auch Hypothesen in Richtung falscher Fährten und organisierter Kriminalität keinen Sinn ergaben.

So fand man des Rätsels Lösung auf der nächsthöheren Ebene: Tatsächlich stammten alle DNA-Proben aus Blut, Hautzellen, Schweiß und Spucke von ein und derselben Person. Es handelte sich dabei jedoch um eine Mitarbeiterin des Verpackungsbetriebs Böhm Kunststofftechnik im oberfränkischen Tettau-Langenau, wo die Wattestäbchen des Herstellers Greiner Bio-One verpackt wurden, die die Zentrale Einkaufsstelle der Polizei in großer Stückzahl bezogen hatte. Zwar wurden die Stäbchen als steril verkauft, eine mögliche Kontamination beim Verpackungszulieferer hatte man aber nicht bedacht. Sonst wäre man vielleicht auch vier Jahre früher darauf gekommen, dass im Mordfall Michèle Kiesewetter der Nationalsozialistische Untergrund hinter der Tat steht, und hätte die sich anschließende Mordserie entsprechend früher aufklären können.

Diese Geschichte illustriert anschaulich, wie blinde Flecken funktionieren und ihre unheilvolle Wirkkraft entfalten können. »Tertium non datur«– »ein Drittes ist nicht gegeben«: Allzu oft folgt unsere Logik dem Satz vom ausgeschlossenen Dritten, der eine der Grundfesten abendländischen Denkens bildet. Wir rechnen mit unseren Beständen und mit den Variablen, die uns bekannt, zuhanden und vertraut sind. Dabei vergessen wir, dass es sehr wohl ein Drittes geben kann, oder wie es bei Shakespeare heißt: »Es gibt mehr Dinge zwischen Himmel und Erde, als Eure Schulweisheit sich träumen lässt!«

An der Frage, ob wir die weißen Flecken auf unseren geistigen Landkarten mitbedenken und ins Kalkül einbeziehen können, entscheidet sich, ob wir breit aufgestellt sind für alles, was der Zufall und die Zukunft noch so in unsere Richtung schmeißen. Oder ob wir aufgrund unserer eingefahrenen Denkroutinen den sprichwörtlichen Gorilla im Raum übersehen. Der stammt aus einem berühmten Experiment der US-amerikanischen Psychologen Daniel Simons und Christopher Chabris, die ihren Probanden aufgetragen hatten, beim Anschauen eines Basketballspiels die Pässe zu zählen. Zwar konnten die meisten nachher deren Anzahl richtig angeben. Die Frage, ob ihnen sonst etwas an dem Spiel aufgefallen sei, verneinte aber mehr als die Hälfte. Den Menschen im Gorillakostüm, der zwischen den Spielern durchs Bild lief, hatten sie schlicht übersehen.

Selektive Wahrnehmung ist das eine – eine neuro-ökonomische Notwendigkeit, da unser Zentralorgan physiologisch nicht in der Lage ist, permanent alle auf es einströmenden Reize zu verarbeiten. Hirnvernageltes, abgeschlossenes und »fertiges« Denken das andere – eine gefährliche Nachlässigkeit, die aus Hybris und Denkfaulheit erwächst.

»Selig sind, die da geistig arm sind; denn das Himmelreich ist ihr«, heißt es in der Lutherbibel (Matthäus 5:3). Und der Volksmund souffliert: »Glücklich ist, wer vergisst, dass er nicht zu retten ist.« Vermutlich stimmt es, dass die geistig Minderbemittelten unterm Strich glücklicher sind, auch wenn sie mehr Schaden anrichten. Die Gnade der Ignoranz schützt sie vor der Erkenntnis, dass sie selbst Teil des Problems sein könnten.

Die wissenschaftliche Untermauerung dieser Hypothese hört seit einigen Jahren auf den Namen Dunning-Kruger. Der »Dunning-Kruger-Effekt« ist zu wirkmächtiger Internet-Bekanntheit gelangt und wird überall dort in Anschlag gebracht, wo akademisch gebildete Menschen ihrer geistigen Überlegenheit Ausdruck verleihen wollen. Aber worauf beziehen sie sich? David Dunning, mittlerweile emeritierter Sozialpsychologe an der Cornell University, beschäftigte in den 1990ern die Frage, ob inkompetente Menschen sich eigentlich ihrer Inkompetenz bewusst sind. Zusammen mit seinem Kollegen Justin Kruger stellte er dazu eine Reihe von Experimenten an. Die Versuchspersonen mussten sich gängigen Wissens- und Sprachtests unterziehen und danach ihr eigenes Abschneiden im Verhältnis zu anderen Probanden einstufen. Durchgängiges Ergebnis war – veröffentlicht 1999 unter dem schönen Titel *Unskilled and Unaware of it: How Difficulties in Recognizing One's own Incompetence Lead to Inflated Self-Assessments*: Die inkompetentesten Personen, diejenigen, die im unteren Viertel abschlossen, überschätzten systematisch ihre eigenen Fähigkeiten. Mehrheitlich stufen sie sich oberhalb des Durchschnitts ein.

Krugers und Dunnings Schlussfolgerung: Ebenjene Fähigkeiten, die es braucht, um bei kniffligen Tests gut abzuschneiden, sind auch die, die man für eine realistische Selbsteinschätzung benötigt. Mitfühlend folgern Kruger und Dunning, inkompetente Menschen trügen »eine doppelte Bürde: Sie gelangen nicht nur zu fehlerhaften und erratischen Resultaten, ihre Inkompetenz beraubt sie auch der Fähigkeit, das zu realisieren.« Andererseits liegt in dieser Unfähigkeit, die Kompetenzen anderer und die eigene Inkompetenz richtig taxieren zu können, die Ursache eigener Selbstüberschätzung begründet. Zugespitzt: Doofe Menschen erkennen nicht, dass sie doof sind, und ziehen daraus ihr unverbrüchliches Selbstvertrauen. Das mag als Erklärung hinreichen, warum es oft die von keinem Gran Selbstzweifel angekränkelten Machertypen sind, die es mit geschwellter Brust ins Rampenlicht und bis an die Spitze schaffen.

Diese Zuspitzung ist natürlich gefundene Munition für alle skrupulösen Feingeister, die sich selbst nicht für doof halten und das in Internetkommentaren unter Beweis stellen. David Dunning selbst zeigt sich im Interview mit Ira Glass im populären Podcast *This American Life* (Folge #585 *In Defence of Ignorance*) gar nicht so begeistert von seiner unfreiwilligen Popularität und verwahrt sich gegen die Nennung des »Dunning-Kruger-Effekts« als Totschlag-Argument, der zudem im Ausgangspaper gar nicht als solcher benannt wird. Vielmehr mahnt er zur Demut angesichts der eigenen blinden Flecken: »Wir alle haben unsere spezifischen Inseln von Inkompetenz. Einige davon sind uns bewusst, andere nicht. Sobald wir eine dieser Inseln betreten, ist uns nicht mehr bewusst, dass wir diesen Schritt vollzogen haben.«

Auf einmal sind wir selbst die sich maßlos überschätzenden Idioten; hier liegt die Crux. Zum Beispiel ist eine der häufigsten im Internet anzutreffenden Kombinationen mit »Dunning-Kruger-Effekt« der Name Donald Trump. Und zweifellos gibt der amtierende US-Präsident ein präzises Anschauungsbeispiel für das ab, was Justin Kruger und David Dunning beschrieben haben. Exemplarisch fasst der *Economist* im August 2017 die ersten Monate von Trumps Amtszeit dunning-krugeresk zusammen: »Er hat keinen blassen Schimmer davon, was es heißt, Präsident zu sein.« Aber waren es nicht Hillary Clinton und das »juste milieu« selbstgerechter Liberals der East- und Westcoast, die das populistische Potenzial unterschätzt und mit ihrer ausgestellten intellektuellen und moralischen Überlegenheit erst den Wahlsieg von Donald Trump provoziert haben? Blinde Flecken also auch hier.

Wissen nährt Unwissen. Die großen liberalen Denker haben erkannt, welche Fallstricke darin liegen, wenn man die eigenen blinden Flecken und Grenzen des Wissen-Könnens ignoriert und frohgemut Pflöcke für die Zukunft nach dem Motto einschlägt: »I feel lucky.« Der Schlüsselbegriff in Karl Poppers gesamter politischer Philosophie heißt »Offenheit«: Wir sollten eilfertige Festlegungen meiden und die Tür möglichst weit offenhalten, sodass zukünftige Erkenntnisse über die ideale Gesellschaftsform hindurchschlüpfen können. Der erzliberale Ökonom Friedrich August von Hayek warnt seine Zunft in einem gleichnamigen Schlüsselaufsatz vor der »Anmaßung von Wissen« und argumentiert gegen die Vorstellung, ökonomische Modelle könnten in der Lage sein, die »organisierte Komplexität« der Welt auch nur annähernd adäquat abzubilden. Der Kybernetiker Heinz von Foerster schließlich formulierte in Anlehnung an Kants kategorischen Imperativ seinen ethischen Imperativ wider die systemische Schließung: »Handle stets so, dass die Anzahl der Wahlmöglichkeiten größer wird!«

Offenheit, sprich: Freiheitsgrade und Handlungsspielräume

in Kombination mit dem Bewusstsein der eigenen blinden Flecken, sind – so viel kann man dann doch mit Sicherheit festhalten – probate Mittel, den wie an der Schnur gezogenen Automatismus des Clusterfucks zu durchbrechen.

6 Kollektiver Meltdown

> »Aber ich möchte nicht unter Verrückte kommen«, meinte Alice. »Oh, das kannst du wohl kaum verhindern«, sagte die Grinsekatze: »Wir sind hier nämlich alle verrückt. Ich bin verrückt. Du bist verrückt.« »Woher willst du wissen, dass ich verrückt bin?«, erkundigte sich Alice. »Wenn du es nicht wärest«, stellte die Grinsekatze fest, »dann wärest du nicht hier.«
> *Lewis Carroll, »Alice im Wunderland«*

Mag der einzelne Mensch verführbar, schwach und fehleranfällig sein – die Gruppe fängt ihn auf, das Kollektiv wird es richten. Im vielstimmigen Kanon der Ansichten und Erfahrungshintergründe verschleifen sich die individuellen Indispositionen und lösen sich in kollektiver Weisheit und in Wohlgefallen auf. So die Theorie.

Die Praxis sieht anders aus. Die individuellen Mindfucks Einzelner können sich in Organisationen und Institutionen zu Clusterfucks von großem und spektakulärem Ausmaß auswachsen. Dann gilt der umgekehrte Hauptsatz der Synergetik: Das Ganze ist mehr wertvernichtend als die Summe seiner Teile. Je höher der Mindfuck in der Hierarchie der Entscheidungsträger angesiedelt ist, desto weitreichender sind die Folgen. Aber es können auch Teams, Projekte, Abteilungen, Konzerne als Ganzes auf Abwege geraten – ohne dass hinterher noch jemand sagen könnte, an welcher Kurve man denn in die Sackgasse eingebogen wäre.

Es gibt zwar keine Lehrbücher dafür, wie man Organisationen zerstört und Unternehmen ruiniert, aber dennoch finden sich in der Praxis erstaunlich viele Beispiele, in denen genau das vorexerziert wird. Eines der vielfältigsten und ausdauerndsten dieser Beispiele begleitet uns schon seit vielen Jahren, es wird deshalb auch in diesem Kapitel ausführlich behandelt. Bei ihm ist nämlich tatsächlich für jede Katastrophisierung von Organisation etwas dabei – beim Godot-Flughafen BER.

Misserfolgsmuster oder Große unförmige Schlammklöße

Analog zur Akrasia, dem selbst sabotierenden Verhalten einzelner Individuen, lassen sich auch im Gruppenverhalten Muster identifizieren, die zuverlässig den Gesamtprozess gefährden oder zum Scheitern bringen. Die umfangreichste Zusammenstellung dieser Verhaltensmuster hat der ehemalige AT&T-Forscher und Entwickler Andrew Richard Koenig zusammengetragen. Er nennt sie »anti patterns«, in Anlehnung an die gängigen »design patterns«, mit denen Softwareentwicklungsprozesse strukturiert werden. Die meisten davon sind individualpsychologische Fehlerquellen – von Wunschdenken über Hybris bis zu Panik-Reaktionsmustern –, die über die Entscheidungen oder das Führungsverhalten der Projektverantwortlichen zu schlechtem Management hochskaliert werden.

Darunter fällt etwa der »bicycle shed«: die Überbetonung eines kleinen Planungsdetails wie die Gestaltung des Fahrradschuppens, um davon abzulenken, dass die großen Probleme nicht gelöst sind. Eine weitere häufige Quelle von Abrieb und

Verausgabung von Energien an der falschen Stelle sind »wheel reinventions«, die Neuerfindung des Rades oder eines anderen Details, für das es bereits anderswo eine überzeugende technische Lösung gibt.

Die aus solchen Prozessen resultierende Softwarearchitektur erinnert schon mal an einen »big ball of mud«, einen unförmigen Schlammkloß. Die Entwickler Brian Foote und Joseph Yoder, die den Begriff geprägt haben, beschreiben ihn so: »Ein Big Ball of Mud ist ein planlos strukturierter, ausufernder, schlampiger, mit Klebeband und Bindedraht zusammengehaltener Spaghetti-Code-Dschungel. Derartige Systeme weisen eindeutige Anzeichen von ungehemmtem Wachstum und ständigen Behelfsreparaturen auf. (…) Die Architektur derartiger Systeme wurde vielleicht nie richtig definiert, und wenn doch, ist sie bis zur Unkenntlichkeit erodiert.«

Angesichts solcher Spaghettimonster ist es nicht mehr weit bis zum totalen Software-Clusterfuck. Eine der zentralen Botschaften der mit viel fatalistischem Humor durchsetzten Begriffe ist, dass in Krisensituationen konventionelle Reaktionsmuster oft kontraproduktiv sind. Das kulminiert in »Brooks's law«, der vom Computerwissenschaftler Frederick Brooks beobachteten Gesetzmäßigkeit, die besagt: Bei einem in Verzug geratenen Projekt führt das Aufstocken der Mannschaft dazu, dass sich das Projekt weiter verzögert, weil das Instruieren und Organisieren der neuen Mitarbeiter wichtige Zeit und Ressourcen bindet.

Das widerspricht komplett unserer Viel-hilft-viel-Alltagslogik, wonach sich Probleme am ehesten dadurch lösen lassen, dass man mehr Ressourcen dafür aufwendet. Die Mario-Adorf-Methode aus *Kir Royal* (»Ich scheiß dich zu mit meinem Geld«)

müsste doch eigentlich auch die härteste Nuss knacken können. In einer komplexen Umgebung allerdings kann das genau der falsche Weg sein und die kontraintuitive »Bahamas-Methode« sich als zielführend erweisen: Leute abziehen und sie auf die Bahamas schicken, ein qualifiziertes Kernteam den Job machen lassen.

Paul Watzlawick präzisiert: »Hinter diesen beiden einfachen Worten ›mehr desselben‹ verbirgt sich eines der erfolgreichsten und wirkungsvollsten Katastrophenrezepte, das sich auf unserem Planeten im Laufe der Jahrmillionen herausgebildet und zum Aussterben ganzer Gattungen geführt hat. Es handelt sich dabei nämlich um ein Spiel mit der Vergangenheit, das unseren tierischen Vorfahren schon vor dem sechsten Schöpfungstag bekannt war.«

Viele dieser für Software-Projekte formulierten Anti-Pattern finden sich auch beim Hardware-Projekt BER: Die Begeisterung, mit der 100-prozentige Baufortschritte in Teilbereichen gemeldet wurden, ohne das Zentralproblem des mangelhaften Brandschutzes zu erwähnen – ein klarer Fall von »bicycle shed«. Die unentwirrbaren und fehldimensionierten Kabelstränge in der Zwischendecke des Terminals – ein »big ball of mud«. Und das Personaltableau des BER-Projekts nach der Absage der Inbetriebnahme im Mai 2012 ist das perfekte Beispiel für Brooks's Law: Ständig wechselten die Flughafenchefs, ihre technischen Leiter und Pressesprecher, und ebenso ständig wurde der Eröffnungstermin weiter nach hinten verschoben.

Wenn ein Projekt dann doch einmal beendet wurde, wenn das Produkt auf dem Markt, die Institution in der Welt ist, beginnt die Uhr für eine andere Form der Entartung zu ticken. »Mission creep« oder »scope creep« heißen die englischen Fachbegriffe, Dietrich Dörner verwendet die deutsche Entsprechung »Zielentartung«: Alle Institutionen und Technologien entwickeln ihre eigenen Beharrungskräfte. Sind diese einmal in der Welt, klammern sie sich an ihre Existenz und suchen sich notfalls immer neue Betätigungsfelder. So wurde die Deutsche Welle einmal ins Leben gerufen, um im Ausland lebende Deutsche mit Nachrichten und Informationen aus der Heimat zu versorgen. Mit dem Internet ist diese Geschäftsgrundlage weggefallen, dennoch sendet die Deutsche Welle weiter, mittlerweile sogar auf Englisch, und misst ihren Auftrag an dem der BBC. Die NATO ist entstanden als Verteidigungsbündnis des Westens gegen den Warschauer Pakt. Nach dessen Zusammenbruch hat sie sich nicht etwa – Mission accomplished! – aufgelöst, sondern dehnt sich immer weiter nach Osten aus, nimmt ehemalige Warschauer-Pakt-Staaten unter den Schirm und wird dadurch zur Provokation für Russland.

Auf der Ebene der Produkte äußert sich dies als »creeping featurism« oder Featuritis. Immer neue Features und Funktionen werden an eigentlich ausgereifte Produkte herangebastelt, weil die Konkurrenz es auch macht und die Konsumenten es angeblich so wollen und sich davon beeindrucken lassen. »Overengineering« ist der Perfektionismus der Ingenieure und Produktentwickler. Mit relativ hohem Aufwand werden die bereits weitentwickelten Qualitätsstandards noch weiterentwickelt. Viele Kunden bemerken diese Verbesserungen dann gar nicht mehr. Wo die erste iPhone-Generation noch eine neue Welt eröffnete, klebte die siebte Generation nur noch ein paar Erker und ein bisschen Stuck an die alte iPhone-Fassade.

Den Technikhistoriker Edward Tenner erinnert der technische Fortschritt in seiner »creepiness« an einen Rube-Goldberg-Contest, bei dem es darum geht, möglichst komplizierte Maschinen für die Verrichtung einfachster Alltagsaufgaben zu entwerfen: das Köpfen eines Frühstückseis oder das Umblättern einer Zeitungsseite. In seiner Bestandsaufnahme *Why Things Bite Back* kommt er zu dem Schluss: »Die Futuristen haben die Rechnung ohne die Perversität gewöhnlicher Alltagsdinge gemacht.«

Was der technische Fortschritt an Komfort und Zeitersparnis einbringt, das holt er sich über die Bumerangeffekte von Komplexitätssteigerung und Fehleranfälligkeit zurück, so Tenners ernüchternde Bilanz: »Der Techno-Wunschtraum einer sich selbst korrigierenden Welt ist genauso eine Illusion wie John von Neumanns Vorhersage aus dem Jahr 1955, Strom werde bis 1980 zu billig sein, um ihn noch abrechnen zu können. Das soziale Ziel eines neuen Athens, einer maschinenunterstützten Gesellschaft des Müßiggangs, hat sich als edles Trugbild herausgestellt. Technologie verlangt nach mehr, nicht nach weniger menschlicher Arbeit. Anstelle akuter Probleme erzeugt sie subtilere und heimtückischere. Niemals werden akute Probleme vollständig eliminiert; umgekehrt: Wenn wir nicht konstant alert und auf der Hut sind, kommen sie mit ungekannter Macht zurück. Wir befinden uns in einer Tretmühle und haben den Zeitpunkt zum Aussteigen verpasst.«

So sieht's mal aus.

Groupthink oder
Denken in der Komfortzone

Wie kann es passieren, dass an sich kompetente Teams schlechtere, realitätsfernere und desaströsere Entscheidungen treffen als jeder und jede Einzelne? Weil die Gruppe Kreativität zerstört, Kritik wegdrückt und sich die Welt macht, widdewidde wie sie ihr gefällt; so heißen die hässlicheren Antworten, wir kommen gleich darauf zurück. Beginnen wir mit der sympathischsten: weil die Gruppenmitglieder es den anderen recht machen wollen. Sie antizipieren, was die Führung oder die Mehrheit wohl richtig findet, dann verbiegen sie sich, um das vermutet beste Ergebnis zu erreichen, und heraus kommen am Ende suboptimale, ängstliche, weichgewaschene und manchmal auch erratische Entscheidungen.

Um das typische Zustandekommen solcher Ergebnisse bei Gruppenabstimmungsprozessen zu veranschaulichen, hat der BWL-Professor Jerry B. Harvey 1974 das Abilene-Paradox erfunden. Es erzählt von einer texanischen Familie, die an einem heißen Nachmittag zusammen auf der Terrasse sitzt, als der Schwiegervater vorschlägt, einen Ausflug nach Abilene zu machen. Die Frau sagt: »Das klingt nach einer guten Idee.« Ihr Mann hat zwar Vorbehalte, will dem Vorhaben aber nicht im Weg stehen und als Spielverderber gelten. Die Schwiegermutter schließlich gibt sich enthusiastisch über die gute Idee, sie sei schon lange nicht mehr in Abilene gewesen. Die Fahrt ist lang und anstrengend, das Essen im Restaurant erwartbar schlecht. Als die Familie erschöpft wieder zu Hause anlangt, offenbart sich, dass jeder und jede Einzelne lieber zu Hause geblieben wäre und nur eingewilligt hat, weil er oder sie dachte, man täte den anderen einen Gefallen. Der Schwiegervater hatte den Vorschlag nur aufgebracht, weil er antizipierte, den anderen sei langweilig.

Auch wenn im Falle des Abilene-Paradoxes keine Katastrophe passiert ist und niemand ernsthaft zu Schaden kam, veranschaulicht es doch, wie dysfunktional kollektive Entscheidungsprozesse in eingespielten Organisationen sein können.

Das ist auch und gerade der Fall, wenn die Routine verlassen wird, wenn alle zusammen etwas machen sollen, was sie sonst nicht so machen. Ein ewiges Trauerspiel hört auf den Namen »Brainstorming« und ist eine vom kleinen Projekt bis zur Großorganisation breit gepflegte Folklore-Sportart: kreativ sein, ohne dafür die Komfortzone verlassen zu müssen. Erfunden wurde Brainstorming 1948 von Alex Osborn, einem Mitarbeiter der Werbeagentur B. B. D. O., der sie im mutmaßlich ersten und genrestiftenden Kreativratgeber *Your Creative Power* beschreibt und empfiehlt, um Gruppen zur Ideenjagd zu tragen. Wichtigste Regel dieses Rudelrituals ist das Gebot, dass kein vorgebrachter Einfall, und sei er auch noch so abwegig, kritisiert werden möge, vielmehr sollten die Teilnehmer »ihre Urteilskraft ausschalten« und »auf Quantität abzielen«.

Wo der Pferdefuß dabei liegt, zeigen umfangreiche Studien, die Jonah Lehrer in seinem Aufsatz *Groupthink – The brainstorming myth* 2012 im *New Yorker* zusammenfasst: »Typischerweise verlassen Teilnehmer ein Brainstorming-Meeting mit Stolz auf ihren Beitrag. Immerhin wurde das Flipchart mit freien Assoziationen gefüllt. Brainstorming erscheint als perfekte Kreativtechnik, eine Feelgood-Methode zur Produktivitätssteigerung. Doch es gibt ein Problem mit Brainstorming: Es funktioniert nicht.« Das Verfahren produziert zwar die anvisierte Quantität, jedoch ohne signifikante Qualitätssteigerung, mit anderen Worten: Tonnen von Schrott.

Indem man die spontane Neigung zu Widerspruch, zu Kontroverse und Diskussion als Ringen um das bessere Argument ausschaltet, lullt man die Mitwirkenden ein in einer Wohlfühlsuppe aus Altbekanntem, Vertrautem und Naheliegendem. Alle Laborstudien zur Gruppenkreativität seit den 1950ern weisen in dieselbe Richtung: Kritik und Dissens sind unentbehrliche Garanten für wirklich originelle und unorthodoxe Ansätze – in der wattierten Angestellten-Arbeitswelt hat sich derweil die »Keine Kritik«-Regel als Modus Operandi immer weiter durchgesetzt. Auch die jüngere Schwester des Brainstormings, das aus den 1990er-Jahren stammende »Design Thinking«, folgt diesem Ansatz.

Damit wird Kreativität in der Komfortzone zum Paradefall für das, was man organisationssoziologisch nach dem Psychologen Irving Janis »Groupthink« nennt: eine Kombination aus Opportunismus, angepasstem Denken und Betriebsblindheit. Geprägt wurde der Begriff von William H. Whyte, der in seinem einflussreichen Buch *The Organization Man* von 1956 die neue, auf Korpsgeist basierende Firmenkultur der Großraumbüros beschrieb. Er illustriert es anhand des Rauswurfs eines an sich qualifizierten Mitarbeiters, der aber dafür bekannt war, anzuecken und die Harmonie zu stören: »Das Management war unzufrieden mit der Entscheidung, aber es führte an, dass harmonisches Gruppendenken (diesen Ausdruck verwendeten sie) oberstes Firmenziel sei, und wenn man den hervorragenden Mitarbeiter befördert hätte, hätte das die ganze Kette der zwischenmenschlichen Beziehungen durcheinandergebracht.«

Groupthink führt dazu, dass sich die Wagenburg schließt,

abweichende Meinungen, nicht-opportune Informationen, Warnhinweise und Alarmsignale nicht mehr zu den Entscheidungsverantwortlichen durchdringen. Die Gruppe steigert sich in ein Gefühl der Unverwundbarkeit hinein, Abweichler werden ausgegrenzt und als boshafte Störenfriede stigmatisiert. Im Falle des BER war es Daniel Abbou, der im Januar 2016 als Pressesprecher für das Chaos-Projekt engagiert und schon im April wieder geschasst wurde. Grund war ein Interview mit einer Fachzeitschrift, in dem Abbou den damals noch offiziellen Eröffnungstermin 2017 mit dem Satz anzweifelte: »Kein Politiker, kein Flughafendirektor und kein Mensch, der nicht medikamentenabhängig ist, gibt Ihnen feste Garantien für diesen Flughafen.« Natürlich sollte er recht behalten. Aber man opfert eher den Überbringer schlechter Nachrichten, als wohlgenährte Illusionen preiszugeben.

So steht Groupthink hinter einer Reihe von Clusterfuck-Katastrophen, die hätten vermieden werden können, weil die Auslöser eigentlich bekannt waren. Das Challenger-Unglück, bei dem am 28. Januar 1986 alle sieben Besatzungsmitglieder starben, als die Raumfähre 73 Sekunden nach dem Start von Cape Canaveral explodierte, geht auf einen Gummi-Dichtungsring an der Feststoffrakete zurück, der aufgrund der kalten Außentemperatur zu wenig elastisch war. Ein technischer Fehler. Allerdings war dieser Fehler im Vorfeld bekannt; Ingenieure der Herstellerfirma Morton Thiokol hatten Alarm geschlagen. Physiknobelpreisträger Richard P. Feynman, der Mitglied der Untersuchungskommission des Unglücks war, erinnert sich in seinen Memoiren, sie seien außerordentlich besorgt gewesen und hätten »der NASA in der Nacht vor dem Start … dringend davon abgeraten … zu starten«. Bei der NASA war man entsetzt; sofort griffen die Groupthink-Abwehrmechanismen: Das Beweismaterial sei »unvollständig«, die Dichtungsringe hätten auch bei anderen Flügen mit ähnlichen Außentemperaturen schon gehalten. So wurde Druck auf die Ingenieure aufgebaut, ihr Veto zurückzuziehen.

Auch die Politik der US-Regierung unter George W. Bush nach den Anschlägen von 9/11, die vom »War on Terror« in gerade einmal 18 Monaten zum Irakkrieg führte, lässt sich als Resultat von Groupthink-Entscheidungen beschreiben. Das Regime von Saddam Hussein hatte zwar nichts mit Terroristen zu tun und auch nichts mit islamistischen Fundamentalisten. Aber um Rache nehmen zu können, musste ein Schuldiger her, und zwar einer, gegen den man (anders als gegen die Terroristen von al-Qaida) einen richtigen Krieg führen konnte. Saddam Hussein bot sich an. So wurde die CIA gedungen, Belege dafür zu finden, dass der Irak »Massenvernichtungswaffen« produziert, die Außenminister Colin Powell dann vor der UN als Legitimation für den Angriff präsentieren konnte. Der damalige CIA-Chef George Tenet gab später zu, dass er sich wider besseres Wissen dem Weißen Haus gegenüber auf die Zunge gebissen habe, um kein Missfallen zu erregen. So fand man, was man zuvor selbst versteckt hatte, und konnte das Irak-Abenteuer beginnen, an dessen Folgen die Region bis heute laboriert.

Inkompetenz oder Diffundierende Verantwortungslosigkeit

»Es hatte Gerüchte gegeben, es wäre gepfuscht worden: Die Cybernet-Tauben-Cursor hatten nicht den Vorschriften entsprochen, den großen Motor hatte man verkramt; Leonvinus persönlich hatte sich mit dem Generaldirektor der Stern-Bau AG verkracht; es hatte Streitigkeiten zwischen Leonvinus und seinem Projektleiter, Brobostigon, gegeben; es hatte Zank zwischen Brobostigon und Leonvinus' Buchhalter Skralontis gegeben; es hatte Streitigkeiten zwischen Skralontis und Leonvinus gegeben – und so weiter und so fort. Tatsache war, dass der Bau des Raumschiffes fast alle Beteiligten in die Pleite getrieben hatte, darunter ganze Planeten.«

So beginnt *Raumschiff Titanic* von Douglas Adams und Terry Jones, die Geschichte über eines der am spektakulärsten gescheiterten Großprojekte des Universums. Und obwohl hier auf Erden noch kein Projekt ganze Planeten in die Pleite getrieben hat, so erinnert Adams' Szenerie doch ein bisschen an die Situation in Berlin im Mai 2012, kurz vor der feierlichen Eröffnung des lange erwarteten Hauptstadtflughafens.

Minutiös war der Umzug geplant, mit Lasterflotten, Tiefladern und Spezialfahrzeugen, damit in der Nacht vom 2. auf den 3. Juni alle Passagiertreppen, Kehrfahrzeuge und sonstiges betriebswichtiges Inventar von Tegel und Schönefeld umziehen konnten. Die Tanks am BER waren mit 18 Millionen Litern Kerosin randvoll gefüllt worden. Die Plakate mit der Werbekampagne für den neuen Willy-Brandt-Flughafen hingen überall in der Stadt, die Einladungen für die Eröffnungsfeier am 24. Mai waren verschickt – im Bordkarten-Design. Dann wurde am

7. Mai 2012 die Eröffnung abgesagt: Das Prestige-Projekt war zum Clusterfuck geworden, und ist es auch mehr als 2000 Tage danach noch immer. Vielleicht mehr denn je.

Der Schweizer Architekt Lukas Imhof spricht bei seiner Analyse des Scheiterns von BER höflich von einem System der »distribuierten Verantwortlichkeit«, wo es am Ende nur noch Bauernopfer gibt, keine Schuldigen und keine Verantwortlichen mehr. Der *Spiegel* formulierte es im Sommer 2017 nicht so fein: »Es gab klar definierte Ketten der Planung, Genehmigung, Verantwortung und Haftung, die nur leider alle früher oder später brachen. Hauptgrund dafür war, dass es vielen, wenn nicht den meisten Verantwortlichen, den Bauherren zumal und den sogenannten Aufsichtsräten, in teils eklatantem Maß an Verantwortungsbewusstsein mangelte.«

Es mangelte insbesondere an der Verantwortung für das Gesamtprojekt. An der Verantwortung dafür, jenes Ziel zu erreichen, für das der ganze Aufwand betrieben werden sollte: einen funktionsfähigen Flughafen. So etwas muss nicht jeder, der an einem Projekt arbeitet, ständig vor Augen haben. Oft ist es sogar besser, wenn jemand ganz stur nur das bearbeitet, wofür er zuständig ist, das aber dafür zuverlässig. Denn je komplexer und vernetzter ein Projekt, desto wichtiger ist es, dass sich jeder der Beteiligten darauf verlassen kann, dass auch alle anderen ihren Job erledigen. Aber noch einmal exponentiell wichtiger ist es dann, dass irgendwie im Gefüge dafür gesorgt wird, dass aus der Summe dieser Jobs auch das Gesamtprojekt entsteht.

Normalerweise sind für dieses Irgendwie zwei Institutionen zuständig: die Projektleitung, die den technischen und operativen Überblick haben sollte, und die Eigentümer, die alles bezahlen müssen. Schon diese Kombination – zwei Institutionen, eine Verantwortung – kann problematisch sein, funktioniert allerdings in vielen Fällen einwandfrei; nämlich immer dann, wenn beide Seiten ein gemeinsames Ziel haben. Dann lassen sich so ziemlich alle Konflikte lösen, die unter diesem Dach entstehen.

Beim BER gibt es allerdings jede dieser Institutionen mehrfach. Es gibt zuerst einmal drei Eigentümer: Die Flughafengesellschaft gehört zu je 37 Prozent den Ländern Berlin und Brandenburg und zu 26 Prozent dem Bund. Es gibt also (mindestens) drei zuständige Minister, drei zuständige Parlamentsausschüsse, drei Budgets mit Finanzministern und -ausschüssen, und drei Rechnungshöfe. »Wir werden beweisen, dass drei öffentliche Eigentümer so ein Projekt bauen können«, versprach Berlins Regierender Bürgermeister Klaus Wowereit beim BER-Spatenstich im September 2006 – und tat danach rein gar nichts, um dieses Versprechen auch halten zu können.

Dann gibt es eine Flughafengesellschaft, die die Eigentümer vertritt: In ihrem Aufsichtsrat fallen die wichtigsten BER-Entscheidungen, oder eben nicht. Diese Gesellschaft ist gleichzeitig oberste Instanz für alle operativen Fragen des Bauprojekts. In der Theorie ist dabei der kaufmännische Geschäftsführer für das Geld und der technische Geschäftsführer für den Bau verantwortlich – in der Praxis sind allerdings immer wieder beide unverantwortlich. So im Februar 2010: Als die BER-Generalplaner mitteilen wollen, dass es Zweifel gebe, »ob das primäre Projektziel der Flughafeneröffnung am 30. Oktober 2011 unter den derzeitigen Planungsbedingungen noch erreicht werden kann«, hat der technische Geschäftsführer keinen Termin für sie frei, und der kaufmännische Geschäftsführer erklärt sich für nicht zuständig. Als ob »das primäre Projektziel der Flughafeneröffnung« ihn nichts anginge.

Allein schon der Begriff »Generalplaner« zeigt dabei deutlich an, dass es auch auf der operativen Ebene der Projektleitung eine Schieflage gab, denn er klingt nach übergreifender Zuständigkeit, bedeutet das aber nicht. Schließlich gab es auch noch Gesamtprojektleiter und Gesamtbauleiter, aber nicht die eine, für das wirklich Gesamte zuständige Institution.

Für diese Institution gibt es in der Baubranche einen klar definierten Begriff: Generalunternehmer. Er verpflichtet sich dem Bauherren gegenüber, das Projekt zu einem festgelegten Termin in einer festgelegten Qualität fertigzustellen, und bekommt dafür einen festgelegten Geldbetrag. Natürlich klappt auch das nicht immer – es gibt kaum ein Großprojekt, bei dem nicht während der Bauphase noch einmal über die Termine und/oder das Geld gefeilscht würde. Aber man hat wenigstens einen klaren Ansprechpartner. Und der ist auch nicht nur politisch verantwortlich, wie es Klaus Wowereit war, sondern juristisch und finanziell. Ein Generalunternehmer, der sein Projekt nicht im Griff hat, kann schnell daran zugrunde gehen, weshalb die Baukonzerne, die sich für einen solchen Job bewerben, in der Regel genau wissen, was sie tun.

Die vier Konsortien, die sich im November 2006 als BER-Generalunternehmer bewarben, fielen jedoch sämtlich bei der Flughafengesellschaft durch. Sie seien zu teuer, hieß es: Alle Gebote lagen über einer Milliarde Euro, während die Bauherren noch behaupteten, mit 630 Millionen Euro auszukommen. Man machte es also allein. Zehn Jahre und fünf Milliarden Euro später ist klar, dass hier die Chance gelegen hätte, den Clusterfuck BER zu vermeiden. Aber damals gab es offenbar niemanden unter den (Un-)Verantwortlichen, dem die Tragweite der Entscheidung bewusst gewesen wäre.

Das lässt sich aus dem weiteren Verlauf der Ereignisse schließen. Es wurde nämlich an keiner Stelle eine Institution eingerichtet, die eine Verantwortung übernommen hätte, wie sie einem Generalunternehmer zugefallen wäre. Ganz im Gegenteil: Immer kleinteiligere Aufträge wurden vergeben. Erst sollte das Gesamtprojekt auf sieben Baulose aufgeteilt werden, vom Rohbau bis zur Gepäckförderanlage, am Ende wurden 40 einzelne Aufträge verteilt, wobei jeder Auftragnehmer wiederum mit einer Vielzahl von Unterauftragnehmern arbeitete. Das koordiniert sich nicht nur nicht von allein, sondern es lässt sich eigentlich überhaupt nicht koordinieren.

Schon gar nicht, wenn mitten im Planungs- und Bauprozess noch permanent Umplanungen stattfinden – zu einem Zeitpunkt, wo eigentlich gar nichts mehr umgeplant werden dürfte. Ab dem Januar 2010 sollte eigentlich kein Plan mehr geändert werden, um eine Chance zu haben, den anvisierten Eröffnungstermin (damals noch der 30. Oktober 2011) zu schaffen. »Aber die Geschäftsführung des Flughafens hält sich als Erstes selbst nicht daran«, schreiben die *Spiegel*-Reporter: »Es ist der Geschäftsführer Rainer Schwarz, der ständig Neues bestellt, neue Flächen, neue Räume, neue Lounges, neue Inseln für den Non-Aviation-Bereich, mit dem Flughäfen heutzutage das Geld verdienen: Klamotten, Duty-free, Andenken, Essen, Shopping.«

Die Wurstigkeiten an der Spitze setzten sich auf den Ebenen darunter fort. Es wurde die ganze Zeit gemacht – irgendwas irgendwie. Die *Spiegel*-Rechercheure konstatieren »ein großes Element von Versuch und Irrtum«. Es sei auf den Fluren nie die Kompetenz eingezogen, die für ein so großes Vorhaben notwendig gewesen wäre. Und schließlich diffundierte die Verantwortungslosigkeit bis hinunter zur täglichen Arbeit auf der Baustelle. Kabel und Rohre wurden nicht mehr nach Plan verlegt, sondern wie es sich gerade anbot. Wenn die eigene aktuelle Aufgabe nicht zu dem passte, was im Plan stand, wurde eins von beiden eben irgendwie passend gemacht. Und diese vielen kleinen Irgendwies summierten sich zu monströsen und vor allem unüberschaubaren Abweichungen von der real existierenden Planung. Alles also, was dazu beitrug, auf der Baustelle für den Augenblick zu funktionieren, führte immer weiter von dem eigentlichen Ziel weg: einen Flughafen zu eröffnen.

Auf Mitte 2011 datiert der *Spiegel* die letzte Chance, das Projekt noch zu drehen. Zu diesem Zeitpunkt seien alle Erkenntnisse vorhanden gewesen, die nahelegten, dass nicht nur eine Eröffnung des Flughafens im Juni 2012 unmöglich war, sondern eine Eröffnung des Flughafens vielleicht niemals möglich sein würde, wenn sich nicht die gesamte Herangehensweise grundlegend änderte. »Es hätte damals einen Menschen gebraucht, der den Mumm besessen hätte, dieser Erkenntnis zum Durchbruch zu verhelfen. Aber es gibt diesen Menschen nicht.«

Betriebsblindheit oder Inside Bullshit Castle

Hoch über dem Stuttgarter Talkessel in Möhringen thront das Hauptquartier des Daimler-Konzerns, ein Komplex mit 13 Gebäuden aus dem Jahr 1990, in der Mitte ein 13-stöckiges Hochhaus im zeittypisch postmodernen Stil, auf dem Dach der Mercedes-Stern. Der einstige Daimler-Chef Jürgen Schrempp prägte für das Gebäude den Namen, der bis heute daran haftet, auch wenn sich die Machtzentrale des Konzerns längst nach Untertürkheim verschoben hat: »Bullshit Castle«.

Und eigentlich meinte er damit sämtliche Firmenzentralen auf der Welt. Denn so wie in Fabriken Autos, Blusen oder Computer produziert werden, wird in Unternehmenszentralen Bullshit produziert. Verbaler Bullshit: Worthülsen und Nebelwörter, die sich in den Führungsetagen festsetzen und dort ein virales Eigenleben entfalten. Je verschwommener sie sind, je ungenauer sie etwas bezeichnen, desto fleißiger werden sie verwendet, um Zugehörigkeit und Konformität zu signalisieren. Organisatorischer Bullshit: Ein großer Teil des gesamten Arbeitsvolumens geht dafür drauf, die eigene Position zu sichern und Kontrahenten zu schwächen. Realer Bullshit: Wenn doch einmal etwas aus der Zentrale nach außen gelangt, dorthin, wo die eigentliche produktive Arbeit im Unternehmen stattfindet, ist die Chance ziemlich hoch, dass im Ergebnis die Produktion nicht gestärkt, sondern geschwächt wird. So wie bei Jürgen Schrempps Mega-Bullshit, der Fusion von Daimler und Chrysler im Jahr 1998, die ein für Daimler technologisch und finanziell verlorenes Jahrzehnt einleitete.

Das »Castle« in Schrempps Wortschöpfung verweist auf die Abgeschlossenheit von Konzern-Headquartern als Elfenbeinturm und Trutzburg gegen die komplexe und chaotische Außenwelt. Auf die gut abgeschirmte Parallelwelt, in der der hauseigene »Bullshit«-Dialekt gesprochen wird. Die Beteiligten selbst nennen ihn »Konzernkultur«.

Denn jede Organisation zieht die Menschen an, die zu ihr passen – und stößt die anderen ab. Das Ökosystem, das sich dabei innerhalb der Organisation entwickelt, kann dem einer

Familie ähneln oder dem einer Armee, dem eines Mönchsordens oder dem eines Junggesellenabschieds. Es gibt Experimentierkulturen für das Kind im Nerd, wie bei Google, und antisoziales Schulhofschlägertum, wie bei Uber. Dabei bildet sich im Innern eine Weltsicht heraus, die sich mit der draußen mehrheitlich anzutreffenden Weltsicht decken kann – dem, was man gemeinhin »gesunder Menschenverstand« nennt –, aber keineswegs muss.

Die so entstehenden Organisations-Ökosysteme können sogar so dysfunktional werden, dass sie die Produktion von Werten nicht nur behindern (das schafft jede Bürokratie), sondern verhindern. Normalerweise überlebt eine Organisation das nicht lange: weil ihr das Geld ausgeht, weil ein effizienterer Konkurrent sie übernimmt oder weil sie abgewählt wird. Man könnte dem BER also fast dankbar sein, dass er so konsequent auf Godot gebaut hat: Wann sonst kann man einer dysfunktionalen Unternehmenskultur so lange bei der Arbeit zusehen?

Das wohl zentrale Element für die BER-Clusterfuck-Produktion war die Verhinderung jeglicher Kritik. Der *Spiegel* zitiert einen ehemaligen Abteilungsleiter der Flughafengesellschaft: »Es herrschte ein Geist, dass Kritik als etwas Zersetzendes zurückgewiesen wurde. Wer nicht gesagt hat, dass alles toll ist, wurde vor versammelter Mannschaft fertiggemacht. Das ging aus von ganz oben, vom Aufsichtsrat, von Wowereit, der keine schlechten Nachrichten akzeptiert hat.« In den Protokollen der Aufsichtsratssitzungen klingt das dann so: »Der im Aufsichtsrat beschlossene Termin ist nicht durch eine gelbe Ampel zu hinterfragen.«

Wenn man die Augen vor den Problemen verschließt und dann auch noch allen anderen verbietet, sie zu öffnen, kann einem zudem leicht entgehen, dass man das Projekt gar nicht mehr brauchte. Reinhold Bauer, Professor für Wirkungsgeschichte der Technik in Stuttgart, erläutert das am Beispiel des Transrapid: »Als man in den 60er-Jahren begann, den Transrapid zu entwickeln, gab es eine Angebotslücke: Bis zu einer Entfernung von etwa 200 Kilometern reiste man recht angenehm mit der Bahn, ab einer Strecke von 700 bis 1000 Kilometern nutzte man im Zweifelsfall das Flugzeug. Für die Distanz dazwischen war der Transrapid vorgesehen. Doch diese Lücke schloss sich durch die schnellen ICE-Züge, und Fliegen wurde immer billiger und schon bei kürzeren Strecken üblich.«

Ähnlich ist es bei großen komplexen Flughafen-Terminals. Die braucht man vor allem, um große Mengen an Umsteige-Verbindungen reibungslos abwickeln und viele Menschen an vielen Schaltern zum Einchecken anstehen lassen zu können – aber wer bitteschön checkt heute noch am Schalter ein? Auch ging die Marktentwicklung der letzten zwei Jahrzehnte weg von den Knotenkonzepten und hin zu einer möglichst großen Zahl von Direktverbindungen. Das Großprojekt BER hätte man also in den vergangenen Jahren mehrfach aufgeben oder zerstückeln können, denn das, was Flughäfen auch weiterhin brauchen werden, war ja längst funktionsfähig vorhanden: Startbahnen, Einflugschneisen, Flugsicherung, Hangars, Tanklager.

Aber einzusehen, dass das, was man seit Jahren macht, eigentlich gar nicht mehr gebraucht wird, ist eben nicht leicht, sagt Technikhistoriker Reinhold Bauer: »Gerade Großprojekte gewinnen eine Eigendynamik, die es schwer macht, rechtzeitig auszusteigen. Zudem bedroht ein Misserfolg die Karriere der Akteure. Schließlich entsteht eine Art Betriebsblindheit, die die Wahrnehmung von äußeren Veränderungen verhindert.«

Prestigeobjekte oder Blinded by the light

In der Folge *Marge vs. The Monorail* der Cartoonserie *Simpsons* ist die Gemeinde Springfield überraschend zu drei Millionen Dollar gekommen und berät in einer Bürgerversammlung, was damit anzustellen sei. Von der Aufstockung der Polizeikräfte bis zur Reparatur der Hauptstraße werden verschiedene naheliegende Vorschläge diskutiert (Homer Simpson: »Booring!«), bis Lyle Lanley, ein unbekannter geckenhafter Entertainer mit Stock und Strohhut, sich zu Wort meldet und alle Register der gewieften Verkaufskanone zieht: Ach nein, seine Idee sei hier verschenkt und doch eher etwas für die traditionell mit Springfield konkurrierende Kleinstadt Shelbyville. Mittels einer mitgebrachten Modelleisenbahnlandschaft und einer Sing- und Tanzeinlage überzeugt er die Einwohner von Springfield schließlich, dass sie unbedingt eine Monorail, eine Magnetschwebebahn, brauchten, die ihre kleine Stadt umrunden soll, so eine wie sie die Städte North Haverbrook, Ogdenville und Brockway auch schon besäßen.

Geblendet von der durchchoreografierten Verkaufsshow brechen alle in frenetischen Jubel aus – alle bis auf Marge Simpson, die Lanley als windigen Scharlatan durchschaut. Es kommt, wie es kommen muss: Bei der Jungfernfahrt gerät das kostspielige und unausgereifte Wunderwerk der Technik außer Kontrolle und zerstört sich selbst, während Langley im Flugzeug nach Tahiti sitzt.

Man muss schon sehr nüchtern sein, um sich von so einem unverhofften Geldregen nicht beeindrucken zu lassen. Ungefähr so nüchtern wie die Bewohner der schweizerischen Gemeinde

Rüschlikon nahe Zürich, die im Jahr 2011 vor der Frage standen, was sie mit plötzlichen Mehreinnahmen von 50 Millionen Franken anfangen sollten: Der Börsengang des Rohstoffkonzerns Glencore hatte dessen in Rüschlikon steuerpflichtigen Großaktionär Ivan Glasenberg zum mehrfachen Milliardär gemacht, entsprechend üppig fiel nun der Gemeindeanteil an der Vermögenssteuer aus. Die Bürgerversammlung des Ortes entschied sich gegen jegliches neue Investitionsprojekt – und für eine Senkung des Gemeinde-Steuersatzes um knapp ein Zehntel.

Theoretisch wäre so etwas fast immer möglich. Praktisch allerdings geht von vorhandenem Geld eine magische Sogwirkung aus, es auch auszugeben. Wie eine Elster auf Gold anspringt, so lassen sich Politiker und die öffentliche Meinung durch das Prestigeversprechen von Großprojekten anlocken.

Bei unserem Lieblings-Clusterfuck BER wurde dieses Prestigeversprechen vom damals mächtigsten Menschen der Welt ausgesprochen: US-Präsident Ronald Reagan. In seiner Rede am Brandenburger Tor am 12. Juni 1987 (»Mr. Gorbachev, tear down this wall!«) betätigte er sich nämlich auch als Flughafenprophet: »Wir sehen dem Tag entgegen, an dem West-Berlin eines der wichtigsten Zentren der Luftfahrt im gesamten Mitteleuropa werden kann«, sagte Reagan.

Dann fielen die Mauer und der Eiserne Vorhang, Berlin wurde Hauptstadt Deutschlands und Brückenkopf nach Osteuropa – da war es doch logisch, dass es auch einen Flughafen benötigte, der sich einer Metropole würdig erwies. Es sollte nicht einfach irgendein Flughafen werden, sondern der perfekte: ein Flughafen neuen Typs, aus einem Guss, ein Modell für die Zukunft. Der Architekt Meinhard von Gerkan verpasste seinem Entwurf ein Dach, das an die große Berliner Architekturtradition von Karl Friedrich Schinkel und Ludwig Mies van der Rohe anknüpfen sollte.

Der Blick ging nach ganz oben, zu strahlender Größe – und wurde von dieser geblendet. Hätten die Berliner stattdessen den Blick gesenkt und einfach einen Flughafen gebaut, ganz ohne Prestige und Metropolen-Ballast, er wäre längst fertig, hässlich und funktional wie ein Plattenbau. Aber es musste ja was Besonderes sein.

Am Besonderen haben sich auch schon andere verhoben. Die Hamburger mit ihrer Elbphilharmonie zum Beispiel: sechs Jahre zu spät, 600 Millionen Euro zu teuer, durchaus beeindruckende Architektur, aber allenfalls mittelmäßige Akustik. Oder die Oper von Sydney, deren ikonische Qualität heute vergessen lässt, was für ein Planungsdesaster das Projekt ursprünglich war. Anfang der 1950er befand man, Sydney brauche ein neues Opernhaus als große architektonische Geste, um zu anderen Weltmetropolen und deren Landmark-Buildings aufzuschließen. Es wurde eine Kommission unter Leitung des damals weltbekannten Stararchitekten Eero Saarinen gebildet und ein Wettbewerb ausgeschrieben. Aus den 233 Einreichungen stach das Modell des völlig unerfahrenen 38-jährigen Dänen Jørn Utzon aufgrund seiner Radikalität heraus. Die unmittelbare Evidenz der Muschelform hatte es der Jury angetan. Auch der Kostenansatz bewegte sich im unteren Segment, so bekam Utzon den Zuschlag.

Erst später kam heraus, dass man die Strukturen des Modells mit der damaligen Technik überhaupt nicht bauen konnte und umfangreiche Anpassungen vorgenommen werden mussten. Peter Hall schreibt in *Great Planning Disasters*: »Bemerkenswerterweise wurde der Wettbewerb von einem Entwurf gewonnen, bei dem die Expertenjury weder belastbare Anhaltspunkte für die statische Machbarkeit des Designs noch für die tatsächlichen Kosten hatte.« Diese explodierten bis zur Eröffnung im Jahr 1974 von veranschlagten 7 Millionen australischen Dollar auf über 100 Millionen, was sowohl bei der Bauzeit von 27 Jahren als auch beim Vervielfältigungsfaktor der Kosten um 1400 Prozent rekordverdächtig ist. Hätte ein Bauingenieur der Kommission angehört, folgert Peter Hall, hätte es dieses Gebäude in seiner heutigen Form nie gegeben.

Auch wenn die Oper von Sydney heraussticht, ist sie doch typisch für öffentliche Großprojekte, die um ein Vielfaches länger dauern und teurer werden als veranschlagt. In einer 2015 veröffentlichten Gemeinschaftsstudie haben Wissenschaftler aus Harvard und Oxford insgesamt 2200 Großprojekte untersucht, von denen weniger als ein Viertel im ursprünglich avisierten Zeit- und Kostenrahmen geblieben ist. Der beteiligte Stadtplaner Bent Flyvbjerg dazu: »Nur ganz wenige Projekte waren wirklich ein Erfolg, und in 78 Prozent der Fälle haben die Projekte die Erwartungen nicht erfüllt.«

Am interessantesten jedoch ist der Befund aus den tiefenpsychologischen Interviews mit Projektverantwortlichen. Danach gehen Planer und Auftraggeber von Großprojekten davon aus, dass beim Bau oder Betrieb ungeahnte Probleme auftreten können, vertrauen jedoch gleichzeitig darauf, dass ihnen zu gegebenem Zeitpunkt schon eine Lösung einfallen oder zufliegen werde. »Wo aber Gefahr ist, wächst das Rettende auch«, dichtete Hölderlin – je drängender ein Problem ist, desto intensiver wird versucht, es zu lösen, und desto größer ist auch die Chance, dass tatsächlich eine Lösung gefunden wird. Da kann man schon mal zu chronischem Über-Optimismus neigen.

Dumm nur, dass in vielen Fällen diejenigen, deren Anstrengungen man für diese Lösung bräuchte, davon gar nichts wissen wollen. Auftragnehmer und ausführende Angestellte nämlich neigen zum Zynismus. Sie sehen zwar die aufziehenden Probleme viel klarer, sie sind ihnen jedoch egal, weil sie am Ende nicht den Kopf dafür hinhalten müssen. So komme es zu einer stillschweigenden Allianz von Optimisten und Zynikern. »Die einen sind grundsätzlich Optimisten, die anderen nutzen das für ihre Zwecke aus«, sagt Flyvbjerg. Der Clusterfuck ist vorprogrammiert, aber die einen wollen ihn nicht wahrhaben, die anderen nehmen ihn billigend in Kauf.

7 Intelligentes Design

> Was man nicht reparieren kann,
> das ist auch nicht kaputt.
> *ALF*

Es ist schwierig, todsichere Ratschläge und Handlungsanweisungen für einen umsichtigen Lebens- und Denkstil zu geben, der Clusterfucks zu vermeiden hilft und kaskadierende Katastrophen im Keim erstickt. Wie wir gesehen haben, kommen schwarze Schwäne immer aus der Richtung, aus der man sie nun wirklich nicht erwartet. Vermutlich trifft Charles Perrows bereits 1984 formulierte These von den »normalen Katastrophen« zu: In hinreichend komplexen technosozialen Systemen sind Fehler, Unfälle und Katastrophen schlichtweg unvermeidlich – einfach weil die Zahl der unterschiedlichen Pfade, die sie im Verlauf nehmen können, so exorbitant hoch ist, dass man immer erst »ex post« versteht, wie es eigentlich dazu kommen konnte.

Und der Versuch, sich durch Vorausschau gegen sie zu imprägnieren, erhöht paradoxerweise die Verwundbarkeit, weil er eine Scheinsicherheit und Kontrollillusion erzeugt. Oder wie Nassim Taleb bemerkt: »Es ist ein ziemlicher Mythos, dass Planung Unternehmen hilft.« Die Welt sei einfach »zu zufällig und unvorhersehbar, als dass man seine Politik auf die Vorhersagbarkeit der Zukunft gründen könne«.

Die wichtigste Vorkehrung scheint zu sein, Entscheidungsträger für die Clusterfuck-Problematik zu sensibilisieren, ihnen die psychologischen Mechanismen bewusst zu machen, die in die Katastrophe führen, und ihnen Achtsamkeit beizubringen. Wir werden niemals verhindern können, dass sich Naturkatastrophen ereignen, dass es unerwartete Schicksalsschläge gibt und dass manchmal Dinge schiefgehen und scheitern. Aber wir können mittels Organisations- und Denkdesign die Wahrscheinlichkeit absenken, dass sich solche Krisenmomente zu Clusterfucks auswachsen. Ein paar Hinweise und Ansatzpunkte finden sich im folgenden Kapitel. Der Rest? Ist gottbefohlen.

Entzerren oder Klumpenrisiken zerschlagen

»Auseinander!« Was der Ringrichter beim Boxen befiehlt, wenn sich die Kombattanten verkeilt haben, gilt auch für sich anbahnende Resonanzkatastrophen. Deshalb gibt es »circuit breakers«, die den Teufelskreis durchbrechen. Was beim Rasenmäher und im Bahnführerstand der »Totmannschalter« ist oder im Stromnetz zu Hause der Sicherungskasten, ist an vielen Börsen die Aussetzung des Handels: Wenn der Kurs einer Aktie schlagartig durch die Decke geht oder in den Keller sackt, wird für eine Stunde oder den Rest des Tages der Handel ausgesetzt, damit Anleger und Spekulanten zur Besinnung kommen können. Und manchmal hilft das sogar.

Noch besser wäre natürlich, den Teufelskreislauf so sehr zu verlangsamen, dass es gar nicht erst zu derart irrationalen Dynamiken kommen kann. Mit einer Finanztransaktionssteuer, wie sie seit einigen Jahren im Gespräch ist, ließe sich eine künstliche

Trägheit ins Finanzsystem einbringen, die, so die Befürworter, einer spekulativen Blasenbildung entgegenwirkt. Auf internationaler Ebene ist das Projekt längst gescheitert, nur Frankreich und Deutschland basteln weiter daran. In einem ganz anderen Bereich tauchte die Steuerungsidee zur Reduktion der Übervernetzung kürzlich jedoch wieder auf. Um die wildwuchernde Verlinkung im Internet – und damit die Anfälligkeit für Cyberattacken – zu reduzieren, hat der ETH-Professor Dirk Helbing eine Steuer auf Internet-Links vorgeschlagen: »Jedes Risiko sollte einen Preis haben – also auch jeder Link. Wenn Verbindungen besteuert würden, führte das zu einer Abwägung, bevor ein Link gesetzt, zwei Dinge oder Personen verbunden werden: Welche Verbindungen sind wirklich wichtig? Wichtig für mich, wichtig für meinen Zweck, wichtig für das finanzielle oder politische oder soziale System?« Und ein Link, der seinen Preis nicht wert wäre, würde gar nicht erst gesetzt.

Eine Link-Steuer würde ganz bestimmt das Internet weniger komplex machen – aber dafür das Steuersystem noch komplizierter. Solange man sich auf einer globalen Ebene bewegt, wird man beim Versuch, das eine Teilsystem robuster zu gestalten, ein anderes Teilsystem anfälliger machen. Man müsste also den Spaten tiefer ansetzen: bei der Architektur der Teilsysteme selbst und deren enger Kopplung, die Charles Perrow als eine der Hauptursachen systemischer Katastrophen identifiziert. Als technischer Begriff meint enge Kopplung, »dass es zwischen zwei miteinander verbundenen Teilen kein Spiel, keine Pufferzone und keine Elastizität gibt. Sämtliche Vorgänge des einen Teils wirken sich unmittelbar auf die Vorgänge des anderen Teils aus.«

»Lege nicht alle Eier in einen Korb!« ist wohl einer der wichtigsten Ratschläge, nicht bloß für die Portfolio-Strategie von Investoren. Klumpenrisiken, englisch »concentration risks« oder »cluster risks« sind, das sagt schon der Name, Brutstätten für Clusterfucks. So war die Keimzelle der Weltfinanzkrise von 2008 die Krise des US-Wohnungsmarkts, wo die Risiken der Hauskredite als Einzelrisiken der individuellen Hypothekennehmer behandelt wurden, als handele es sich um isolierte Einzelschicksale. Tatsächlich waren diese Risiken gekoppelt an die Entwicklung des gesamten US-Immobilienmarktes. Oder, wie es Peer Steinbrück in seiner Zeit als Finanzminister einmal ausdrückte: »Wenn der Himmel runterfällt, sind alle Spatzen tot.«

Wenn die Interdependenz der wichtigste Brandbeschleuniger für Katastrophen ist, kann die Schlussfolgerung nur lauten: die Projektbestandteile weitestmöglich zu entzerren und zu entkoppeln. Eines der ehernen Designprinzipien, um Projekte überschaubar zu halten, die Widerstandsfähigkeit von Organisationen zu erhöhen und das Risiko fataler Clusterfucks zu minimieren, heißt deshalb: Modularisierung.

Der Flughafen Stansted bei London zum Beispiel ist bei Weitem keine Schönheit, auch wenn er von Sir Norman Foster designt wurde – aber es ist ein absolut funktionierender Flughafen, der von der Planung über die Baudurchführung bis zum Betrieb im Planungsrahmen geblieben ist und alle Anforderungen bis heute erfüllt. Das Geheimnis dahinter wird offensichtlich, sobald man sich das Gebäude anschaut. Es sieht aus wie mittels Copy-and-Paste entworfen, aufgebaut und zusammengesetzt aus immer wieder denselben Modulen und Elementen. »Vermutlich wäre es einfacher und erfolgversprechender gewesen«, so der Schweizer Architekt Lukas Imhof, anstatt des

Großflughafens BER fünf kleine Flughäfen zu bauen, die sich Start- und Landebahn teilen. Dann wären sie heute schon in Betrieb.«

Analog gilt das für den Finanzsektor: Wer Risiken minimieren will, der schafft Interdependenzen ab und zerschlägt enge Kopplungen. Als Reaktion auf die Finanzkrise stellte daher die British Banking Commission 2011 ihre neuen Richtlinien für die Organisation von Großbanken vor, die sich am Design moderner Öltanker orientieren – so zumindest die Einschätzung eines Kommentars in der *Frankfurter Allgemeinen Zeitung* am 11. April 2011: »Nachdem früher ein Unfall eines Öltankers regelmäßig zur katastrophalen Verseuchung des Meeres führte, wurde die Architektur großer Tanker reformiert. Innerhalb des Schiffsmantels teilen vertikale Schottwände den Tanker wie nebeneinandergestellte Schuhkartons. Das garantiert, dass sich bei Havarie nicht das Öl des gesamten Tankers ins Meer ergießt. Zudem bieten die vertikalen Wände eine verbesserte Stabilität des Schiffes.«

Das Problem beim Bankensektor: Einerseits braucht es Banken einer kritischen Masse, um ihre Funktion für größere Volkswirtschaften wahrnehmen zu können, andererseits, das hat die Bankenkrise von 2008 gezeigt, infizieren die hohen Risiken des Investment- und Derivategeschäfts das Kunden-Kerngeschäft und ziehen es in Krisenfällen mit in den Abgrund. Der Staat, also die Gemeinschaft, wird mit einem dicken Ölteppich überzogen. Anleger und Sparer stehen danach da wie in Öl getunkte Seevögel.

Was also tun? Schottwände einziehen, forderte die Banking Commission: Investmentbanking und Privatkundengeschäft sollten strikt voneinander getrennt werden. Das Einlagengeschäft, Kleinkunden-Kreditgeschäft und der Zahlungsverkehr sollten als gemeinsame Einheit innerhalb des Bankenkonzerns abgeschottet und mit eigenem Kapital ausgestattet werden. Klingt simpel und einleuchtend. Was nicht bedeutet, dass es so gegen die Phalanx der Bankenlobby durchgegangen und in Gesetze gegossen worden wäre. Immerhin, ein bisschen Entklumpung wurde seither erreicht, das System erscheint heute etwas robuster als vor zehn Jahren.

Resilienz oder Der Sinn des Überflüssigen

Wenn es eine Ein-Wort-Antwort auf die große Herausforderung gibt – die Häufung von externen Krisen, die gesteigerte interne Krisenanfälligkeit und den bevorstehenden Paradigmenwechsel ins Digitalzeitalter –, dann ist es Resilienz. Abgeleitet ist sie vom lateinischen *resilire* (abprallen, zurückspringen) und stammt ursprünglich aus der Physik und Werkstoffkunde, wo Resilienz den stabilen Gleichgewichtszustand eines Systems bzw. die Eigenschaften elastischer und gleichzeitig robuster Materialien bezeichnet. Karriere machte der Begriff zunächst in der Pädagogik. Anfang der 1970er zog ihn die Entwicklungspsychologin Emmy E. Werner heran, um zu erklären, warum manche im Rahmen einer Langzeitstudie von ihr untersuchte Kinder der Hawaiiinsel Kaua'i, die unter extrem widrigen sozialen Umständen aufwuchsen, später dennoch zu gesunden und selbstbewussten Persönlichkeiten heranreiften. Seither forschen Psychologen daran, welche Faktoren zusammentreffen müssen, damit Menschen an Trauma- und Krisensituationen nicht zerbrechen. Seit einiger Zeit haben auch Urbanisten, Trendforscher und Unternehmensberater das R-Wort für sich entdeckt – als Chiffre für all das, worauf es in Krisenzeiten wie diesen ankommt.

Eine der wichtigsten Erkenntnisse der Resilienzforschung ist, dass es verborgene Ressourcen und Potenziale geben muss, die im Normalfall brachliegen und sich in Not- oder Extremsituationen mobilisieren lassen. Wenn daraus jedoch eine Unternehmensstrategie erwachsen soll, lauern hier durchaus Konflikte. Manager lieben Effizienz. Wo gibt es Doppelstrukturen, die sich beseitigen lassen? Überaufwand, der wegrationalisiert werden kann? Synergiepotenziale, die zu heben sind? Das Idealbild ist die schlanke Organisation ohne Bauchspeck und Wasserkopf, und natürlich macht sich das Verschlanken auch positiv in der Bilanz bemerkbar – in Zeiten, in denen alles nach Plan läuft. In volatilen Zeiten hingegen zeigt sich oft die Kehrseite einer auf kompromisslose Effizienz getrimmten Strategie. Es gibt kein Netz mehr und keinen doppelten Boden, die den Crash auffangen könnten.

Hier greift die Analogie natürlicher Ökosysteme: Eine hochgezüchtete Monokultur ist zwar hocheffizient, aber sehr anfällig gegen Schädlingsbefall. Ein vielfältiges Biotop ist dagegen sehr viel resilienter gegenüber Schocks und Eindringlingen. Bernard Lietaer, Finanzexperte und ehemaliger Zentralbanker Belgiens, hält die hochgetunte Effizienz des Weltfinanzsystems gar für die Hauptursache der Weltfinanzkrise. »Die Forschung zeigt, dass ein zu hoher Grad an Effizienz eines Systems gleichzeitig seine Instabilität steigert. Das ist es, was wir jetzt erleben«, sagte Lietaer im Januar 2009 im Interview mit *brand eins*.

Ökonomisch gesprochen besteht ein »trade off« zwischen

Effizienz und Resilienz: Man muss auf Erstere verzichten, um Letztere zu erlangen. »Die Natur strebt nicht in erster Linie nach Effizienz, sondern nach Überlebensfähigkeit«, führt Bernard Lietaer weiter aus: »Um den Punkt der optimalen Balance herum gibt es nur einen sehr schmalen Sektor, das ›Vitalitätsfenster‹, in dem das System nachhaltig lebensfähig ist. Außerhalb dieses Vitalitätsfensters ist es entweder zu wenig effizient aufgrund zu hoher Vielfalt und Vernetzung oder zu wenig belastbar wegen zu geringer Vielfalt und Vernetzung.«

Für Organisationen bedeutet das, dass scheinbar brachliegende Potenziale sich in kritischen Momenten als überlebenswichtig erweisen können. »Financial slack«, finanzieller Leerlauf, heißt das in der Sprache des Geldes. In der Finanzkrise hat sich gezeigt, dass ein Polster aus ungenutztem Kapital und nicht bewirtschafteten Rücklagen auch ein Segen sein kann. Deshalb sind etwa die bräsigen, aber gepolsterten Sparkassen sehr viel besser durch die Turbulenzen gekommen als die hochgezüchteten Institute und Investmentbanken, die schlussendlich beim Staat Unterschlupf suchen mussten. Auch Unternehmen sollten sich ein gewisses Maß an Redundanzen gestatten. Man weiß ja nie, wofür es mal gut sein kann.

Wenn, wie Nassim Taleb vermutet, zu viel Planung Menschen und Organisationen nicht robuster gegenüber unvorhersehbaren Zukunftsschocks macht, sondern anfälliger dafür, dann sind es der Leerlauf, das schweifende Herumexperimentieren und »Denken auf Vorrat«, die uns dagegen wappnen können. Man hat etwas in petto und kann zur Not zusetzen. Nur so entstehen auch die Werkzeuge, die es braucht, um die vertrackten Probleme der Zukunft zu kontern. Innovationen sind scheue Rehe, die vor dem grellen Scheinwerferlicht hoher Erwartungen auf schnelle Resultate fliehen. Wie Steinpilze gedeihen sie am besten am Waldrand, auf verwunschenen Lichtungen und im Halbschatten.

In *Where Good Ideas Come From* schreibt der Wissenschaftsautor Steven Johnson: »Ein Teil des Geheimnisses hinter wirklich großen Ideen liegt darin, ein Umfeld zu schaffen, in dem die einzelnen Fragmente mit der Zeit reifen und sich entfalten können.« Johnson verbindet damit die Sorge, dass auf Effizienz getrimmte Unternehmen die letzten kreativen Sümpfe und Biotope austrocknen und dadurch wirklich nachhaltige Innovationen zugunsten kurzfristiger Effekte eintauschen – mithin, dass das heutige Innovationsmanagement genau das abtötet, was es eigentlich herbeizwingen will. Manchmal muss man Wege mehrmals gehen, um bahnbrechende Erfindungen zu machen. Das soll keine Entschuldigung für Wasserköpfe in Organisationen sein, wohl aber ein starkes Argument für Überlappungen, Vielfalt und Diversität.

Achtsamkeit oder Drop your tools!

Wenn jemand wissen muss, wie man mit sozialem Design lauernde Katastrophen in Schach halten kann, dann sind es »High Reliability Organisations« (HRO), also Einrichtungen wie Krankenhäuser oder das Militär, wo kleine Fehler oder Unachtsamkeiten schnell fatale Folgen haben. Bei ihnen trifft man regelmäßig auf einen Mix aus standardisierten Routinen und Achtsamkeitstraining, der Risikominimierung institutionalisiert und die Sinne für erste Anzeichen drohender Clusterfucks schärft. Geprägt haben das Konzept die Organisationsforscher Karl E. Weick und Kathleen M. Sutcliff mit ihrem Buch *Managing the Unexpected.* Die Kunst der HROs besteht darin, Achtsamkeit in die tägliche Routine zu integrieren, ohne sie durch Routine abzutöten.

Die US-Marine beispielsweise veranstaltet auf ihren Flugzeugträgern regelmäßig sogenannte Achtsamkeits-Walks, bei denen die gesamte Besatzung des Schiffes sich langsam über das Deck bewegt und nach Kleinteilen sucht, die bei Starts und Landungen durch die Gegend fliegen oder die Reifen der Jets zerschlitzen könnten.

Im zivilen und militärischen Flugverkehr sind es Checklisten, die zwingend abgearbeitet werden müssen, bevor eine Maschine starten kann. Diese Checklisten liegen bis heute nicht digital vor, sondern nur physisch auf Papier und Clipboard im Cockpit, was fehlersicher ist und die Disziplin erhöht. Bei den wirklich kritischen Checks gilt ein dialogisches Vier-Augen-Prinzip (»challenge and reply«).

In der Chirurgie gibt es, wie der Medizinunternehmer Rüdiger Lohmann berichtet, vor Beginn der OP einen »time out« für das gesamte Team: »Das ist eine kurze Auszeit vor der Operation, in der alle Beteiligten noch einmal darüber reden, bei welchem Patienten, bei welcher Diagnose zum Beispiel welche Seite wie operiert werden soll. Auch die individuellen Risiken und die Vollständigkeit der für die OP notwendigen Röntgenbilder wird besprochen.« Studien hätten gezeigt, dass sich die Mortalität in Krankenhäusern allein durch Checklisten dramatisch bis auf die Hälfte eindämmen lässt.

Allerdings sei auch hier, wie bei allen Sicherheitsprozeduren, der Schlendrian das Problem. Ein gut eingespieltes Team nimmt es halt irgendwann nicht mehr so genau. Bei den Marinefliegern der Bundeswehr versucht man, diesen Effekt zu kontern, indem man auf die Rotation der Besatzungen Wert legt. Was man damit jedoch nicht abgeräumt bekommt, sind Betriebsblindheit und habituelles Berufsethos bis hin zum Korpsgeist, vor denen auch und gerade HROs nicht gefeit sind.

Dietrich Dörner schreibt in der *Logik des Mißlingens*: »Beigetragen zur Reaktor-Havarie von Tschernobyl hat auch, dass all diese Verletzungen der Sicherheitsvorschriften keineswegs zum ersten Mal (›ausnahmsweise‹) riskiert wurden, sondern – ohne Folgen – schon oft vorher durchexerziert worden waren. Es war ›Methode‹ geworden, Gewohnheiten, man machte es eben so, da es schon immer so gemacht worden war.« Diese Erosion der Sicherheitsstandards folgt der Logik des Gruppendenkens (siehe Kapitel 6, Groupthink): Schleichend bestätigt sich ein verschworenes Team, das sich für unverwundbar und unverbesserlich hält, in der festen Überzeugung, auch ohne Befolgung der Vorschriften alles unter Kontrolle zu haben.

Fast aufschlussreicher noch als die Funktionsweise der HROs erscheint deshalb ihr Versagen. Die Grundlagen für dessen Verständnis hat Karl E. Weick 1996 mit seiner Untersuchung von Feuerwehr-Desastern in den USA gelegt, die bis heute zu den meistzitierten Veröffentlichungen in diesem Zusammenhang zählt. Insgesamt 27 Feuerwehrleute kamen bei den Waldbränden 1949 in Mann Gulch und 1994 in Glenwood Springs ums Leben, weil sie jeweils von der explosionsartigen Ausbreitung des Feuers überrascht wurden, vor allem aber weil sie nicht von dem lassen konnten, was ihnen im Normalfall Erfolg versprach. Sie starben mit ihren Motorsägen in den Händen, so nah an sicherem Gelände, dass sie ohne Geräte die entscheidenden

Minuten schneller und in Sicherheit gewesen wären. Weick sieht darin eine »Allegorie für das Studium von Organisationen« und rät: »Drop your tools!«

Gemeint ist damit weniger, dass sich Unternehmen und Konzerne bei den Anzeichen einer Krise buchstäblich ihres Maschinenparks und sonstigen Anlagevermögens entledigen sollen, sondern vielmehr die Kunst des Ent-Lernens, sprich: dass die Verantwortlichen in Organisationen unter dem Eindruck des Unvorhergesehenen ihr angestammtes Denkwerkzeug und schweres Theoriegerät fallen lassen sollen, um situativ angemessen reagieren zu können. So wie uns Sicherheitsstandards und -routinen vor Katastrophen schützen, so können uns professionelle Deformationen und eingefahrene Denkmuster in den Abgrund reißen.

Cynefin oder Positionsbestimmung im Unbekannten

Was dem einen seine Eule, ist dem anderen seine Nachtigall. Und das Geld ist nie ganz weg, meist hat es nur ein anderer. Insofern ist es immer eine Frage von Standpunkt und Perspektive, ob wir eine Situation als existenzbedrohlichen Clusterfuck interpretieren oder als sportliche Herausforderung.

Ein lokaler Polizeichef kann nach einem Amoklauf über sich hinauswachsen und die gleichzeitig auf ihn einprasselnden Aufgaben und Funktionserwartungen traumwandlerisch erfüllen: von Einsatzkommandos, die klare Marschbefehle brauchen, über Angehörige, die informiert sein wollen, bis zu Medienvertretern, die ebenfalls ein Anrecht auf Information anmelden.

Umgekehrt kann ein CEO eines erfolgreichen Traditionskonzerns alle Anzeichen eines sich radikal wandelnden Marktumfelds und neuer Technologien übersehen und den Tanker geradewegs ins Verderben steuern.

Aus diesen Beobachtungen und Überlegungen hat der walisische Berater und Denktool-Erfinder David Snowden ein Raster entwickelt, das einem über eine grundlegende Positionsbestimmung Orientierung und Hinweise liefert, wie situationsangemessen zu verfahren sei. Cynefin (ausgesprochen: kunewin) ist ein altes walisisches Wort für Umgebung, Kontext oder auch Nahbereich. Das Cynefin-Framework ist eigentlich nicht mehr als eine Vier-Felder-Matrix, die die Welt einteilt in »simpel«, »kompliziert«, »komplex« und »chaotisch«. Aber diese Unterteilung hat es durchaus in sich. Mit ihr helfen Snowden und seine Firma Cognitive Edge Behörden, Institutionen und Unternehmen, die Bedingungen ihrer Entscheidungsfindung besser zu reflektieren. Und die Übergänge zwischen den einzelnen Kacheln sind fließend – bis auf den von »simpel« zu »chaotisch«. Dort fällt ein steiles Kliff ab, und ist man einmal ins Chaos gestürzt, führt kein einfacher Weg zurück nach oben.

Die Entscheidungsheuristik im »simplen« Quadranten ist, klar, simpel: Routineabläufe, über die es kein Vertun gibt. Die richtige Antwort ist selbstevident, und es gibt eine eindeutige »best practice«, nach der die Dinge zu laufen haben. Man stelle sich einen Briefträger vor, der morgens seine Tasche mit Post auf einem klar definierten Wege austragen muss. Die einzige Gefahr, die hier lauert: dass man eine Situation fälschlicherweise als simpel eingestuft hat, weil man ihre Komplexität unterschätzt hat. Manager mögen zu Kennzahlen kondensierte Informationen, die ihnen vorgaukeln, alles sei einfach und unter

Kontrolle, während sich draußen längst der Orkan zusammenbraut.

Komplizierter wird es, wenn es kompliziert wird. Dann betritt man das Reich der Experten, auf deren Hilfe man angewiesen ist. Vor der Antwort stehen hier die Analyse und die Auswahl einer »good practice«. Ist das Auto kaputt, wissen wir das, aber wir wissen in der Regel nicht, was genau kaputt ist und wie wir die komplizierte Reparatur bewerkstelligen sollen. Wir entscheiden uns für eine Werkstatt. Bei Innovationen und Explorationen helfen Wissenschaftler und Forscher, sie in neue Technologien und Produkte zu gießen.

Ein Elektrosportwagen mag eine komplizierte Maschine sein, aber sie ist nicht komplex. Ein versierter Ingenieur kann sie auseinander- und wieder zusammenbauen. Komplexe Problemlagen zeichnen sich dadurch aus, dass es keine vorab richtigen Lösungen mehr gibt, weil der eingeschlagene Lösungsweg das Gesamtproblem verändert und Vorhersagen so unmöglich werden – eine Komplexität, wie wir sie in Großorganisationen oder vernetzten Ökosystemen antreffen. Die beste Entscheidungsheuristik kann hier nicht aus der Vergangenheit abgeleitet werden. Es ist eine emergente Praxis, die im Live-Experiment und durch »trial & error« herausfindet, was ein gangbarer Weg sein könnte.

Viele Start-ups operieren nach der Methode »Permanent Beta«: Durch das Testen von Alternativen entdecken sie Nutzerbedürfnisse, die im ursprünglichen Businessplan gar nicht vorgesehen waren. Auch bei der Entwicklungshilfe punkten gerade die »Randomistas«, die ohne moralische und paternalistische Vorurteile, dafür mit zufallsbasiertem A-B-Testing unkonventionelle, oft kontraintuitive, aber sehr erfolgreiche neue Wege beschreiten, wenn es darum geht, den Impfschutz, den Bildungsstand oder die Ernährung in Entwicklungsländern zu verbessern.

Die Chaoszone schließlich erfordert kein langes Räsonieren – rationale Ursache-Wirkungs-Muster sind ohnehin unmöglich zu ermitteln. Naturkatastrophen oder Terrorangriffe sind Beispiele für chaotische Entscheidungsumgebungen, in denen man nur noch spontan und intuitiv handeln kann. Oberste Priorität und einziger Leitstrahl dieser Heuristik ist es, die Situation wieder von »chaotisch« zu »komplex« zu navigieren und dadurch perspektivisch beherrschbar zu machen. Notfallpläne, Stresstests und Szenariotechnik können helfen, den erforderlichen Muskel für den spontanen Wechsel der Entscheidungsmodi zu trainieren, aber die chaotische Situation lässt sich dadurch nie vollends beherrschbar machen. Und Krisenmanager, die einmal glücklich über eine Katastrophe triumphiert haben, können daraus nicht ableiten, dass es ihnen bei der nächsten, anders gelagerten zwingend wieder gelingen wird.

Lässt man sich auf das Cynefin-Framework ein, dann erkennt man darin häufige Grundmuster falscher Entscheidungen, weil der eingeschlagene Lösungsweg nicht zum Wesen des Problems passt, als wollte man mit einer Säge einen Nagel einschlagen.

Smile! oder Keep it simple and stupid

Kurz vor Schluss noch: Wie müsste ein Fortschritt aussehen, der nicht automatisch ins Monströse ausartet? Wie könnten Regeln einer menschlichen Zusammenarbeit lauten, die weniger Clusterfucks produziert? Edward Tenner wünscht sich als Quintessenz seines Buchs *Why Things Bite Back* über die Rache der Dingwelt und die unbeabsichtigten Konsequenzen von Technologien einen Fortschritt mit menschlichem Antlitz: »Ich spreche mich nicht grundsätzlich gegen den Wandel aus, aber für einen maßvollen, tastenden und skeptischen Umgang damit.« Skeptizismus und eine gewisse Demut vor der Macht und Eigendynamik neuer Sozio-Technologien erscheinen als guter Ausgangspunkt.

Das erinnert an den schönen hippokratischen Grundsatz »primum non nocere«, der vollständig ins Deutsche übertragen lautet: »Erstens nicht schaden, zweitens vorsichtig sein, drittens heilen!«

Allerdings kann man sich ja vieles vornehmen, siehe auch Googles »Don't be evil«, das mit zunehmender Größe und politischer Verstrickung immer schwerer einzulösen ist. Und wer kann schon sicher sagen, was garantiert nicht schadet. Oft sind es ja gerade die »naiven Interventionen« (siehe Kapitel 3, Verschlimmbesserung), die in bester Absicht die Katastrophe erst herbeiführen oder als Brandbeschleuniger wirken.

Vielleicht ist am Ende alles ganz einfach. Vielleicht ist Einfachheit der Schlüssel. Und vielleicht lohnt dafür ein Blick auf die Kunst, die ja immer schon mit Trost und Rat parat stand, wenn Wissenschaft und Religion versagten. Und dort am ehesten bei den beiden Schweizern Peter Fischli und David Weiss, die mit dem Video *Der Lauf der Dinge* eine künstlerische Ikone der kaskadierenden Katastrophe geschaffen haben (siehe Kapitel 4, Dominoeffekt). In über 40 Jahren gemeinsamen Schaffens – David Weiss starb 2012 – haben sie mit sachter Ironie immer wieder die großen und kleinen Menschheitsfragen (»Findet mich das Glück?«, »Kann ich noch fahren?«) adressiert und dabei en passant anscheinend einen sehr brauchbaren Modus der Zusammenarbeit kultiviert.

Für die große Retrospektive im New Yorker Guggenheim-Museum 2016 wurde eine Arbeit der beiden als Wandmalerei an der Houston Street reproduziert, die 25 Jahre zuvor schon als Transparent an der Bahnstrecke in Zürich-Oerlikon zu sehen war. Ursprünglich handelte es sich um ein Readymade, das die Vielreisenden in einer thailändischen Keramikfabrik entdeckt hatten: eine 10-Punkte-Liste unter dem Titel *How to work better*. Erst durch die prominente Platzierung im Herzen Manhattans wurde die Liste weltberühmt.

1. Do one thing at a time
2. Know the problem
3. Learn to listen
4. Learn to ask questions
5. Distinguish sense from nonsense
6. Accept change as inevitable
7. Admit mistakes
8. Say it simple
9. Be calm
10. Smile

Auch wenn gerade die letzten Punkte einen in ihrer entwaffnenden Schlichtheit schmunzeln lassen: Zusammengenommen taugen sie tatsächlich als Clusterfuck-Antidot. Aber für jeden einzelnen Punkt gilt, was Bertolt Brecht über den Kommunismus sagte: »das Einfache, das so schwer zu machen ist«. Einfachheit erodiert. Sobald mehrere Leute involviert sind, jeder noch seinen Senf dazugibt, jeder hier noch etwas und da noch etwas dranflickt, wird aus einem einfachen Projekt schnell ein Neuschwanstein auf Rädern. Featuritis und »mission creep« (siehe Kapitel 6, Misserfolgsmuster) verwässern die Eingangsidee, und das ursprüngliche Ziel gerät vollends aus dem Fokus. Deshalb hilft es, hin und wieder innezuhalten, sich auf die eigentliche Idee zu besinnen und sich selbst und alle Beteiligten zur Einfachheit zu disziplinieren.

Falls es zur Durchsetzung einer catchy Managementphrase bedarf (manche Menschen springen ja nur und ausschließlich auf so etwas an) – hier ist sie: Sie hört auf das schöne Akronym KISS-Prinzip, was wahlweise für »Keep it short and simple!«, »Keep it simple and stupid!« oder »Keep it short and stupid!« steht. Angeblich geht das zurück auf Clarence Johnson, einen leitenden Ingenieur der US-Rüstungsschmiede Lockheed Martin. Wikipedia weiß anekdotisch zu berichten, wie Johnson diese Methode praktisch umsetzte: »Einer Gruppe von Ingenieuren stellte er die Aufgabe, ein Düsentriebwerk zu entwerfen, und händigte dazu einige Werkzeuge aus. Das zu entwerfende Düsentriebwerk solle auch von einem durchschnittlichen Ingenieur repariert werden können, der sich in einem Kriegseinsatz befinde. Zur Reparatur dürften keine anderen als die ausgehändigten Werkzeuge benutzt werden.«

Seinen Weg von der US Air Force in den allgemeinen Sprachgebrauch fand die KISS-Methode über die Softwareentwickler. Es ist eine Art Selbstermahnung, nach möglichst einfachen und nachvollziehbaren Lösungen für ein Problem zu suchen, anstatt einen »big ball of mud« zu erzeugen – ein wucherndes Flickwerk, das die Komplexität des Codes immer weiter erhöht und andernorts neue Probleme verursacht.

Keep it simple and stupid! That's it. Und um dahin zu gelangen, haben wir jetzt so viele Worte gebraucht.

8 Exits

> There is a crack in everything.
> That's how the light gets in.
> *Leonard Cohen*

Eigentlich dürfte es dieses Kapitel gar nicht geben. Schließlich sagt schon die Definition völlig klar, dass es sich beim Clusterfuck um ein systemisches Problem handelt, das die Lösungskapazitäten aller Beteiligten unabwendbar übersteigt. Also gibt es auch keine Auswege. Alles was auf den folgenden Seiten noch kommt, muss folglich irrational oder falsch oder sinnlos sein.

Allerdings haben wir es in der Evolution nicht deshalb vier Milliarden Jahre weit gebracht, weil wir uns vernünftig in das Unabwendbare fügen, sondern weil wir auch dort noch einen Ausweg suchen, wo es gar keinen mehr geben kann. Klar, das ist einerseits praktisch aussichtslos, andererseits werden Katastrophen nun mal nicht unbedingt vom rationalsten Denker überlebt, sondern weit häufiger von demjenigen, der sich vom Aussichtslosen nicht entmutigen ließ.

Selbst wenn alles dagegensprechen sollte, dass ein Clusterfuck sich noch zum Guten wendet – irgendwie, so sagt die Lebenserfahrung, muss es doch weitergehen. Schließlich ist es bisher noch immer irgendwie weitergegangen. Hier bieten wir gleich zehn Irgendwies an: zehn Lösungswege für Clusterfuck-Situationen. Einige sind eher fatalistisch und lassen der Katastrophe ihren Lauf, andere sind eher aktivistisch und versuchen, aus dem Schlechten das Beste herauszuholen.

Die Mr.-Wolf-Methode oder First things first!

In *Pulp Fiction*, Quentin Tarantinos Meisterwerk von 1994, haben die beiden Auftragsmörder Vincent Vega (John Travolta) und Jules Winnfield (Samuel Jackson) in einer Schlüsselszene einen veritablen Clusterfuck produziert: »The Bonnie Situation«. Versehentlich haben sie einen Typen namens Marvin auf dem Rücksitz des Wagens erschossen, der nun in der Garage eines Freundes parkt, dessen Frau Bonnie in 40 Minuten von der Arbeit kommt. Gerufen wird Mr. Wolf (Harvey Keitel), der innerhalb von Minuten mit seinem Porsche vorfährt und sich vorstellt mit: »I'm Winston Wolf. Wolf, I solve problems.« Und genau das tut er: Nach einer sauberen Analyse der Lage gibt er Handlungsanweisungen: Er lässt sich einen Kaffee bringen, die beiden Ganoven das Innere des Wagens säubern und mit Decken auskleiden, danach spritzt er sie im Garten mit dem Schlauch ab und lässt sie neue Kleidung anziehen. Dann fahren alle drei zu Monster-Joes Abschleppdienst, auf dessen Schrottplatz das Problemauto mit der Leiche entsorgt wird. Nach einer halben Stunde ist alles erledigt.

Nichts von dem, was Mr. Wolf tut und anordnet, ist auch nur ansatzweise originell oder trickreich. Es ist: das absolut Naheliegende. Der Wichtigkeit nach priorisiert und dann der Reihe nach abgearbeitet. Aber offensichtlich macht Winston Wolf das im Film zu einem gefragten Problemlöser in kritischen

Situationen. Und darüber hinaus zur Ikone des charismatischen und kaltblütigen Troubleshooters, wie man ihn an jedem Filmset und bei jedem Auslandseinsatz gern dabeihätte.

Warum ist es so schwer, in Extremsituationen die Nerven zu bewahren und das Nötige der Reihe nach zu machen? Menschen in Panik und unter Stress neigen dazu, überschießend zu reagieren und den ganz großen genialischen Befreiungsschlag anzustreben, der die Situation im Handstreich bereinigt, die »Tendenz zur Überdosierung von Maßnahmen unter Zeitdruck«, wie es Dietrich Dörner nennt. Oder sie verfallen in Schockstarre und Apathie, sind wie gelähmt und zu keiner Entscheidung mehr fähig. Sie sehen den Wald vor lauter Bäumen nicht mehr. Umso wertvoller ist es, wenn jemand in solchen Situationen die Ruhe behält und allen anderen strukturiert sagt, was das Naheliegende ist, wie man Schritt für Schritt aus der Situation herauskommt oder sie bereinigt. Wenn man mit dem naheliegenden ersten Schritt beginnt, wird sich alles Weitere weisen. »We cross the bridge, when we get there« und »Die Karre lenkt sich leichter, wenn sie fährt« sind Aufmunterungen, die gut zu dieser Methode passen.

Ebenso ist das Naheliegende auch eine Methode, um zu verhindern (oder zu verunwahrscheinlichen), dass Clusterfucks überhaupt erst eintreten. Die wichtigste Lehre, die Peter Hall aus seinen beobachteten *Great Planning Disasters* zieht, lautet: »Zuallererst gilt: Um Risiken zu vermeiden, sollten bereits existierende Technologien benutzt werden anstatt völlig neuartige.« Das naheliegende Altbewährte mag den Entscheidern ein bisschen langweilig und bieder vorkommen, aber gegenüber dem brandneuen »fancy stuff« hat es den Vorteil, dass es hinterher dann auch funktioniert.

Die Pompadour-Methode oder Relax and enjoy

Die Schlacht bei Rossbach war von Anfang bis Ende ein Desaster. An jenem 5. November 1757 gab das französische Heer eine geradezu klägliche Vorstellung gegen die Armee des Preußenkönigs Friedrich des Großen ab. Obwohl inklusive verbündeter Truppen etwa doppelt so stark, waren die Franzosen taktisch und im Kampfgeist klar unterlegen. Den Preußen gelang es erstmals, sich als eine Art Vorkämpfer eines größeren Deutschlands zu positionieren, und die Franzosen spielten in den innerdeutschen Auseinandersetzungen keine Rolle mehr.

Schlimmer noch: Die Niederlage von Rossbach hatte eklatante Schwächen Frankreichs aufgezeigt. Das Land war hoch verschuldet, seine adlige Elite brillierte in höfischem Prunk, aber versagte, wenn es um technischen, ökonomischen oder militärischen Fortschritt ging. Die innovativste Schicht der Gesellschaft, das Bürgertum, wurde von allen politischen Entscheidungen ausgeschlossen, ein wichtiger Teil dieser Schicht, die protestantischen Hugenotten, war sogar aus Frankreich vertrieben worden – und brachte ihrer neuen Heimat Preußen einen Innovationsschub.

Wenn es in Frankreich so weiterging wie bisher, das war in Rossbach deutlich geworden, würde es nicht mehr lange so weitergehen. Allerdings hätte exakt diejenige Gesellschaftsschicht, die bislang von den Verhältnissen profitiert hatte, einen Neuanfang einleiten müssen – eine tief greifende und lange dauernde Umwälzung mit viel Arbeit und keiner Garantie für einen erfolgreichen Ausgang. Dem zu sich und anderen harten Preußenkönig Friedrich wäre so etwas zuzutrauen gewesen, dem weichen, zögerlichen Ludwig XV. hingegen nicht. Folglich ging die Schlacht bei Rossbach vor allem durch einen Satz in die Geschichte ein – durch den Kommentar von Ludwigs offizieller Mätresse, Madame de Pompadour: »Après nous le déluge!«, nach uns die Sintflut. So kam es dann auch, 32 Jahre später.

Eine Katastrophe nicht verhindern, sondern sich an ihr zu delektieren macht einen nicht besonders populär. Das klingt zynisch und ist es auch. Dennoch ist dies ein relativ weitverbreitetes Verhalten. Es tritt immer wieder auf, wenn eine Entscheidung getroffen werden müsste, die nur langfristig wirksam ist – bei der Bewertung dieser Entscheidung aber eher deren kurzfristige Wirkungen zugrunde gelegt werden: bei der nächsten Wahl, im nächsten Quartalsbericht, morgen an der Börse. Dann ist es menschlich verständlich und ökonomisch rational, statt des Krisenwerkzeugs eher einen Eimer Popcorn auszupacken und bequem zuzuschauen, wie das Desaster seinen Lauf nimmt.

Zugegeben: Wenn gerade ein Desaster abläuft, ist es schwer zu sagen, ob man resignieren und sich genüsslich darin einrichten sollte, solange das noch geht, oder ob man nicht doch noch etwas dagegen tun könnte. Zu einer Revolution wie 1789 hätte es in Frankreich auch kommen können, wenn der König 1757 eine radikale Reform von Staat und Gesellschaft gewagt hätte. Aber wer es nicht wenigstens probiert, sich der Katastrophe entgegenzustellen, bekommt von der Weltgeschichte ein schlechtes Zeugnis ausgestellt. Kaiser Nero hätte persönlich vermutlich wenig tun können, um den Großbrand seiner Hauptstadt Rom zu bekämpfen – aber dass er sich vom Feuer zu einem Lied auf die Vergänglichkeit der Welt inspirieren ließ, trug zu seinem Image als Cäsarenmonster bei.

Es sind übrigens nicht nur die fiesen Cäsaren, Manager und

Mätressen, die sich der zynischen Pompadour-Methode bedienen. Im Angesicht des menschengemachten Klimawandels und seiner befürchteten Folgen kann man derzeit der gesamten Menschheit eine Nach-uns-die-Sintflut-Mentalität unterstellen.

Die Bunker-Methode oder Den Rückzug vorbereiten

Es hatte alles seine Ordnung in den Tunneln unter dem Kuxberg und dem Trotzenberg. 3000 Personen hätten im Ernstfall dort bis zu 30 Tage lang ohne jeden Kontakt zur Außenwelt ausharren können, mit Konservendosen, Zahnarzt und Friseur, zwei der 3000 sogar im Einzelzimmer: der Bundeskanzler und der Bundespräsident. Der »Regierungsbunker« war in den 1960er-Jahren im rheinland-pfälzischen Ahrtal in den Berg getrieben worden, um die Bundesregierung auch im Falle eines Atomkriegs regierungsfähig zu halten. 180 Mitarbeiter waren im Dreischichtbetrieb dafür verantwortlich, die ganze Anlage zu warten und einsatzbereit zu halten. Ein teures Stück Landesverteidigung – aber im Kalten Krieg war nun einmal Deutschland einer der wahrscheinlichsten Schauplätze für einen Einsatz von Atomwaffen.

Gut, dass es nie dazu kam. Und nicht nur gut für Deutschland, sondern auch für den Regierungsbunker. Wie sich im Jahr 2008 herausstellte, als die Anlage längst nicht mehr in Betrieb war, hätte dieses Prachtexemplar deutscher Bunkerbaukunst gerade mal den Abwurf einer Bombe von Hiroshima-Größe ausgehalten. Stärkere Atombomben (also ALLE Atombomben, die potenziell abgeworfen werden konnten), hätten den Bunker schlicht zerstört. Die Notfall-Vorsorge konnte Vertrauen einflößen, das allerdings jäh enttäuscht worden wäre, wenn der Notfall tatsächlich eingetreten wäre.

Die klassische Bunker-Strategie besteht darin, einen möglichst sicheren Ort mit möglichst all jenen Vorräten auszustatten, die man braucht, wenn die Katastrophe ausbricht, um sich dann möglichst so lange zurückziehen zu können, bis die Luft wieder rein ist. Oder, wie man auf dem Höhepunkt der Weltfinanzkrise häufiger hören konnte: Der Optimist investiert in Aktien, der Pessimist in Gold, und der Realist in Konservendosen. »Be prepared« heißt der Gruß der »Prepper«, einer weltweiten Bewegung von Verschrobenen und Verschwörungstheoretikern, die für Extremfälle aller Art gewappnet sein wollen. Mehr als 8000 Likes hat die Facebook-Seite der deutschen Prepper-Gemeinschaft, das eng verbundene *Desaster-Magazin* beschäftigt sich mit Themen wie »Überleben als Geisel« oder »Flucht mit Kind«.

Wer wirklich fest davon überzeugt ist, dass der Staat, die Gesellschaft und die Zivilisation nicht mehr zu retten sind, macht allerdings für gewöhnlich keine halben Sachen, bei denen er immer noch in irgendeiner Form auf das Funktionieren von Institutionen und Infrastrukturen angewiesen wäre.

Was hilft beispielsweise ein Goldschatz, wenn im TEOTWAWKI-Fall (The End Of The World As We Know It) auch die öffentliche Sicherheit zu geschwächt wäre, um das Eigentum zu schützen? Dann kann es sogar ganz im Gegenteil ziemlich lebensgefährlich werden, als Einziger weit und breit noch ein Vermögen zu haben. Natürlich kann man sich auch Waffen beschaffen, um sich gegen Plünderer zu verteidigen. Allerdings wäre auch dann damit zu rechnen, dass die Jungs von der Straßengang um die Ecke besser damit umgehen könnten. Wer sich von allem Fremdbestimmten wirklich unabhängig machen will, muss dafür also weit aus der Stadt hinausziehen und von den Früchten des Landes leben, das er selbst bewirtschaftet.

Mit dem ultimativen Rückzugsort haben Ende des 20. Jahrhunderts sowohl die Russen als auch die Amerikaner experimentiert: ein in sich geschlossenes Ökosystem, das ohne Verbindung mit der Außenwelt komplett autark existieren kann. Wenn ein solches System perfekt funktioniert, kann man es als Raumstation auf den Weg zu fernen Planeten schicken – oder als Schutzraum installieren. Am üppigsten und am weitesten auf dem Weg zur Selbstversorgung fortgeschritten war das »Biosphere 2«-Projekt im US-Bundesstaat Arizona. Acht Testpersonen zogen dort am 26. September 1991 in ein komplett von der Außenwelt abgeschottetes Ökosystem auf einer Grundfläche von 1,3 Hektar, und blieben dort genau zwei Jahre. Zwar nicht ganz ohne Kontakt zur Außenwelt – nach 16 Monaten wurde Sauerstoff ins Biosphere-Innere geleitet, um ein Ersticken der Bewohner zu verhindern; die Kalkulationen über den Luftaustausch hatten nicht gestimmt, aber immerhin war das Projekt dem Erfolg so nahegekommen, dass der Betreiber sich 1994 an einen zweiten Versuch machte.

Der endete jedoch nach sechs Monaten in einem absoluten Fiasko. Der Eigentümer hatte einen neuen Manager eingesetzt, der binnen kürzester Zeit die gesamte Crew gegen sich aufbrachte – kein Wunder, wenn er einer Mitarbeiterin, die ein kritisches Papier vorlegte, sagte, er würde es ihr in den Hals stopfen. Auch bei einem Projekt, das ein Garten Eden sein sollte, war es also ein Mensch, der es schaffte, eine Hölle daraus zu machen. Sein Name war Steve Bannon.

Die Apfelbäumchen-Methode oder Einfach weitermachen

Am 2. Juni 2017 mähte Theunis Wessels im kanadischen Örtchen Three Hills den Rasen hinter seinem Haus. Das stand nun mal für diesen Nachmittag auf seiner To-do-Liste – warum sollte er die ändern, nur weil ein Unwetter in der Nähe des Hauses vorbeizog? Allerdings hatte sich das Unwetter hinter ihm in einen ausgewachsenen Tornado verwandelt – das Bild vom Rasenmäher-Mann mit Tornadorüssel im Rücken verbreitete sich wie der Wind in aller Welt. Eine bessere Illustration für das berühmteste Nicht-von-Luther-Lutherzitat kann man sich kaum vorstellen: »Und wenn ich wüsste, dass morgen die Welt unterginge, so würde ich heute ein Apfelbäumchen pflanzen.«

Nicht-von-Luther-Lutherzitat, weil es erst vier Jahrhunderte nach seinem Tod erstmals auftauchte und ohne jeden Beleg ihm zugeschrieben wurde. Aber die Menschen nehmen sich nun mal für ihre selbst erdachten Sinnsprüche gern berühmte Paten, ob Luther oder Lincoln, Gandhi oder Einstein. Einen eindeutigen Urheber, den US-amerikanischen Theologen Reinhold Niebuhr nämlich, hat hingegen dieser klassische Poesiealbenwunsch: »Die Gelassenheit, Dinge hinzunehmen, die ich nicht ändern kann, den Mut, Dinge zu ändern, die ich ändern kann, und die Weisheit, das eine vom anderen zu unterscheiden«. Er taucht im Angesicht der Katastrophe immer wieder auf, vor allem wenn es klar wird, dass man mit seinen eigenen Mitteln selbst nichts mehr tun kann, um sie zu verhindern. Anstatt sich von der Apokalypse-Atmosphäre anstecken zu lassen, macht man bei der Apfelbäumchen-Methode ganz normal weiter Business as usual, auch wenn es rund um einen herum gar nichts Normales mehr gibt.

Die Gelassenheit, Dinge hinzunehmen, die man nicht ändern kann. Statistisch messbar wird dieses Loslassen immer dann, wenn so langsam die individuelle Katastrophe näher rückt: der Tod. Denn niemals sonst sind Menschen so glücklich wie im hohen Alter. Auch wenn der Körper immer mehr schlappmacht, das durchschnittliche seelische Wohlbefinden steigt zum Ende des Lebens auf niemals zuvor erreichte Werte. Dieses paradox klingende Phänomen hängt in erster Linie damit zusammen, dass sich ältere Menschen besser als jüngere mit einer gegebenen Situation abfinden und darin ihr Glück finden können. Und das wiederum liegt vor allem daran, dass sie viele Situationen schlicht nicht mehr ändern können – und dass sowohl sie als auch die anderen das wissen.

Die meisten Unternehmen verhalten sich allerdings auf ihre alten Tage genau umgekehrt: Solange sie noch etwas ändern könnten, lassen sie alles, wie es ist, und fangen erst dann an, wie wild am Steuer zu kurbeln, wenn es bereits zu spät ist. Doch insbesondere bei Disruptionen in der Branche, etwa technologischen Durchbrüchen, reicht es nicht aus, dann zu reagieren, wenn der Umbruch in der eigenen Bilanz spürbar ist. Wer zu spät kommt, den bestraft eben der Markt.

Gerade bislang erfolgreiche Firmen tun sich in solchen Situationen besonders schwer, so die Erfahrung des früheren Musikmanagers Tim Renner: »Ein gutes Geschäftsmodell gibt man äußerst ungern auf oder greift es gar selbst an – schließlich hat man etwas zu verlieren. Man droht zu beharren, statt zu hinterfragen, und verliert am Ende noch viel mehr.« Renners Empfehlung für solche stolzen Marktführer, die gerade auf einen massiven Um- oder Zusammenbruch zusteuern, ist eine Halb-Apfelbäumchen-Methode: das alte Geschäftsmodell weiterlaufen lassen, um mit den Erlösen daraus neue Geschäftsmodelle zu entwickeln. Ein Unternehmen, dem das relativ gut zu gelingen scheint, ist der Axel-Springer-Konzern. Gewinne aus dem traditionellen Zeitungsgeschäft (vor allem den *Bild*-Medien) wurden und werden in digitale Geschäftsmodelle/Beteiligungen/Start-ups investiert. Den Abschied vom bedruckten Papier dürfte Springer besser verdauen als alle Wettbewerber auf dem deutschen Medienmarkt.

Am erfahrensten in der Apfelbäumchen-Strategie sind seit Jahrtausenden die Städte. Auf sie passt mindestens so gut wie auf den Fußball der Sinnspruch, den Eintracht Frankfurts Trainer Dragoslav Stepanović am 16. Mai 1992 nach der haarscharf verlorenen Deutschen Meisterschaft prägte: »Lebbe geht weider.« Ob nach Krieg oder Erdbeben, Seuche oder Wirtschaftskrise: Städte verschwinden nicht einfach. Sogar Städte, die wortwörtlich dem Erdboden gleichgemacht wurden, erstanden meist kurz danach wieder auf: Das laut Bibel völlig zerstörte Jericho gilt noch immer als die am längsten ununterbrochen bewohnte Stadt der Welt; das nordafrikanische Karthago, dessen Zerstörung Marcus Porcius Cato in jeder seiner Senatsreden gefordert hatte, verwandelten die Römer tatsächlich 146 vor Christus in ein riesiges Trümmerfeld – drei Jahrhunderte später jedoch war das gleiche Karthago bereits wieder die viertgrößte Stadt des Römischen Reichs.

Auch wenn ein Teil der Bewohner einer Stadt in Krisenzeiten wegzieht, um anderswo sein Glück zu machen, wird ein anderer

Teil immer bleiben. Weil er muss, oder weil er will; meist eine Mischung von beidem. Und wenn es irgendwie weitergeht, kann es nichts schaden, auch irgendwie weiterzumachen. Mit einem Kiosk, mit einer Änderungsschneiderei, mit einem Apfelbäumchen.

Die Schlichter-Methode oder Vermittlung von außen

Der 30. September 2010 geht als »Schwarzer Donnerstag« in die Stuttgarter Stadtgeschichte ein. Das stolz »Stuttgart 21« genannte Umbauprojekt des Hauptbahnhofs wühlt die Stadt bis tief ins Zentrum um, und die Bürger wühlt es auf. Als die Polizei mit Schlagstöcken, Wasserwerfern und Pfefferspray den Schlossgarten räumt, um das Fällen von 25 Bäumen zu ermöglichen, gibt es mehrere Hundert Verletzte. 100 000 Stuttgarter gehen tags darauf auf die Straße, spürbar geschockt von der Brutalität in der sonst so friedlichen Ländle-Hauptstadt. Jahre später bezeichnet das oberste Gericht Baden-Württembergs den Polizeieinsatz als »rechtswidrig«, der Einsatzleiter der Polizei erhält einen Strafbefehl wegen fahrlässiger Körperverletzung im Amt und ist damit vorbestraft.

Aber im Herbst 2010 sind erst einmal alle Fronten verhärtet und alle Beteiligten aufs Heftigste ineinander verkeilt. Schuldzuweisungen in alle Richtungen, 515 Strafanzeigen allein wegen dieses einen Tages, Dutzende von Ermittlungsverfahren, zwei Untersuchungsausschüsse: Aus einem ambitionierten Bauprojekt war ein politischer Clusterfuck geworden. Stuttgart 21 weiter wie bisher durchzuziehen hätte vermutlich bedeutet, die

Stadt auf Jahre hinaus mit Polizeistaatsmethoden zu regieren. Dem Protest nachzugeben und das Bauprojekt abzusagen, hätte Vertragsbruch bedeutet und zu gigantischen Schadenersatzforderungen der am Projekt beteiligten Unternehmen geführt. Zudem wäre eine Verkehrslösung für das in Autoverkehr und Feinstaub erstickende Stuttgart in weite Ferne gerückt.

Allerdings gibt es in keinem Land so viel Erfahrung mit der Lösung verhärteter Fronten wie in Deutschland. Geradezu regelmäßig krachen bei den Tarifverhandlungen die Positionen von Arbeitgebern und Arbeitnehmern aufeinander, und wenn sie besonders unversöhnlich sind, wird häufig ein Schlichter eingeschaltet: eine erfahrene, von beiden Seiten respektierte Persönlichkeit, die nicht direkt beteiligt ist, und dann einen Schlichterspruch abgibt, der möglichst allen Interessen gerecht wird. Genau so etwas, das wurde den Stuttgartern innerhalb von wenigen Tagen klar, brauchten sie auch, um Stuttgart 21 aus der Sackgasse herauszuholen.

Entscheidend für einen Erfolg der Schlichter-Methode ist die Auswahl des Schlichters. Bei schwer verfeindeten Parteien ist es manchmal kaum vorstellbar, dass überhaupt jemand eine unparteiische Position einnehmen kann. Doch die Stuttgarter fanden einen: geborener Schwabe, altgedienter Politiker im Ruhestand und gleichzeitig Mitglied von CDU und Attac – auf Heiner Geißler konnten sich Gegner und Befürworter von Stuttgart 21 einigen.

Was folgte, war die öffentlichste Schlichtung, die Deutschland jemals gesehen hatte: acht Sitzungen innerhalb von sechs Wochen, alle live in Fernsehen, Radio und Internet übertragen. Geißlers Schlichterspruch am Ende befürwortete eine Fortsetzung des Bauprojekts, aber unter geänderten Rahmenbedingungen und einem neuen Namen: Stuttgart 21 plus. Meinungsumfragen zeigten, dass durch die Schlichtung die Zustimmung zum Bahnhofsbau deutlich zunahm. Die Stuttgarter versöhnten sich nach und nach mit ihrer neuen Innenstadt.

Dabei muss der Schlichter gar nicht unbedingt auf eine supersalomonische Lösung kommen, die es ja auch nicht bei jedem Konflikt geben kann. Manchmal reicht es schon, dass er die verfeindeten Parteien wieder an einen Tisch bringt; oder seine Autorität kann eine Seite dazu bringen, sich in ein tatsächlich unabwendbares Schicksal zu fügen – etwa den Bau von Stuttgart 21.

Wenn das Verkeilen nicht auf der lokalen, sondern auf der nationalen Ebene stattfindet, werden in der Regel internationale Schlichter gebraucht. Im syrischen Bürgerkrieg beispielsweise wurden Gespräche mit den Vertretern mehrerer am Konflikt beteiligter Staaten (Syrien-Kontaktgruppe) ebenso ausprobiert wie eine Vermittlung durch einen Vertreter der Vereinten Nationen (Kofi Annan, Lakhdar Brahimi). Da es immer wieder von mehreren Seiten Zweifel an der Neutralität und Objektivität der jeweiligen Schlichter gab, blieb ein Erfolg erst einmal aus. Beim dritten und zum Zeitpunkt der Drucklegung dieses Buches noch amtierenden UN-Sonderbeauftragten Staffan de Mistura könnte es besser ausgehen. Muss aber nicht.

Bewährt hat sich in vielen Fällen die Vermittlung durch ein Land, das in so ziemlich jedem Konflikt der Welt als unparteiisch durchgehen kann: Norwegen. Der nordeuropäische Staat leistet sich im Außenministerium eine vierzehnköpfige Peace and Reconciliation Unit, eine Task-Force, die vermittelt und Friedensgespräche ermöglicht, wenn sie darum gebeten wird. »Oft wenden sich Feinde an eine dritte Partei, wenn sie merken, dass der militärische Kampf sie nicht vorangebracht hat«, sagt Tone Allers von der norwegischen Task Force. In solchen Situationen kann ihre Einheit schnell eine offene Gesprächsatmosphäre organisieren, und genügend Geld, um beide streitenden Parteien in passendem Rahmen zusammenzubringen.

Eine der jüngsten erfolgreichen Missionen der Norweger waren die Gespräche zwischen der kolumbianischen Regierung und den FARC-Rebellen des Landes, die 2016 in einem faktischen Friedensschluss mündeten. Begonnen hatten sie Jahre zuvor bei norwegischem Lachs – beide Seiten waren an guten Gesprächen bei guten Mahlzeiten interessiert.

Die Hail-Mary-Methode oder Alles auf eine Karte setzen

Freunde des American Football wissen natürlich, was ein Hail-Mary-Spielzug ist. Für alle anderen sei es kurz erklärt: Mehrere Spieler der ballführenden Mannschaft rennen wie blöd nach vorne in der Hoffnung, dass irgendeiner von ihnen den sehr, sehr weit geworfenen Pass fangen wird. Die Wahrscheinlichkeit, dass das klappt, ist extrem gering – es ist ja auch noch die gegnerische Mannschaft auf dem Feld. Aber wenn es klappt, kann ein Touchdown daraus werden, der dann mindestens 6 Punkte einbringt. Deswegen wird dieser Spielzug praktisch nur in einer Situation angewandt: Kurz vor Spielende liegt ein Team an Punkten zurück und hat bei normaler Spielweise keine Chance mehr, den Rückstand aufzuholen – ein Hail-Mary-Pass, mit dem man sein Schicksal wörtlich genommen der Jungfrau

Maria anvertraut, ist die einzige Möglichkeit, das Blatt doch noch zu wenden.

Auch aus der deutschen Märchenwelt ist das Motiv vertraut, mit einer (meist tollkühnen) Aktion die Grenzen des Systems zu überspringen und alles auf die letzte verbleibende Karte zu setzen: Die Befreiung Hänsels aus dem Hexenkäfig etwa oder das für eine Königin extrem unschickliche Verhalten, im Wald herumzuspionieren, um doch noch den Namen von Rumpelstilzchen herauszubekommen. Am bekanntesten in diesem Sinn ist sicherlich das Motto der Bremer Stadtmusikanten: »Etwas Besseres als den Tod finden wir überall«, lassen die Gebrüder Grimm die abgehalfterte Haustiercombo Hahn, Katze, Hund, Esel sagen. Und bei ihnen hat das ja auch geklappt.

Besonders häufig wird die Hail-Mary-Methode von Unternehmen angewendet. Gerade wenn man mit dem Rücken zur Wand steht und von den Konkurrenten, Kunden oder Gläubigern immer weiter gegen ebenjene gedrückt wird, werden oft noch einmal die letzten Ressourcen mobilisiert, um sich mit etwas ganz anderem aus dem kapitalistischen Schraubstock zu befreien. Oft geht das schief, und keine Chronik flicht dem Unterlegenen Kränze, aber manchmal funktioniert es, und dann entsteht daraus der Stoff, aus dem Unternehmerträume sind:

- Die Brauerei Peter im bayrischen Ostheim vor der Rhön stand Anfang der 1990er-Jahre wie viele andere lokale Getränkehersteller vor der Pleite oder bestenfalls dem Verkauf an einen der größeren Konkurrenten der Branche. Aber der Braumeister und Eigentümer Dieter Leipold hatte schon seit ein paar Jahren an einer scheinbaren

Schnapsidee getüftelt: einer gebrauten Limonade. Sie war die letzte Chance des Unternehmens, kam beim ersten Start kaum vom Fleck – was an der sehr speziellen Zielgruppe der Kurkliniken gelegen haben könnte – und schaffte zwei Jahre später 350 Kilometer weiter nördlich den Durchbruch als Szenegetränk. Dem Hail-Mary-Move von Dieter Leipold verdanken wir die Bionade.

– Ebenfalls schon mit einem Fuß im Grab stand 1994 ein sehr traditionelles Produkt der brasilianischen Schuhindustrie. Die einheimische Mittelklasse hatte den Gefallen daran verloren, die Umsätze brachen ein. Die Alternative, es dann eben auf den Auslandsmärkten zu probieren, gab es eigentlich nicht, dafür war das Produkt zu spezifisch und auch zu billig. Es sei denn, natürlich, man könnte daraus ein teures Luxusgut machen – eines, das nicht die Mittelklasse anspricht, sondern die Oberklasse, und dann auch nicht nur die brasilianische, sondern die der ganzen Welt. Das Unternehmen veränderte alles: ein neues Produkt, neue Verpackung, neue Präsentation in den Läden, neue Werbung und Stars, die die neu designten traditionellen Schuhe als Lifestyle-Accessoire trugen. Diesem Hail-Mary-Move verdanken wir die Havaianas Flip-Flops.

– »Good Brands don't die«, sagen die Werber gern. Aber selbst wenn Marken nicht so einfach sterben, können sie doch ganz schön alt aussehen, wenn sie zusammen mit ihren Kunden altern. Welcher junge Mann nimmt schon das Rasierwasser, nach dem sein Opa immer roch? Und wenn man sogar das beliebteste Rasierwasser der Nation war, fallen über mehrere Jahrzehnte sehr, sehr viele potenzielle Kunden weg. Keine Chance also – aber nur in einer solchen Situation kann man auf die Idee kommen, mit seiner Rasierwasserwerbung die Frauen anzumachen und einen superscharfen Typen versprechen zu lassen, dass aus ihrem Partner ein Kerl wie er werden könnte, wenn er nur auch so gut riechen würde. Woraus einer der meistgesehenen Werbespots aller Zeiten wurde, der die Umsätze des Rasierwassers binnen Jahresfrist verdoppelte. Diesem Hail-Mary-Move von Procter & Gamble verdanken wir die Wiederauferstehung von Old Spice.

Wir werden noch eine ganze Reihe Hail-Mary-Moves erleben. Beim Übergang aus dem Industrie- in das Digitalzeitalter werden immer wieder Unternehmen oder gar ganze Branchen mit dem Rücken zur Wand stehen, und viele von ihnen werden es noch einmal wissen wollen. Wer weiß, vielleicht rettet sich ja eine Lokalzeitung davor, auf der Müllhalde der Mediengeschichte zu landen, indem sie den Community-Service Near-Wana lanciert; vielleicht wird doch noch ein Autokonzern zur Global Mobility Service Platform. Jedenfalls werden diese »bet-the-company-bets«, wie Amazon-Chef Jeff Bezos sie nennt, nicht so schnell aufhören.

Bezos mag sie nicht, die Hail-Mary-Moves. Er rümpft die Nase über jene, die ihre Firma »in eine so verzweifelte Situation bringen, dass sie am Ende ihrer Unternehmensexistenz nur noch einen Hail Mary machen können«. Klar, dass Bezos sie nicht mag: Schließlich ist er mit Amazon einer von denen, die viele, viele andere Firmen mit dem Rücken zur Wand stellen. Da wäre es ihm lieber, wenn diese am Ende einfach aufgeben und sich buchhalterisch sauber aus der Unternehmenswelt verabschieden, statt mit Verzweiflungstaten zu glänzen und ihm

Stress zu bereiten. Hoffen wir genau deshalb darauf, dass die Hail-Marys nicht aufhören werden.

Die Alexander-Methode oder Klar Tisch machen

Es weiß niemand, was Alexander der Große wirklich gemacht hat, als er im Winter 334/333 vor Christus in die Stadt Gordion kam, nahe dem heutigen Ankara. Der Legende nach verdiente er sich dort die göttliche Legitimation für sein Reich: Ein Orakel hatte demjenigen, der den völlig unentwirrbaren Knoten am Streitwagen von König Gordios lösen könne, die Herrschaft über Asien prophezeit. Anstatt, wie alle vor ihm, sich Kopf und Fingernägel beim Entwirren des Knotens zu zerbrechen, nahm Alexander sein Schwert, haute den Knoten in der Mitte entzwei und eroberte im Jahr darauf Asien.

Wie so oft bei Legenden, ist die Geschichte viel zu schön, um wahr zu sein. Aber der gordische Knoten hat tiefen Eindruck in unserer Kultur hinterlassen: Mit einem Geniestreich lassen sich auch die verzwicktesten Probleme lösen – wenn man die richtige Idee hat und sie entschlossen umsetzt. In Kriegs- und Krisenzeiten träumen die Verantwortlichen oft davon, mit einem Schlag nicht nur heraus aus dem Clusterfuck, sondern auch hinein in eine erfolgreiche Zukunft zu kommen. Meist geht das schief, vor allem weil der kühne Tatmensch von heute es anders als Alexander nicht mit einem Gott zu tun hat, sondern mit vielen Menschen – und diese aus dem alten Trott auf die Siegesstraße zu bringen gelingt selten mit einer einzigen Aktion. Aber es kann klappen, und dann ist es der Stoff, aus dem neue Legenden sind.

In das (west-)deutsche kollektive Gedächtnis hat sich der 20. Juni 1948 als legendärer Tag eingegraben. Währungsreform, die Geburt der D-Mark, endlich wieder Waren in den Geschäften, 40 D-Mark Kopfgeld für jeden – Wirtschaftswunder, wir kommen! Und tatsächlich hatte Ludwig Erhard, Direktor des Wirtschaftsrats der britischen und amerikanischen Besatzungszone, auf einen Schlag nicht nur der Mangelökonomie der Nachkriegszeit ein Ende gesetzt, sondern auch einen Ordnungsrahmen geschaffen, mit dem ein freier Wettbewerb in Westdeutschland möglich wurde. Der US-Militärgouverneur Lucius D. Clay warf Erhard in jenen etwas hektischen Tagen vor, gegen das Kontrollrecht der Alliierten verstoßen zu haben, indem er die Vorschriften des Bewirtschaftungssystems geändert hatte. Erhards Antwort im Alexander-Stil: »Ich habe die Vorschriften nicht verändert. Ich habe sie abgeschafft.«

Auch in jüngster Zeit ist diese Methode mal wieder ziemlich erfolgreich angewendet worden – von Karen Christiana Figueres Olsen aus Costa Rica. Sie war von 2010 bis 2016 Generalsekretärin des Sekretariats der Klimarahmenkonvention der Vereinten Nationen (UNFCCC), also die Chefin der Weltklimagipfel, und brachte es 2015 fertig, sechs Jahre nach dem mit Pauken und Trompeten gescheiterten Klimagipfel von Kopenhagen eine neue globale Übereinkunft zu erzielen – indem sie den Deal entglobalisierte.

Es war ein kompletter Bruch mit der zwanzigjährigen Arbeitsweise auf Weltklimagipfeln, bei denen es immer um das eine, große Abkommen ging, das alle unterschreiben und sich dann auch daran halten sollten. In den Anfangsjahren lief das auch ganz ordentlich, denn man hatte es mit einer relativ überschaubaren Konstellation zu tun: Hier die reichen Staaten, die

die Welt zum CO_2-Sparen bringen wollten, da die armen Staaten, die meinten, dass sich die Reichen gefälligst an die eigene Nase fassen sollten. Ein lösbares Zweikörperproblem (siehe Kapitel 1, Mehrkörperproblem) – wir sparen alle, und die Reichen zahlen dafür, hieß der Deal, auf den sich mehr oder weniger alle einigen konnten.

In Kopenhagen allerdings verhedderte man sich 2009 in der Globalisierung: Die Zahl der Blöcke mit unterschiedlichen Positionen hatte sich vergrößert, die Schwellenländer wollten etwas anderes als die Habenichtse, und China legte Wert darauf, seinen eigenen Kopf zu haben. Mit einer Lösung für alle wurde es nichts mehr und würde es auch später nichts mehr werden. Zu viele verschiedene Interessen und auch tatsächlich zu viele unterschiedliche Situationen, Probleme und Potenziale in den einzelnen Ländern, da ließ sich kein gemeinsamer Hut mehr draufsetzen.

Figueres löste das Problem, indem sie jedem erlaubte, seinen eigenen Hut zu designen und sich selbst aufzusetzen. In die Gipfelsprache übersetzt handelte es sich um nationale Selbstverpflichtungen: Jeder Staat sollte selbst entscheiden, welchen Beitrag er zur Erreichung der globalen Klimaziele leisten will. Und in der UNFCCC-Zentrale in Bonn laufen alle Selbstverpflichtungen zusammen, werden veröffentlicht und miteinander verglichen. Die Hoffnung der Klimaschützer bestand und besteht darin, dass hierdurch ein gegenseitiges Aufschaukeln bei den Selbstverpflichtungen erreicht werden kann: Wenn die gesammelten Verpflichtungen nicht reichen, um das globale Ziel zu erreichen – eine Beschränkung des Temperaturanstiegs auf 2 Grad –, kann auf nationaler Ebene Druck ausgeübt werden, sich mehr anzustrengen. Gleiches könne passieren, so

Figueres, wenn der Nachbarstaat sich stärker ins Zeug lege als man selbst.

Zudem müssten Selbstverpflichtungen ja auch nicht unbedingt von Staaten abgegeben werden. Schon für den Klimagipfel 2015 in Paris lagen auch Selbstverpflichtungen von Branchen vor – so etwa von der Luftverkehrsbranche. Und sollte einmal ein Staat aus dem Klimaabkommen wieder aussteigen wollen, wie jetzt die USA, könnten genauso gut auch Teilstaaten (wie Kalifornien) oder Städte (wie New York) eigene Klimaziele verabschieden und sich auf deren Einhaltung verpflichten. Selbst wenn es sich dabei um keine rechtlich bindenden Selbstverpflichtungen handle, könne dadurch politischer Druck ausgeübt, vor allem aber tatsächlich etwas für den Klimaschutz getan werden.

Es sieht zwar, zugegeben, derzeit nicht danach aus, als könnte Christiana Figueres in ähnlicher Weise ein Klimawunder schaffen, wie Ludwig Erhard ein Wirtschaftswunder schaffte. Aber wir sind in diesem Fall auch noch ein bisschen sehr nah am Zerschlagen des gordischen Knotens – das »Wirtschaftswunder« wurde auch erst sieben Jahre nach Erhards Währungsreform zum geflügelten Wort.

Die E. coli-Methode oder Alle Register ziehen

Dass Bakterien uns regelmäßig das Leben retten, wird leider in der Literatur viel zu selten gewürdigt. H. G. Wells war eine rühmliche Ausnahme. Er ließ in *Krieg der Welten* die »kleinsten Lebewesen auf Erden« den Kampf gegen die attackierenden Marsianer gewinnen. In Stanisław Lems Kurzgeschichte von der Eruntik erwiesen sich Bakterienkulturen nicht nur als hellsehend, sie konnten ihre Prognosen sogar den Forschern mitteilen – indem sie sich in ihren Petrischalen punkt- oder strichförmig anordneten und dadurch Morsezeichen bildeten.

Wir möchten hier den Bakterien einen weiteren Lorbeerkranz flechten, denn sie haben eine – ganz einfache – Methode entwickelt, die einen Clusterfuck deutlich besser lösen kann, als die klassischen menschlichen Methoden es können.

Wenn Menschen in Stress geraten, schütten sie Adrenalin aus und fokussieren sich voll und ganz darauf, der Gefahr zu begegnen: mit Kampf oder Flucht. Das ist eine seit Jahrtausenden bewährte Verhaltensweise, die immer dann besonders gute Ergebnisse zeigt, wenn es darum geht, genau eine plötzlich auftauchende Gefahr zu bekämpfen: einen Löwen, ein Feuer, einen Feind. Wenn aber gleichzeitig Gefahren aus allen Richtungen drohen, von Löwe und Schlange, durch Feuer und Flut, durch Feind und Wettbewerber oder durch alles zusammen, bringt uns das Adrenalin nicht weiter. Das Gehirn will fokussieren, aber die Lage lässt das nicht zu – die Folge ist Panik.

Nicht so bei Bakterien. »Bakterien unter Stress erweitern ihren Horizont, entwickeln neue Lösungen, um den Stress zu bewältigen«, sagt die Mikrobiologin Regine Hengge von der

Humboldt-Universität zu Berlin, die seit Jahrzehnten Stressforschung bei Bakterien betreibt. Eine zentrale Rolle bei dieser Horizonterweiterung spielt das Regulatorprotein Sigma-S, das vermehrt ausgeschüttet wird, wenn man E. coli-Bakterien in Stress versetzt, etwa durch Hitze, Säure oder Nahrungsentzug. Sigma-S aktiviert große, im Normalfall stillgelegte Abschnitte der DNA, wodurch diese dann dutzendfach mehr unterschiedliche Proteine synthetisiert. Nicht weil das Bakterium wüsste, wofür diese Proteine gebraucht werden könnten, oder es gar die neuen Bausteine Lego-mäßig zu einer neuen Lösung zusammenbauen könnte – es gibt keinen Zusammenhang zwischen der Art der Bedrohung und der Art der Proteine. Es produziert schlicht Hoffnung: Hoffnung, dass irgendetwas aus dieser Vielfalt dabei helfen könnte, die Gefahr zu beseitigen beziehungsweise sich an die neue Situation anzupassen. »Es macht sich bereit für das Unerwartete«, beschreibt Mikrobiologin Hengge das Vorgehen des Bakteriums.

Menschen fürchten diese Bakterien-Strategie, weil sie zum Beispiel zur Resistenz gegen Antibiotika führen kann. Oder sie begrüßen sie, etwa wenn es darum geht, Bakterien Appetit auf neue Nahrung zu machen, wie Mikroplastik oder Altöl. Aber Menschen beziehen diese Strategie bislang praktisch nie auf sich: Eine öffnende Aktion, mit der unklaren Gefahren begegnet werden soll, steckt uns offenbar nicht in den Genen.

Als einzelnem Menschen ist uns da, wir sprachen schon davon, das Adrenalin im Weg, das uns genau andersherum gepolt hat. Aber bezogen auf komplexere Systeme, beispielsweise Unternehmen oder Gesellschaften, könnten wir ziemlich Erfolg versprechend von den Bakterien lernen: Jedes System hat eine Vielzahl von bislang nicht oder nur unzureichend genutzten

Potenzialen und Kapazitäten. Mit einer Experimentaloffensive könnte man sie aktivieren, damit das gesamte System aus einer Verkrampfung herausführen und vielleicht sogar eine Lösung produzieren, auf die vorher niemand gekommen wäre. Anders als bei der Hail-Mary-Methode wird aber nicht alles auf eine letzte Karte gesetzt. Hier geht es um viele unspezifische Aktionen – alles probieren, wie blöd auch immer.

Historische Beispiele für ein derartig explosionsartiges Ausbrechen neuer Ideen und der experimentellen Umsetzung vieler davon zur gleichen Zeit sind selten. Wenn überhaupt, verhalten sich Gesellschaften so am ehesten in den euphorischen Aufbruchsphasen, die dem Ende eines Clusterfucks folgen können: Die Anfangsjahre der Französischen Revolution (1789–1794) etwa, die uns unter anderem das metrische System, einen neuen Kalender, eine neue Währung und eine neue Religion bescherten. Auch nach dem Fall des Eisernen Vorhangs in Osteuropa war für einen kurzen, vielleicht drei Jahre dauernden Moment (1989–1992) fast alles möglich – und vieles davon wurde auch tatsächlich ausprobiert.

Noch viel seltener sind Beispiele dafür, dass nicht nur Aufbrüche, sondern auch Zusammenbrüche auf bakterielle Weise genutzt werden, um massenweise Neues zu erschaffen. Eines der besten kommt aus Deutschland: die preußische Reformoffensive im ersten Jahrzehnt des 19. Jahrhunderts. Landreform, Bildungsreform, Gewerbefreiheit, Bauernbefreiung, Stein, Hardenberg, Humboldt, um nur die Reform-Superstars zu nennen. Das Land lag nach der vernichtenden Niederlage gegen Napoleon im Jahr 1806 darnieder, hatte etwa ein Drittel seiner Fläche und noch mehr seines Selbstbewusstseins verloren. Dass ein Neuanfang notwendig war, war selbst den konservativsten Kräften Preußens klar – und innerhalb weniger Jahre entstand aus diesem Neuanfang der modernste Staat auf deutschem Boden, und zumindest in Bezug auf das Bildungswesen der fortschrittlichste Staat der Welt.

Knapp 200 Jahre später gelang in Südkorea ein ähnliches Kunststück. Die asiatische Finanzkrise von 1997/98 hatte das Land demoralisiert – ein Rettungskredit des IWF in Höhe von 58 Milliarden Dollar wurde als nationale Schmach gesehen. Das auf Wirtschaftswachstum basierende Selbstbewusstsein brach zusammen. »Die südkoreanische Regierung realisierte, dass die Nation grundlegend neue Wege gehen musste, um zu Geld zu kommen, wenn sie derartige Katastrophen in Zukunft vermeiden wollte«, schreibt die koreanisch-amerikanische Autorin Euny Hong. Und so kam es dann auch: »Südkoreaner lernten aus Jahrhunderten politischer Instabilität, dass Tiefpunkte einen großen Vorteil haben: Man hat nichts zu verlieren, wenn man abenteuerliche Risiken eingeht.« Und gemessen an dem, wofür Südkorea bis dahin stand, entstand tatsächlich etwas Ungeheuerliches. Nämlich Popkultur – »Korean Cool« und Gangnam Style.

Die Karl-Valentin-Methode oder Verwirrung stiften

Was tun, wenn nichts mehr geht? Wenn die Katastrophe da ist. Präziser: Wenn sie nicht nur nicht mehr aufzuhalten, sondern gerade dabei ist, ihre schlimmstmögliche Wendung zu nehmen, man selbst als Verursacher, Schuldiger oder Verantwortlicher identifiziert ist und vom Scheinwerferkegel eines Verfolgerspots gefangen gehalten wird und ein gefesseltes Publikum bald gebannt, bald verächtlich kopfschüttelnd auf den Schuldigen schaut? Leugnen: zwecklos, Wegrennen: vergebens. Krokodilstränen? Selbstzerknirschung? Hadern mit dem Schicksal? Allesamt fehl am Platz.

Wenn du nicht entkommen kannst, dann verwirr sie! So hat es Karl Valentin gemacht, der erste große Anarchist unter den deutschen Kabarettisten. Als Valentin in einer seiner Nummern von einem Schutzmann auf dem Fahrrad zwecks Kontrolle seines Fahrzeuges angehalten wird – auch das gab es damals also schon –, gibt er als Namen an: »Wrdl Wrdlbrmpfd«. Der Polizist startet mehrere Anläufe, den Namen zu Protokoll zu nehmen, bis er den Unaussprechlichen unverrichteter Dinge laufen lässt. Da hilft das Chaos, die Verwirrung weiter zu vergrößern, um die Überlegenheit der Gegner zu unterlaufen oder sich selbst mehr Freiheitsgrade zu eröffnen.

Niccolò Machiavelli rät seinem Fürsten, am besten gar keine Versprechen zu machen, diese gegebenenfalls zu brechen, sich am besten aber stets in Unklarheiten und Vagheiten zu hüllen, um nicht haftbar gemacht werden zu können. In einem CIA-Handbuch für Personenverhöre firmiert die Verwirrtechnik unter dem Namen »Alice in wonderland«: Ein, besser mehrere Verhörer konfrontieren die Auskunftsperson so lange mit unzusammenhängendem Nonsens, bis er oder sie ein vollständiges Geständnis ablegt, um die Wand aus Unfug zu durchbrechen. »Verrücktheit mimen, ohne das Gleichgewicht zu verlieren« ist eines der 36 traditionellen chinesischen Strategeme der Kriegskunst. Das Erschrecken und die Konfusion darüber lässt einen Angreifer innehalten und verschafft einem selbst einen strategischen Zeitvorteil.

Auch im Gefecht selbst wird die Taktik der Verwirrung gern eingesetzt, um etwas zu tarnen, was man nicht tarnen kann, weil es zu groß und zu offensichtlich ist. Man nennt diese aus der Natur abgeschaute Tarnung »dazzle camouflage«: Verwirr-Tarnung. Es handelt sich dabei um komplexe und auffällige geometrische Balkenformen, die auf dem Wege der optischen Täuschungen Proportionen und Kurs des Zielobjekts verschleiern. Bei einem Flottenverband wird es dadurch etwa unmöglich, einzelne Schiffe zu identifizieren.

Die Ken-Kesey-Methode oder Den Abgang machen

Das 36. und letzte der antiken chinesischen Strategeme fällt etwas aus dem Rahmen. Es besagt: »Weglaufen ist die beste Methode!« Konkreter: Wenn alle anderen 35 Kriegslisten nicht in Betracht kommen oder versagt haben, dann ist es immer noch besser, das Weite zu suchen, als eine Niederlage vollumfänglich einzugestehen. In nicht-kriegerischen Auseinandersetzungen ist irgendwann der Punkt erreicht, ab dem weiteres Reden eine immer tiefere Verstrickung in das Problem bedeutet. Was für ein enormer Befreiungsschlag hingegen, sich einfach abzuwenden und die Gegenseite verdattert stehen zu lassen.

Ein Meister dieser Disziplin war Ken Kesey, Autor des Psychiatrie-Romans *Einer flog über das Kuckucksnest* und in seiner wichtigeren Funktion Wortführer und Chefstratege der Merry Pranksters, einer psychedelischen Prä-Hippie-Avantgarde, die ab Mitte der 1960er die USA aufmischte. Die Merry Pranksters befanden sich auf einem nie endenden Trip, ein Langzeitexperiment, um neuartige und holistische Verschränkungen von Kunst und Leben zu erfinden. »Furthur!« stand als Destinationsschild vorn am Day-Glo-angesprühten Bus, mit dem sie Kalifornien und Mexiko durchstreiften, immer auf der Suche nach »der nächsten Fantasie«, dem nächsten Prank gegen das Establishment, immer darauf aus, die Grenzen des sozial Darstell- und Praktizierbaren herauszufordern – so lange bis der Trip im Drogenrausch stecken blieb und der kommerzielle Hippie-Ausverkauf begann. Ken Kesey hat das wohl kommen sehen und schon zuvor stets davor gewarnt, »das Spiel der anderen« mitzuspielen. Sein Ratschlag für diese verfahrene Situation, gewonnen und gleichzeitig verloren zu haben: das Spielfeld einfach verlassen. »Just walk away and say fuck it!« So wollen wir es an dieser Stelle auch halten.

– ENDE –

Danksagung

Wir danken unseren Informanten: Lukas Imhof, Marco Kunz und Rüdiger Lohmann. Besonderer Dank geht an Michael Brake, ohne den dieses Buch nie zustande gekommen wäre.

Literatur

Adams, Douglas: Per Anhalter durch die Galaxis. München 1998

Adams, Douglas: Macht's gut und Danke für den Fisch. München 1999

Adams, Douglas und Terry Jones: Raumschiff Titanic. München 1998

Agnell, Norman: The Great Illusion. A study of the Relation of Military Power in Nations to their Economic and Social Advantage. New York und London 1911 (1909)

Bardi, Ugo: Der Seneca-Effekt. Warum Systeme kollabieren und wie wir damit umgehen können. München 2017

Barrow, John D.: Impossibility. The Limits of Science and the Science of Limits. Oxford 1999

Bauer, Reinhold: »Warum scheitern gute Erfindungen?« (Interview), Frankfurter Allgemeine Zeitung, 7. August 2016

Berners-Lee, Tim: »Die Menschlichkeit im Mittelpunkt«, in: GDI Impuls 2, 2015

Blom, Philipp: Die Welt aus den Angeln. München 2017

Bock, Petra: Mindfuck – Warum wir uns selbst sabotieren und was wir dagegen tun können. München 2011

Bonelli, Raphael M.: Perfektionismus. Wenn das Soll zum Muss wird. München 2014

Bosshart, David: The Age of Less. Die neue Wohlstandsformel der westlichen Welt. Hamburg 2011

Bronson, Po und Ashley Marrymen: Top Dog. The Science of Winning and Losing. New York 2013

Buchanan, Mark: Ubiquity. Why Catastrophes Happen. New York 2000

Clark, Christopher: Die Schlafwandler: Wie Europa in den Ersten Weltkrieg zog. München 2012

Curtis, Adam: »HyperNormalisation«, BBC-Dokumentation, 16. Oktober 2016, www.youtube.com/watch?v=-fny99f8amM

Diamond, Jared: Arm und Reich. Das Schicksal menschlicher Gesellschaften. Frankfurt a. M. 2006.

Derman, Emanuel: Models. Behaving. Badly. Why Confusing Illusion with Reality Can Lead to Disaster, on Wall Street and in Life. Chichester 2011

Doran, Jamie: »The Boy who started the Syrian War«, Al Jazeera, 10. Februar 2017 www.aljazeera.com/programmes/specialseries/2017/02/boy-started-syrian-war-170208093451538.html

Dörner, Dietrich: Die Logik des Mißlingens. Strategisches Denken in komplexen Situationen, Reinbek bei Hamburg, 1989

Dürrenmatt, Friedrich: Die Physiker. Zürich 1998

Durschmied, Erich: Der Hinge-Faktor. Wie Zufall und Dummheit Weltgeschichte schreiben, Wien 1998

Eilenberger, Wolfram: »Der Flughafen BER ist wie wir. Philosophischer Kommentar«, Deutschlandradio Kultur, 28. Mai 2017

Feynman, Richard P.: Kümmert Sie, was andere Leute denken? Neue Abenteuer eines neugierigen Physikers. 7. Aufl. München 2005

Fichtner, Ulrich, André Geicke, Matthias Geyer und Andreas Wassermann: »Made in Germany. Die BER-Geschichte«, in: Der Spiegel 34, 2017

Foote, Brian und Joseph Yoder: »Big Ball of Mud«. Auf der Website des Department of Computer Science, University of Illinois at Urbana-Champaign, 26. Juni 1999 (http://www.laputan.org/mud/)

Fried, Nico: »Wenn alles schiefgeht« Süddeutsche Zeitung, 14. Juli 2016

Geißler, Cornelia: »Was ist Pfadabhängigkeit?«, in: Harvard Business Manager 11, 2007

Gibbs, Samuel: Jeff Bezos: »I've made billions of dollars of failures at Amazon«, in: The Guardian, 3. Dezember 2014

Glasl, Friedrich: Konfliktmanagement. Diagnose und Behandlung von Konflikten in Organisationen. Bern und Stuttgart 1980

Hall, Peter: Great Planning Disasters. Harmondsworth 1981

Harari, Yuval: Eine kurze Geschichte der Menschheit. München 2013

Helbing, Dirk: »Die Welt entkomplexen«. Webseite des Gottlieb-Duttweiler-Instituts, 16. Januar 2017, www.gdi.ch/de/Think-Tank/Trend-News/Dirk-Helbing-Die-Welt-entkomplexen

Hengge, Regine: »Was können wir von Einzellern lernen?« (Interview), in: brand eins 2, 1999.
Hermanns, Philipp: Organizational Hubris. Aufstieg und Fall einer Celebrity Firm am Beispiel der CargoLifter AG. Köln 2012
Heuser, Uwe Jean: »Wer einmal hilft …«, in: DIE ZEIT, 23. August 2017
Heuner, Ulf: »Die Logik der Pannen« (Interview). Süddeutsche Zeitung, 17. Mai 2010
Hugh, Edward: »Dr. Strangelove and the Euro Doomsday Machine«, 22. September 2011, http://edwardhughtoo.blogspot.de/2011/09/dr-strangelove-and-euro-doomsday-machine.html
Janis, Irving: Groupthink: Psychological Studies of Policy Decisions and Fiascoes. 2. Aufl. Bosten 1982
Johnson, Steven: Where Good Ideas come from. The Natural History of Innovation. New York 2010
Kahn, Herman: On Thermonuclear War. Princeton 1961
Kahn, Herman: On Escalation. Metaphors and Scenarios. New York 1965
Kessels, Erik: Failed it!: How to turn mistakes into ideas and other advice for successfully screwing up. London 2016
Kilpi, Esko: »The Future of Firms. Is There an App for That?«, in: Medium.com, 16. Februar 2015
Kruger, Justin und David Dunning: »Unskilled and unaware of it. How difficulties in recognizing one's own incompetence lead to inflated self-assessments«, in: Journal of Personality and Social Psychology 77, Nr. 6, 1999
Kucklick, Christoph: »Die nächste Gesellschaft«, in: GDI Impuls 4, 2011
Kuntz, Friederike: Der Weg zum Irak-Krieg. Groupthink und die Entscheidungsprozesse der Bush-Regierung. Wiesbaden 2007
Landesrechnungshof Brandenburg: Prüfung der Betätigung des Landes Brandenburg als Gesellschafter der Flughafen Berlin Brandenburg GmbH, Potsdam, 10. Juli 2015
Lehrer, Jonah: »Groupthink – The brainstorming myth«, in: The New Yorker, 30. Januar 2012
Lietaer, Bernhard: »Erhöhte Unfallgefahr« (Interview) brand eins 1, 2009
Lüders, Michael: Wer den Wind sät: Was westliche Politik im Orient anrichtet. München 2015

Mann, Thomas: Die Buddenbrooks: Verfall einer Familie Frankfurt a. M. 2010 (1901)
Marx, Karl und Friedrich Engels: Manifest der Kommunistischen Partei. 15. Aufl. Berlin 1987 (1848)
Minsky, Hyman: Instabilität und Kapitalismus. Zürich 2011
Mitchell, Sandra: Komplexitäten. Warum wir erst anfangen, die Welt zu verstehen. Frankfurt a. M. 2008
Münkler, Herfried: Imperien. Die Logik der Weltherrschaft vom Alten Rom bis zu den Vereinigten Staaten, Berlin 2005
Ormerod, Paul: Why Most Things Fail. Evolution, Extinction and Economics. London 2005
Passig, Kathrin: »Standardsituationen der Technologiekritik«, in: Merkur 727, Dezember 2009
Passig, Kathrin und Aleks Scholz: Lexikon des Unwissens. Worauf es bisher keine Antwort gibt. Berlin 2007
Perrow, Charles: Normale Katastrophen. Die unvermeidbaren Risiken der Großtechnik. Frankfurt a. M. und New York 1988
Rao, Venkatesh: Breaking Smart. Seeking Serendipity through Technology. Seattle 2015
Read Leonard: »I, Pencil«, in: The Freeman, Dezember 1958
Rittel, Horst und Melvin Webber: »Dilemmas in a General Theory of Planning«, in: Policy Sciences 4, 1969
Schaik, Carel van und Kai Michel: Das Tagebuch der Menschheit. Was die Bibel über unsere Evolution verrät. Reinbek bei Hamburg 2016
Schelling, Thomas: The Strategy of Conflict. Cambridge 1960.
Siebert, Horst: Der Kobra-Effekt. Wie man Irrwege der Wirtschaftspolitik vermeidet. Stuttgart 2001
Snowden, David J. und Mary E. Boone: »A Leader's Framework for Decision Making«, in: Harvard Business Review, Dezember 2007
Storm, Theodor: Der Schimmelreiter. Leipzig 1940 (1888)
Tainter, Joseph: The Collapse of Complex Societies, Cambridge 1988
Taleb, Nassim Nicholas: The Black Swan: The Impact of the Highly Improbable. New York 2007
Taleb, Nassim Nicholas: Antifragile: Things That Gain from Disorder. New York 2012

Tenner, Edward: Why Things Bite Back. New York 1996
Watzlawick, Paul: Anleitung zum Unglücklichsein. München 1993
Weick, Karl E.: »Drop your Tools: An Allegory for Organizational Studies«, in: Administrative Science Quarterly 41, 1996
Weick, Karl E. und Kathleen Sutcliff: Managing the Unexpected: Assuring High Performance in an Age of Complexity. San Francisco 2001
Wessels, Wolfgang: Jean Monnet – Mensch und Methode: überschätzt und überholt? Wien 2001
Whyte, William H.: The Organization Man. Pennsylvania 2002 (1956)
Wiener, Norbert: Cybernetics or Control and Communication in the Animal and the Machine, 1948

Register

Holm Friebe, Jahrgang 1972, ist Volkswirt, Geschäftsführer der Zentralen Intelligenz Agentur (ZIA) in Berlin und unterrichtet Designtheorie an Kunsthochschulen. Er ist Autor mehrerer Sachbücher, unter anderem des Wirtschaftsbestsellers *Wir nennen es Arbeit* (2006). Zuletzt erschienen von ihm bei Hanser *Was Sie schon immer über 6 wissen wollten* (2011) sowie *Die Stein-Strategie* (2013).

www.holmfriebe.de und auf Facebook

Detlef Gürtler, Jahrgang 1964, ist Senior Researcher am Schweizer Gottlieb-Duttweiler-Institut und war bis 2016 Chefredakteur des Zukunftsmagazins *GDI Impuls*. Gürtler ist Autor erfolgreicher Wirtschaftssachbücher (*Die Dagoberts*, *Die Tagesschau erklärt die Wirtschaft*), Kolumnist (*Gürtlers Gesammelte Grütze* in der *WELT Kompakt*) und Blogger (*tazblog Wortistik*).

www.detlef-guertler.de und bei Twitter: @DetlefGuertler
www.facebook.com/CFdasBuch